民國歷史與文化研究

十八編

第 **8** 冊

章太炎醫學思想與其中西醫匯通模式之研究
——以章太炎《傷寒論》論述為文本

廖 俊 裕 著

花木蘭文化事業有限公司

國家圖書館出版品預行編目資料

章太炎醫學思想與其中西醫匯通模式之研究——以章太炎《傷
寒論》論述為文本／廖俊裕 著 -- 初版 -- 新北市：花木蘭文
化事業有限公司，2024〔民113〕
目 2+170 面；19×26 公分
（民國歷史與文化研究　十八編；第 8 冊）
ISBN 978-626-344-637-3（精裝）
1.CST：章炳麟 2.CST：傷寒論 3.CST：中醫典籍
4.CST：中醫理論 5.CST：中西醫整合
628.08　　　　　　　　　　　　　　　　112022506

ISBN-978-626-344-637-3

9 786263 446373

民國歷史與文化研究
十八編　第 八 冊　　　　　ISBN：978-626-344-637-3

章太炎醫學思想與其中西醫匯通模式之研究
——以章太炎《傷寒論》論述為文本

作　　　者　廖俊裕
總 編 輯　杜潔祥
副總編輯　楊嘉樂
編輯主任　許郁翎
編　　　輯　潘玟靜、蔡正宣　美術編輯　陳逸婷
出　　　版　花木蘭文化事業有限公司
發 行 人　高小娟
聯絡地址　235　新北市中和區中安街七二號十三樓
　　　　　　電話：02-2923-1455／傳真：02-2923-1452
網　　　址　http://www.huamulan.tw 信箱 service@huamulans.com
印　　　刷　普羅文化出版廣告事業
初　　　版　2024 年 3 月
定　　　價　十八編 22 冊（精裝）新台幣 55,000 元　　版權所有‧請勿翻印

章太炎醫學思想與其中西醫匯通模式之研究
——以章太炎《傷寒論》論述為文本

廖俊裕　著

作者簡介

廖俊裕，台灣大學機械系學士，中央大學中文所碩士，中正大學中文所博士，南華大學自然醫學碩士，嘉義大學輔導諮商碩士。現任教於南華大學生死學系。大學早期遊於愛新覺羅毓鋆之天德黌舍，稍知儒學外王達用之學。大學後期得內聖證體之學於當代新儒學中唐君毅曾昭旭一脈，於「愛與自由」中得安身立命之處，後又深契於老子、新時代奧修、密宗、心中心法門、中醫、靈氣、能量醫療等思想，擅長達摩易筋經、妮古瑪脈輪瑜珈六法。期勉福慧兼備、明心見性、濟世度人、自主生死。

提　要

　　本文的研究目的在於探索國學大師章太炎（1868～1936）的醫學思想和他匯通中西醫學之模式。細分的研究目的有三：1. 補足台灣學者對章太炎醫論研究的缺項。2. 深入研究章太炎的《傷寒論》思想，豐富中醫學術的寬度。3. 檢討章太炎對匯通中西醫的過程與結論。

　　太炎先生的醫學思想，特重《傷寒論》，因此本文以其相關《傷寒論》之論述為研究文本。研究方法採用考據學，並參考勞思光先生的「基源問題研究法」而改變的「問題研究法」。考據學部分，其中文字聲韻學部分採用近年發展的研究《傷寒論》的「河洛語十五音」系統。

　　研究成果上，章太炎的《傷寒論》思想擺脫經脈的考慮，採柯琴的六經分部，呈現仲景學說質樸重療效的醫學思想。其中西醫學思想匯通的模式以《傷寒論》和西方解剖生理學為兩大原則，互相詮釋。本文研究太炎所重視的腸窒扶斯，並以此檢討其匯通中西醫學之缺失。其缺失在於機械式地以發病第幾天就專用某方，忽略了中醫病勢開方的原理。

　　本文的結論乃為太炎以《傷寒論》和西方解剖生理學為兩大原則的中西醫學匯通方式，以病證為主，而不以病因為主來匯通，在目前看來仍有其價值，只要恰當地分別其界限，如解剖學和中醫經筋學匯通，合則雙美。

第一章 緒 論

1.1 研究動機

　　章太炎（1868～1936）先生是清末民初的國學大師。一般視他為國學大師中的古文經派，和今文經派康有為（1858～1927）齊名。他的學問博大精深，有人稱為「章學」。〔註1〕在政治主張上，康有為主張君主立憲，章太炎主張革命建國。對於章太炎的認識，很多學者都還停留在革命烈士與國學大師的印象上，〔註2〕對於多樣生命面向的章太炎來說，這樣的印象沒能認識其完整性，算是不小的缺陷。曾有人問章太炎：「先生的學問是經學第一，還是史學第一？」他朗笑三聲，答道：「實不相瞞，我是醫學第一。」〔註3〕章太炎自己自視如此，而學者們卻忽之。另外，中外對於章太炎的研究在1980後也有日漸升高的趨勢。〔註4〕本文：《章太炎醫學思想與其中西醫匯通模式之研究──以章太炎《傷寒論》論述為文本》的研究動機如下：

〔註1〕　在學術界對於章太炎的學術通稱為「章學」，表示其博大精深，如姚奠中、董國炎著：《章太炎學術年譜》（太原：山西古籍出版社，1996），序，頁3～4。
〔註2〕　如陳永忠：《革命哲人──章太炎傳》（杭州：浙江人民出版社，2008）。此書算是晚近所出章太炎之傳記，全部的觀點集中在革命主題上。對於章太炎之醫學思想完全沒有提及。
〔註3〕　孟慶雲：〈章太炎：「我是醫學第一」──章太炎先生的醫學夙緣〉，《江西中醫學院學報》，第16卷第4期，2004年8月，頁5。對於章太炎認為自己是醫學第一的意見，也有學者有不同意見，如張中行認為「這不只使人生疑，簡直使人發笑了。」但至少表示章太炎的醫學思想是可討論的。見張中行：《負暄瑣話》（哈爾濱：黑龍江人民出版社，1986），頁5。
〔註4〕　參丘為君：〈批判的漢學與漢學的批判──章太炎對考據學的反省及對戴震漢學的闡釋〉，《清華學報》，第29卷第3期，1999年9月，頁322。

1.1.1 台灣學者對章太炎研究的缺項

　　台灣學者直至目前為止，對於章太炎研究的面向上，在期刊論文上，有關章太炎醫學上之論述頗少，關於章太炎醫學思想的博碩士目前尚無。〔註5〕歷來，對於章太炎其他研究的面向上，台灣學者其實是有相當豐富的成果，這主要的原因還是基於章太炎是國學大師的印象。

　　在經學方面，例如黃梓勇：〈論章太炎的今古文經學觀〉、張高評：〈章太炎《春秋左傳讀敍錄》述評——論劉逢祿「《左氏》不傳《春秋》」說〉等。〔註6〕

　　史學方面，例如方光華：《論章太炎史學思想演變的三個階段》、王飛仙：〈章太炎與台灣〉等。〔註7〕

　　子學方面尤為豐富，例如邱敏捷：〈楊仁山、章太炎以「唯識」解莊析論——以真心派的唯識之詮釋〉、薛裕民：〈章太炎之尊荀說〉、劉紀蕙：〈莊子、畢來德與章太炎的「無」：去政治化的退隱或是政治性的解放？〉等。〔註8〕

　　在集部方面，例如林榮森：〈章太炎白話文學初探〉、孫嘉鴻：《晚清章太炎、陳天華、秋瑾革命文學之研究》、陳學然：〈章太炎的白話文立場探析〉等。〔註9〕

　　台灣學者對於章太炎的研究，除了以上傳統經史子集部分外，另外亦有關

〔註5〕台灣學者注意到章太炎的醫學思想甚晚，到目前為止，台灣僅有二篇有關章太炎的醫學思想期刊論文，林政憲、蘇奕彰：〈匯通式的轉折一論章太炎醫學思想的轉變〉，《台灣中醫醫學雜誌》，第10卷第3期，2011年9月，頁29～38；蔡忠志、林睿珊：〈試論五臟附五行學說——從章太炎「五臟附五行不定說」談起〉，《台灣中醫醫學雜誌》，第10卷第1期，2011年3月，頁29～35。

〔註6〕黃梓勇：〈論章太炎的今古文經學觀〉，《漢學研究》，第67期，2011年12月，頁221～251。張高評：〈章太炎《春秋左傳讀敍錄》述評——論劉逢祿「《左氏》不傳《春秋》」說〉，《經學研究集刊》，第六期，2009年5月，頁1～22。

〔註7〕方光華：《論章太炎史學思想演變的三個階段》，《哲學與文化》，第227期，1993年4月，頁410～419。王飛仙：〈章太炎與台灣〉，《新史學》，第12卷第3期，2001年9月，頁105～127。

〔註8〕邱敏捷：〈楊仁山、章太炎以「唯識」解莊析論——以真心派的唯識之詮釋〉，《佛學研究中心學報》，第11期，2006年7月，頁201～243。薛裕民：〈章太炎之尊荀說〉，《東方人文學誌》，第4卷第2期，2005年6月，頁213～228。劉紀蕙：〈莊子、畢來德與章太炎的「無」：去政治化的退隱或是政治性的解放？〉，《中國文哲研究通訊》第87期，2012年9月，頁103～135。

〔註9〕林榮森：〈章太炎白話文學初探〉，《通識教育年刊》，第5期，2003年12月，頁41～70。孫嘉鴻：《晚清章太炎、陳天華、秋瑾革命文學之研究》，台北：政治大學中國文學研究所1984年碩士論文。陳學然：〈章太炎的白話文立場探析〉，《人文中國學報》，第14期，2008年9月，頁345～378。

於民族主義、現代性、國粹派等主題的論文或書籍等。這些都是站在太炎先生為國學大師的印象上。有關章太炎醫學思想的研究頗為缺乏。〔註10〕

　　單純從太炎先生醫學思想之研究來看，大陸有關論文雖然不多，卻遠勝於台灣學者對此面向上之研究。〔註11〕

1.1.2 《傷寒論》在中醫學上的重要

　　《傷寒論》名列中醫之四大經典，〔註12〕也是湯方臨床依據之首。在華人或國際上，湯方之生化實驗的標準化參考者亦多以《傷寒論》為主。〔註13〕換言之，不管在傳統中醫學經典研究或臨床診療，或是國際上現代生化機轉之探討，皆宗於《傷寒論》。章太炎的醫學思想中也特別重視《傷寒論》。〔註14〕

1.1.3 章太炎的《傷寒論》思想之研究成績有限

　　溫長路先生曾經檢討有關百年來的《傷寒論》研究成績，其中對於 1950 年前的《傷寒論》研究，他特別著重地點出章太炎《傷寒論》思想研究缺少的遺憾，他說：

> 其中特別需要濃筆重書的是章太炎先生，他自幼習醫，「平生之好，又在醫學」，在歷代醫家中又獨崇仲景，認為「精而不迂，其惟長沙

〔註10〕丘為君先生曾從太炎先生的學術內容來分類，其中也完全沒有論及醫學，他說：「就內容來看，章太炎的學術基本上是由四種成分組成：小學、佛學、民族主義史學以及古文經學。」見丘為君：〈批判的漢學與漢學的批判——章太炎對考據學的反省及對戴震漢學的闡釋〉，《清華學報》，第 29 卷第 3 期，1999年 9 月，頁 323。從《章太炎全集》八冊形式來看，這顯然是個很大的錯誤判斷。全集中，第八冊全部為有關章太炎先生之醫論篇章，厚達 483 頁。

〔註11〕參下文的文獻回顧部分。

〔註12〕中醫四大經典有不同說法，有《黃帝內經》、《傷寒論》、《金匱要略》、《難經》；或者《黃帝內經》、《難經》、《傷寒論》、《神農本草經》等不同說法，但不管哪種說法，《傷寒論》都是其中之一。

〔註13〕Wang, Y., & Yang, J. (2008). On the Assessment Standardization for TCM Clinical Evidence. *Journal of Traditional Chinese Medicine, 28*(3): 233-234. Yi, Y. D., & Chang, Il-M. (2004). An Overview of Traditional Chinese Herbal Formulae and a Proposal of a New Code System for Expressing the Formula Titles. Evid Based Complement Alternat Med, 1(2): 125-132.或參馮世倫、張長恩：《解讀張仲景醫學》（北京：人民軍醫出版社，2006），頁 10。

〔註14〕傳統上幾乎沒有醫家輕視《傷寒論》，約只有竇材、王清任一二人而已，任應秋先生對其亦頗不以為然，見任應秋著、朱世增編：《任應秋論傷寒》（上海：上海中醫藥大學出版社，2009），頁 387。

太守」。因此，他對仲景學說研究獨有心得，在 1921～1927 年間完
成的 60 多篇醫學論文中，涉及仲景之著的就有 36 篇。這些論著，
在 20 世紀 20 年代曾有力地影響了中國的醫學界，對仲景學術的傳
承和發展起到了重要作用。……遺憾的是，出於種種原因致使當今
醫者對太炎先生的學術知之不多、研之不深，這不能不說是傷寒研
究中的一種缺損。〔註15〕

溫長路先生為大陸著名醫師、教授，他的觀察是從各類醫學期刊、專書中而
得。〔註16〕在大陸，因為章太炎反對共產主義，在政治不正確的前提下，對
章太炎的研究一直是封閉的，要到鄧小平開放改革才稍微打開禁區，這是引
文中，「種種原因」的意思。這也是丘為君先生觀察在 1980 後，中外學者對
章太炎學術有日漸增高的趨勢之緣故。〔註17〕在台灣則長期受於章黃（章太
炎、黃侃）之學的印象，以國學大師待之，因此醫學思想上，也沒有發展，
尤其章太炎著力於《傷寒論》上的努力更被漠視。溫先生用「知之不多、研
之不深」來形容章太炎先生的《傷寒論》研究成績，不僅適用於大陸，台灣
更適切。

綜和以上所述，在現階段的台灣，是需要有一篇研究章太炎先生的《傷寒
論》思想的論文的。

1.2 文獻回顧

關於章太炎的醫學思想或《傷寒論》的研究，在台灣部分，目前還沒有學
者專門研究，僅有零星觸及。大陸因為重視中醫和佔有文獻之便，所以發展較
早，成績亦較優，底下，便擴大以章太炎的醫學思想之研究為範圍，論述本文
的文獻回顧。

1.2.1 專書部分

目前關於章太炎醫學思想或《傷寒論》研究部分，尚無專書出現。即使是
章太炎的醫學思想專著亦無。兩岸三地、國外漢學界皆如此。但是隨著《章太

〔註15〕溫長路：《傷寒百年》（北京：學苑出版社，2000），頁 16～17。
〔註16〕參看該書的導言即可得知。
〔註17〕丘為君：〈批判的漢學與漢學的批判──章太炎對考據學的反省及對戴震漢學
的闡釋〉，《清華學報》，第 29 卷第 3 期，1999 年 9 月，頁 322。

炎全集》（八）的出版，〔註18〕有本章太炎《傷寒論》的相關文獻出版，便是章太炎著、伍悅、林霖輯校：《章太炎先生論傷寒》（北京：學苑出版社，2009）一書，此書是將章太炎之有關《傷寒論》論著全部集結成冊，分為上下兩篇，上篇為與《傷寒論》有關的論文，分為傷寒六經病證、從傷寒論溫病之治、中西醫結合論傷寒雜病、古今用藥權量、《傷寒雜病論》評議五部分；下篇為與《傷寒論》有關的論文段落節選，分為病機要論、遣方用藥、仲景生平及相關著作考三部分。頗有助於後人研究章太炎之關於《傷寒論》的意見。〔註19〕

1.2.2 期刊論文（含專書論文）

　　關於章太炎《傷寒論》之研究期刊論文上，比較有貢獻的是錢超塵先生和段曉華女士的相關論著。其他人雖有著作，但大都篇幅甚短的描述性文章。為了方便，依年歲為原則，先論述錢超塵先生。錢超塵先生算是章太炎的三傳弟子，師事陸宗達先生，陸宗達師承黃侃，黃侃傳自章太炎先生，這是錢超塵先生在電視專訪時，所親口承認的。〔註20〕因此對於中醫學的研究，受太炎的學

〔註18〕章太炎：《章太炎全集》（八）（上海：上海人民出版社，1994），是目前所蒐集最完整的太炎醫論文獻。章太炎的醫論集，在章太炎生前即有出版，太炎歿於1936。1934 年章次公與徐衡之合輯《章太炎先生論醫集》，收於徐衡之主編：《宋元明清名醫類案（四）》（上海：國醫印書館，1934）附錄，收錄太炎 14 篇醫論。1936 年《蘇州國醫雜誌》，第十期也出版專輯「章校長太炎先生醫學遺著特輯」，收錄太炎醫論 57 篇。1938 年章氏國學講習會出版《猝病新論》，1957 年改名《章太炎醫論》（北京：人民衛生出版社，1957），2006 年訂正錯訛字重版《章太炎醫論》（北京：人民衛生出版社，2006），收論文 38 篇，但遠不及《章太炎全集》（八）之 134 篇完整。

〔註19〕此書較大的錯誤為目錄和頁 80 的「論腸室扶斯即太陰隨經療熱在裡并治法」篇名，其中「太陰隨經」應為「太陽隨經」。每篇論文亦無標明寫作年代日期，很不容易看出太炎先生醫論思想之發展。湯志鈞曾曰：「章太炎早年贊助政治改革，後來投身反清革命；出獄東渡，主編《民報》，和同盟會發生矛盾；民國成立，由附袁（世凱）到反袁，由追隨孫中山到反對改組後的國民黨。由於他本身的複雜性，形成對他評價的差異。我認為評價歷史人物，特別是像章太炎這樣的思想家，似應弄清他各該文章的寫作時間，弄清他是在什麼時代背景下寫的。」（湯志鈞：《章太炎傳》（台北，台灣商務印書館，1996），引言，頁 1。）湯先生說的現象非常明顯，太炎先生的醫論思想也有這樣的現象，例如經脈、傷寒傳經思想即有變異。另外，有些地方更改《章太炎全集（八）》未說明，也是可議之處，如頁 206，《難經》二字，全集（八）中，原為《八十一難》，見《章太炎全集（八）》，頁 32。

〔註20〕參旅遊衛視電視台梁冬主持之電視節目「國學堂」，2009 年 7 月 19 日專訪錢超塵，主題「錢超塵訓詁《傷寒論》」，陸續共三次專訪（還有 2009 年 7 月 26 日

風影響很大,也和太炎一般使用考據學研究中醫學的路數,著有《內經語言研究》、《內經訓詁簡史》、《本草名物訓詁發展簡史》、《傷寒論文獻通考》、《唐本傷寒論校注》、《高繼沖本傷寒論揭密》等書,論者曾評為「執《傷寒論》研究牛耳」、〔註21〕「毫不誇張地說,他對《傷寒論》的文獻研究與考證,已穩執該項研究之牛耳,獨步當今。」〔註22〕雖然也有些學者對其某些《傷寒論》論點有些商榷,〔註23〕但大致上來說,錢先生的《傷寒論》研究成果是學者無法避免的墊腳石。他很重視章太炎的醫學思想,由於章太炎很重視《傷寒論》,因此錢先生也撰有相關太炎先生的《傷寒論》研究。

1.2.2.1 錢超塵

1. 錢超塵:〈出身世醫 獨鐘傷寒——章太炎先生論傷寒(一)〉,《中醫藥文化》,2010 年 01 期,頁 11～14。

2. 錢超塵:〈《傷寒論》六朝傳本考——傷寒大家章太炎(二)〉,《中醫藥文化》,2010 年 02 期,頁 8～10。

3. 錢超塵:〈博采眾方 亦善診病——傷寒大家章太炎(三)〉,《中醫藥文化》,2010 年 03 期,頁 8～11。

4. 錢超塵:〈《章太炎先生論傷寒》釋要〉,收於章太炎著、伍悅、林霖輯校:《章太炎先生論傷寒》(北京:學苑出版社,2009)

　　以上四篇是錢超塵先生眾多關於《傷寒論》期刊論文,有關章太炎者。錢先生是中醫文獻專家,這幾篇幾乎都是述而不作,沒有評論,通常都是用錢先

和 2009 年 8 月 2 日)。錢先生說:「我的老師是中國著名的訓詁學家陸宗達教授,陸先生已經過去了。陸先生的老師,是中國的著名的古漢語學家,音韻學家和訓詁學家黃侃先生。黃侃先生的老師呢,是太炎先生,如日中天的章太炎先生。章太炎先生的老師是俞曲園先生,就是俞樾俞曲園先生。我的這個師承啊,可以從顧炎武開始,顧炎武啊,江永啊,戴震啊,王念孫……這樣遺傳下來的。」

〔註21〕高寒:〈探幽鉤沉,繼往開來——記著名醫古文專家錢超塵教授〉,《科技潮》,1999 年 06 期,頁 83。

〔註22〕蘭泉、鳳森:〈古醫文獻專家錢超塵〉,《中華兒女(海外版)》,1994 年 01 期,頁 1。

〔註23〕如周霞:〈讀《傷寒論文獻通考》的兩點疑議〉,《中醫文獻雜誌》2002 年 01 期,頁 42～43。張家駿對於劉渡舟主編,錢超塵副主編的《傷寒論校注》也頗有意見,參張家駿:〈雜談《傷寒卒病論》及其序——暨與劉渡舟先生商榷(1)(2)(3)(4)〉,文中也點名錢超塵先生,分別見《中醫藥學刊》,2005 年 09 期,頁 1577～1578;2005 年 10 期,頁 1777～1778;2005 年 11 期,頁 1959～1961。2005 年 12 期,頁 2156～2158。

生後來的考證來證成章太炎先生的意見。〔註24〕第一篇〈出身世醫 獨鐘傷寒
——章太炎先生論傷寒（一）〉主要在說明章太炎先生的家世，主要在說明太
炎的家人師友頗多長於中醫，門風如此，故太炎從小便嫻熟醫學；以及太炎重
視《傷寒論》的理由：信而有徵、辨析最詳。

　　第二篇〈《傷寒論》六朝傳本考——傷寒大家章太炎（二）〉，錢先生認為
歷來，中醫經典中，文本盤根錯節亂如棼絲者，以《傷寒論》為最。而《傷寒
論》流傳史上，最困難的就是六朝時代的研究，透過太炎先生的詳密考證，可
以知道，當時仲景著作有不同名稱，如《張仲景方十五卷》、《金匱玉函經八卷》、
《張仲景辨傷寒九卷》和《張仲景辨傷寒十卷》等稱謂，他們的母本是王叔和
編纂整理的《張仲景方》十五卷。

　　第三篇〈博采眾方 亦善診病——傷寒大家章太炎（三）〉主要是舉幾個事
件說明太炎也有幫人診病，且療效頗佳。關於太炎有幫人診病這是確定的，但
療效則方家各有意見，陳存仁、任真等人認為沒有多大療效，錢超塵先生認為
頗有療效。關於此之討論，本文留待第二章討論。

　　第四篇〈《章太炎先生論傷寒》釋要〉最重要，因為這篇是在《章太炎先
生論傷寒》一書的附錄，主題就是扣緊章太炎先生的《傷寒論》，內容分為：
一 家門師友多精中醫；二 余于方書獨信傷寒；三 胸羅萬卷考據精詳；四 叔
和嚴謹未亂經文；五 六經非經五行無定；六 博采眾方亦善診病；七 糾正誤
訓訓詁指迷。從其標題看來，可以知道是前三篇論文的擴充版，所謂「擴充版」
有兩個意思，一是擴大內容，二是再以錢先生自己的研究成果證成章太炎的某
些論點，間或補充章太炎當時未見版本之缺失，如頁253「太炎先生終其一生
未見宋本」，說明太炎先生強調日本安政三年刻的日本安政本《傷寒論》為善
是因他未見宋本《傷寒論》之故，然後他就接著論述他所見的趙刻宋本《傷寒
論》流傳情形（頁254～266）。重點已經從章太炎的《傷寒論》研究轉移了。
錢先生因為是文獻專家，所以對於章太炎《傷寒論》的外緣文獻部分研究頗深，
但對於內容本質部分就少論及（例如太炎頗重傷寒和溫病的關係等思想），這
個部分要等待段曉華來補足了。以下接著便論述段曉華女士的期刊論文部分。

〔註24〕這應該是他基於尊重師承之故。孟慶雲曰：「他（引者：指章太炎）以小學、
　　　子書、醫理堪稱三絕。其小學子書傳黃侃等，黃侃傳陸宗達，陸宗達傳錢超
　　　塵，當代錢超塵整理多部醫經，皆從其訓，對中醫文獻學做出了貢獻。」見孟
　　　慶雲：〈章太炎：「我是醫學第一」——章太炎先生的醫學凤緣〉，《江西中醫學
　　　院學報》，第16卷第4期，2004年8月，頁7。

1.2.2.2 段曉華（含合著）

段曉華女士師承錢超塵、張其成先生，〔註 25〕因此學術路數和錢超塵先生頗為相近，其相關論文，依年代臚列如下：

1. 段曉華：〈章太炎在近代中醫史上的地位及成就〉，《中華醫史雜誌》，2006年 01 期，頁 42～45。

2. 段曉華、錢超塵、張其成：〈章太炎中醫考據學思想論略〉，《中國中醫基礎醫學雜誌》，2006 年 02 期，頁 106～109。

3. 段曉華、暢洪昇：〈從〈醫術平議〉看章太炎醫學研究思想〉，《中國中醫藥現代遠程教育》2006 年 03 期，頁 12～14。

4. 段曉華、暢洪昇：〈國學大師章太炎醫學思想研究的回顧與展望〉，《江西中醫學院學報》，2008 年 05 期，頁 32～35。

5. 段曉華、暢洪昇：〈章太炎醫學研究歷程簡析〉，《江西中醫學院學報》，2008年 06 期，頁 19～22。

6. 段曉華、梁吉春、暢洪昇：〈章太炎的《傷寒論》研究思想及其特色〉，《北京中醫藥大學學報》，2009 年 02 期，頁 88～90。

7. 段曉華、暢洪昇：〈章太炎醫學思想淵源探析〉，《吉林中醫藥》，2009 年 06期，頁 543～545。

8. 段曉華：〈國學大師章太炎的醫學情懷〉，《中醫藥文化》，2012 年 1 期，頁49～51。

段曉華女士在 2004～2006 間撰寫博士論文《章太炎醫學思想研究》，〔註 26〕這些期刊論文或多或少都和其博士論文相關。前三篇是他在博士就讀期間所撰寫的，有自著，也有合著，段女士皆為第一作者。〔註 27〕先從第 2 篇論述起，因為這一篇是討論章太炎研究中醫的方法，但還不是方法論著作。〔註 28〕第 2 篇〈章太炎中醫考據學思想論略〉，主張太炎將考據學運用於中醫學領域，開拓了中醫學研究的新思路，為中醫學發展拓寬了道路。通過對章太炎醫學論

〔註 25〕 參段曉華：《章太炎醫學思想研究》（北京：北京中醫藥大學中醫研究所博士論文，2006 年），頁 144。

〔註 26〕 參段曉華：《章太炎醫學思想研究》（北京：北京中醫藥大學中醫研究所博士論文，2006 年），頁 144。

〔註 27〕 參段曉華：《章太炎醫學思想研究》（北京：北京中醫藥大學中醫研究所博士論文，2006 年），頁 145。

〔註 28〕 即沒有討論為何中醫學要從考據學入門，這屬於方法論層次。

文的分析，總結歸納了他的中醫考據學思想的八個特點：1. 審定文獻，據證推理。2. 梳理脈絡，澄清源流。3. 考定異同，比較善偽。4. 考證字詞，詮釋字義。5. 審核內容，明其舛錯。6. 多維對照，正其名實。7. 聚類分析，求其近似。8. 數學演算，實際推斷。這八點是段女士從太炎先生著作中歸納出來的考據學特色，也屬於述而不作之論，頗為忠實，很可做為我們往前進的研究基礎。

第 1 篇〈章太炎在近代中醫史上的地位及成就〉，此文從醫學地位與醫學成就來說明章太炎的醫學史上的價值。在醫學地位上，從國醫學問之大家、國醫革新之導師、國醫教育之先驅來說明其地位。在醫學成就上，從評價歷代中醫學術，提出中醫立足之本；將考據學作為研究中醫學的重要手段；通過中西醫比較匯通，尋求中醫發展之道；獨採傷寒，相容唐宋來作為太炎的醫學成就。比較跟錢超塵先生不同的是，在結尾部分，提出太炎醫學思想中，有關否定五行、金元以後醫學的看法；中西醫會通的思想，都有其侷限性，有必要進一步考證研究。雖然段女士沒有說明有何侷限性，不過可以作為我們檢討太炎先生醫學思想一個面向。

第 3 篇〈從〈醫術平議〉看章太炎醫學研究思想〉。〈醫術平議〉是章太炎在 1910 年發表的論文，是太炎全面評論比較中西醫的第一篇論文，以外感熱病為研究的切入點，注意者不多。此文能予以摘出，可見隻眼。文分四大段展開：「比較中醫優劣，以外感熱病為研究的切入點」、「評價中醫學術，以《傷寒論》為研究的立足點」、「分析中醫理論，以實證為研究的準則」、「發明方藥原始，以發展經方為研究的核心」和「考證源流權量，以考據學為研究手段」。此文立論中肯，也指出有些太炎關於否定五行學說的商榷，和其對於經絡看法前後期的改變，對於太炎醫論思想研究的推進、貢獻不小。

第 4 篇以下，是 2006 年博士論文完成以後發表的，基本上不出博士論文藩籬。第 4 篇〈國學大師章太炎醫學思想研究的回顧與展望〉、第 5 篇〈章太炎醫學研究歷程簡析〉是和暢洪昇先生合著。第四篇為整理 2008 年前的太炎醫論之研究成果與展望，討論了潘文奎、黃兆強、孟慶雲和耿鑒庭先生的相關太炎醫論之意見。很可以作為本文的出發點，不足的是他沒有討論其他關於太炎醫論的研究者，如陳實、胡念瑜 1983 的〈章太炎與《傷寒論》〉、梁蕾 2006 的《試論章太炎《傷寒論》研究的特點與成就》等，潘文奎先生部分也缺少了〈章太炎對《傷寒論》之研究〉，《中醫雜誌》，1988 年 07 期，這是少數幾篇

直接論及太炎傷寒學重要的文獻，實不可忽略。文中也有少數明顯錯誤，如頁
34 將《章太炎全集（八）》的出版年 1994 誤寫為 1988。此文將 2008 年前的太
炎醫論之研究分為四類，頗為諦當：一是醫學思想述評；二是仲景學說研究；
三是軼文補遺；四是醫事傳略。最後提出未來研究太炎醫論的展望原則：

> 一是與他的特殊身分結合。我們要認識到，章太炎不是一名純粹的
> 醫家，但是他是一名忠實的中醫學研究家，他的醫學研究是他哲學
> 訴求和政治理想的延續。
>
> 二是與時代背景結合。對章太炎醫學思想的意義應從醫學發展史的
> 角度去探求，站在當時醫學環境去考察，不應以現代的思想評判。
>
> 三是與學術追求相結合，章太炎的醫學思想自成體系，他對醫學廣
> 泛的研究是為了建構他獨特的醫學思想體系。從而最終促進醫學由
> 傳統一尊之學向現代一門之學的轉變。因此，我們研究的主旨應當
> 是明確其研究中醫學的終極目標，而不是某一個具體的觀點，只有
> 這樣，才能使其醫學思想與其國學大師的身分相結合。〔註29〕

這三點關於未來研究太炎醫論的原則，其實是非常奇異的，頗不合現代學術規
範的要求。以第一點而言，研究太炎醫論，可以考慮他的身分，但不必然，尤
其就現代學術要求，應以命題的陳述為主，而不必牽涉提出命題者的身分，否
則就犯了「訴諸權威或人身攻擊的謬誤」。例如我們知道太炎的哲學訴求，終
極的歸趨是佛學，〔註30〕但這並不一定要和其醫論研究相結合。關於第二點，
我們確實應站在醫學發展史的角度，但這不代表「不應以現代的思想評判」，
因為所謂「發展史」正代表其傳承、轉變與不足，而所謂「不足」正是在現代
的觀點來看。就第三點而言，太炎的醫學研究重視「療癒效果」，他曾說：

> 夫醫者以愈病為職，不貴其明於理，而貴其施於事也，不貴其言有
> 物，而貴其治有效也。……吾願世之治《傷寒論》者不薪於為博士，
> 而薪於為鈴醫。〔註31〕

〔註29〕段曉華、暢洪昇：〈國學大師章太炎醫學思想研究的回顧與展望〉，《江西中醫
　　　　學院學報》，2008 年 05 期，頁 34～35。

〔註30〕關於章太炎思想的歸趨在佛學，其並以佛學來評判詮釋儒學與道家思想，近
　　　　人多有論及，參龔鵬程：〈章馬合論──章太炎、馬一浮兩先生所論國學之比
　　　　較〉，《杭州師範學院學報（社會科學版）》，2007 年第 1 期，頁 1～11。史革
　　　　新：〈章太炎佛學思想略論〉，《河北學刊》，第 24 卷第 5 期，2004 年 9 月，頁
　　　　146～154。

〔註31〕〈傷寒論輯義按序〉，《章太炎全集（八）》，頁 363～365。

這段引文中，太炎認為研究《傷寒論》者，應當以「鈴醫」為期許，這就是因為注重醫療效果，所以不要只是成為研究《傷寒論》的博士。對於明理與療效而言，療效是首出的原則。這是他在中西醫對比中，最高的指導原則，也是他從〈醫術平議〉下，評章中西醫的標準，他並不是要建構他獨特的醫學思想體系，這樣才是使中醫「向現代一門之學的轉變」。

第 5 篇〈章太炎醫學研究歷程簡析〉，此文就章太炎的醫學、醫事活動展開研究，探討了章太炎一生的醫學研究歷程，以便能夠更好地理解與闡釋章太炎的醫學思想。此文認為可分三階段，第一階段 1899～1920，為奠基期，第二階段 1921～1625，以《傷寒論》的研究為主，指導和提高外感病的臨床治療。第三階段 1926～1935，中醫學的發展與研究，發展中醫教育。這三階段的劃分可以成為本文的發展基礎。

第 6 篇〈章太炎的《傷寒論》研究思想及其特色〉，此文和本論文有密切關係，很可以作為本文發展的起點。此文中，作者認為對於章太炎的《傷寒論》研究，一直處於「隱而不彰」狀態，希望能做出初步闡釋。文中分成五大點來立論：一、考證人物事狀和版本。二、評價《傷寒論》整理和注家優劣。三、統一傷寒與溫病。四、闡發《傷寒論》六經病內涵。五、提出《傷寒論》研究方法。這五點立論都很中肯實在，可以做為研究章太炎《傷寒論》的起點，美中不足的是，對於章太炎《傷寒論》不足處說得很模糊、語焉未詳，例如頁 90 作者說：「因現實條件他遠離臨床，因而使他的學術思想中有著更多的思辨色彩。因此，他所提出的一些觀點，難免有偏頗或牽強之處。甚至有時會陷入左右失據，說理無力的境地。」但到底哪裡有偏頗、牽強、左右失據、說理無力之現象，作者都無說明，這是很可惜的地方。

第 7 篇〈章太炎醫學思想淵源探析〉，此文認為探討章太炎的醫學思想淵源是研究其醫學思想的基礎，於是從 4 個方面對其醫學思想淵源進行了分析。一是家風的薰陶。二是師友的影響。三是其獨立的精神人格的帶動。四是章太炎從修身到治國，再到醫民的典型中國式儒醫價值取向的浸染。正是這 4 個方面的影響，形成了章太炎富有創造性的醫學研究思想和獨特的學術地位。此文為章太炎醫學思想外緣問題的探討，外緣問題的釐清可以增加我們對章太炎醫學思想的背景之理解。

段曉華第 8 篇論文〈國學大師章太炎的醫學情懷〉，為 2012 年發表，仍然是太炎先生醫論思想的外緣研究，文分三段：一為「出身世家，結緣醫學」，

說明其家世背景與醫學有關；二為「不為良相，則為良醫」。說明太炎革命事
業與醫學思想並行不悖；三為「泰山北斗，眾望所歸」。說明其中醫的教育事
業，影響了很多人。這篇文章論點其實之前的論文都有觸及，但是段女士為何
又發表呢？這是因為他的章太炎觀點轉變了，上文論述段曉華第 4 篇論文時，
說到他主張關於太炎的醫學思想研究應當與身分、時代、學術思想相結合。在
第八篇此文中，結論已經轉變為「可見，醫學研究是章太炎學術成就的重要組
成部分，而且是相對獨立、自成體系的重要組成部分。」這也是本文上文評論
之所在。段女士這樣的轉變是正確的。章太炎的醫學思想是章太炎學術重要組
成部分，而且可以獨立、自成體系的，不一定要和其他部分聯繫在一起。

1.2.2.3 黃兆強、劉家華、黃孝周

照理說，上文段曉華女士 2008 已經檢討過以往關於章太炎醫論思想的
研究狀況，其中包含了黃兆強、劉家華、黃孝周七篇論文，只少漏了一篇黃
兆強單獨發表的〈〈章太炎軼事〉補遺〉。此處應不必再予檢討，但有些部分，
為段女士所忽略，因此本文只重點摘述段女士所未論及處，而不予詳論矣。
黃兆強、劉家華、黃孝周聯名發表七篇論文，另外，黃兆強單獨發表一篇，
其篇名如下：

1. 黃兆強、劉家華、黃孝周：〈章炳麟醫學思想述評〉，《江蘇中醫藥》1983 年
   06 期，頁 3～5。

2. 黃兆強、劉家華、黃孝周：〈章炳麟先生的醫學思想〉，《中醫雜誌》，1986 年
   06 期，頁 52～54。

3. 黃兆強、劉家華、黃孝周：〈章炳麟對仲景學說的研究〉，《國醫論壇》，1988
   年 02 期，頁 42～44。

4. 黃兆強、劉家華、黃孝周：〈章炳麟和《傷寒論》〉，《浙江中醫學院學報》
   1988 年 02 期，頁 32～34。

5. 黃兆強、劉家華、黃孝周：〈章炳麟中西醫學匯通思想述評〉，《福建中醫藥》，
   1991 年 05 期，頁 8～10。

6. 黃兆強：〈〈章太炎軼事〉補遺〉，《中醫文獻雜誌》，1996 年 02 期，頁 28。

7. 黃兆強、劉家華、黃孝周：〈章炳麟醫學見解略評〉，《浙江中醫雜誌》，1999
   年 01 期，頁 33～35。

8. 黃兆強、劉家華、黃孝周：〈章炳麟和祖國醫學〉，《中華醫史雜誌》1999 年
   02 期，1999.4，頁 32～34。

其中第 6 篇〈〈章太炎軼事〉補遺〉為黃兆強先生補足《岳美中醫話集》一書中〈章太炎軼事〉的補遺，〔註32〕主要是對於晚年章太炎和醫界人士間的詩文酬對的一些記錄，屬於太炎的醫學生涯掌故，對於太炎的醫學思想較無相關。

第 1 篇〈章炳麟醫學思想述評〉是很早就注意到章太炎先生的醫論思想論文，此文重點放在太炎對《傷寒論》和溫病的看法。篇末指出不同意太炎「廢棄五行」、「溫度不能以探口為據」等判斷。

第 2 篇〈章炳麟先生的醫學思想〉除了再論述傷寒和溫病關係外，更擴大到三焦即淋巴腺、經絡即動靜脈、反對五行等太炎醫學見解。

第 3 篇〈章炳麟對仲景學說的研究〉和前兩篇微不同，強調傷寒傳經之非。

第 4 篇〈章炳麟和《傷寒論》〉和第 3 篇〈章炳麟對仲景學說的研究〉幾乎相同，只有最後一段不同。

第 5 篇〈章炳麟中西醫學匯通思想述評〉，此文頗能摘出太炎對於中西醫融攝之功力。他提出了章太炎在中西匯通方面的成就，例如主張三焦淋巴學說、十二經脈血管說、腸窒扶斯為濕溫說、六經實質新解、奇經八脈新說等。同時指出章太炎在中西匯通中存在著主觀臆測、對號入座的缺點，這尤其是表現在對於經絡血管說上。這些主張後來很多學者都有提出，但大部分都是黃兆強等首先提出的。

第 7 篇〈章炳麟醫學見解略評〉，此文強調太炎醫論重臨床實效，如視肺炎為傷寒溫病之一種，主張發熱咳嗽，有汗用麻杏石甘湯，無汗用小青龍加石膏湯。作者強調近數十年來用麻杏石甘湯治療肺炎的實踐成效，證明了太炎的主張。其他如獨尊仲景；效法柯琴、尤在涇、陸九芝；不信葉天士、吳鞠通；重視訓詁等見解皆為常識，茲不論。

第 8 篇〈章炳麟和祖國醫學〉，主張廣義傷寒說、六經六部說、論傷寒傳經之非、對歷代傷寒注家的評價，三焦—淋巴學說、十二經開闔理論、六經實質新解、廢棄五行說、濕溫病說等等。

黃兆強、劉家華、黃孝周的這些論文大多在別人還沒有研究章太炎醫論思想之前，就已經研究發表，就拈出章太炎醫論之價值，有其先行者首出之價值。

〔註32〕岳美中：〈章太炎軼事〉，收入陳可冀、李春生、江幼李、岳沛芬整理：《岳美中醫話集》（北京：中醫古籍出版社，1984 年），頁 146～147。

1.2.2.4 潘文奎（含合著）

潘文奎先生為《章太炎全集（八）》——章太炎醫論集的編者與校對者，因此在取得文獻的方便上，也有數篇關於章太炎醫學思想之論文。

1. 潘文奎、宋光飛：〈略談章太炎〈仲氏世醫記〉之文字校勘〉，《江蘇中醫藥》，1987 年 12 期，頁 46～48。

2. 潘文奎：〈章太炎對《傷寒論》之研究〉，《中醫雜誌》，1988 年 07 期，頁 64。

3. 潘文奎：〈對章太炎從事醫療實踐的考證〉，《上海中醫藥雜誌》，1990 年 01 期，頁 44～45。

第 1 篇〈略談章太炎〈仲氏世醫記〉之文字校勘〉，這篇論文的起源是因為有另兩篇論文之故。

姚朝暉：〈章太炎軼文〈仲氏世醫記〉〉，《江蘇中醫藥》，1986 年 12 期，頁 29～30。

何緯文：〈〈章太炎軼文〈仲氏世醫記〉〉讀後〉，《江蘇中醫藥》，1987 年 08 期，頁 45～47。

姚朝暉為中醫師參與餘杭縣衛生志編寫組，在收集有關資料時，在民國《杭縣誌稿》卷十八發現了章太炎先生關於醫學的軼文一篇，名為〈仲氏世醫記〉，因而注釋發表，引起未見原稿之何緯文先生關於字句上的回應，潘文奎先生看見此二文的討論後，基於章太炎軼文〈仲氏世醫記〉文獻收藏於上海中醫文獻館，因此為文討論章太炎軼文〈仲氏世醫記〉其中的文字校勘問題，舉出其中八處文字問題，頗利於沒見到原始文獻之後人研究，太炎文字喜用古字假借，故易引起這類問題，論文最後作者期勉「章氏醫學有其特有的內容及文章風格，在整理點校之際，貴在理解其文詞涵意，慎重斟酌，否則以訛傳訛，原意必失矣。」（頁 48）這也是我們讀章太炎醫論文字要警覺處。

第 2 篇〈章太炎對《傷寒論》之研究〉，這是 1988 年出版的論文，前此雖然已有些研究章太炎醫論論文出現，但此篇的討論主題幾乎都沒有出現在其他論文。此篇主題有三，第一個主題一般都容易注意到，就是六經病的「六經」之含義。太炎駁斥經脈說，主張如柯琴所云「經為徑界」，六經就是六部。第二、三個主題討論三陽病和三陰病，三陽病部分，太炎有些獨特看法，太陽病他認為含膀胱、小腸、三焦、肺、心五象，但因為病重尚未到達臟腑，因此稱為表證。又如陽明病傳統分經證、腑證，太炎認為應該分為胃腸，這是他認為

經為徑界，「陽明之為病，胃家實也。」因此太陽、陽明的分界就在「膈」，膈下即胃也。三陰病部分，太炎認為少陰病為心臟虛弱之後，屬心不屬腎。潘文奎先生所舉出的這些部分，通常研究太炎醫論者，罕及之，可做為參考。

第3篇〈對章太炎從事醫療實踐的考證〉，這篇文章舉出三證據：太炎立論重在付諸實踐；太炎有幫自己和友人開方；太炎重視醫案蒐集。來證明太炎有從事醫療實踐。關於此，作者並沒有針對批評者的問題來回答，批評太炎者主張「先生善言理，治病未必效」，潘先生的所有證據都在證明太炎有臨床經驗、有治病，但批評者所批評的是「治病未必效」，而非「未治病」，關於此，本文將在第二章予以討論。

1.2.2.5 台灣部分

台灣部分到目前為止，除了些零星評論太炎醫論之段落外，〔註33〕有兩篇關於太炎醫論之研究論文，如下：

林政憲、蘇奕彰：〈匯通式的轉折──論章太炎醫學思想的轉變〉，《台灣中醫醫學雜誌》，第10卷第3期，2011年9月，頁29～38。

蔡忠志、林睿珊：〈試論五臟附五行學說──從章太炎「五臟附五行不定說」談起〉，《台灣中醫醫學雜誌》，第10卷第1期，2011年3月，頁29～35。

大抵來說，台灣的章太炎醫論研究雖然晚出，數量亦遠少於大陸，但研究的成果素質頗為精良，非一般兩三頁篇幅的論文可比擬。林政憲、蘇奕彰：〈匯通式的轉折──論章太炎醫學思想的轉變〉，文章中先檢討段曉華女士博士論文的缺點之一「對於太炎先生醫學學術思想的起源與其學術思想的轉折，均缺乏提綱挈領的勾勒」，由此為出發點，討論太炎匯通中西醫思想的轉折歷程，尤其注意太炎的匯通方法──「西方解剖學知識和柯琴的六經理論所架構出來的醫學體系」，這是很少人點出的重點，作者能予以提出，確屬難得。然後再探討西方解剖學在其中的優先性，由此提出匯通的歷程階段。作者認為章太炎最成功的匯通主張在「三焦為淋巴系統」上。〔註34〕

蔡忠志、林睿珊：〈試論五臟附五行學說──從章太炎「五臟附五行不定說」談起〉，討論章太炎之「否定五行」主張。從研究兩漢先秦文獻記載的角

〔註33〕例如陳淼和：《傷寒卒病論台灣本》（台北：集夢坊出版社，2008），頁60處評論太炎誤以豬苓散之主治為五苓散之主治；〈序〉中也說明太炎反對五行與傷寒日傳一經之正確，與誤以臟腑詮釋仲景，錯把經脈視為血脈。

〔註34〕此文亦有小失誤，頁29之「仲昂庭」，全誤植為「仲昂庭」。

度，討論章氏所引用的資料為出發點，試圖找出爭議的焦點。並從今古文《尚書》所載的五行說、先秦兩漢典籍所載五行說及醫療相關記載，與《內經》相關篇章成書年代的探討等面向，認為五臟附五行的兩套學說，與今、古文兩《尚書》流傳背景無關，早在戰國末年中醫所使用的五臟五行觀業已成型。因此，從兩組「五臟配五行說」為出檢點的討論方式，應該被質疑。傳統中醫所使用的五臟學說適用與否，應該要回歸到臨床醫療中去作檢驗。章太炎為古文經家，因此他研究學問，較缺乏今文經家發展的觀點，因此對於「五行」的資料平鋪比較，就容易有「否定五行」主張。作者的結論，章太炎應不反對，因為太炎研究醫學強調實效，而不重理，本文上文即引用太炎所說「夫醫者以愈病為職，不貴其明於理，而貴其施於事也，不貴其言有物，而貴其治有效也。」故亦不反對作者之結論。關於以「發展」的觀點來評論太炎「五行」之說，可見下面程偉的論文。

1.2.2.6 其他

相較於台灣的太炎醫論研究，大陸的期刊文獻，很多都不參考其他已經出版的相關期刊論文，不將他人的成果做為研究的基礎，常常獨自研究發表，所以重覆的內容甚多，本文先將相關文獻列之於下，論述部分若意見與上文1.2.2.4 以前已經重覆者，將省略之，只論述未言及者。

馮世倫、張長恩：〈淺述章太炎對中醫的貢獻〉，原刊《中國中醫藥報》，2004 年 12 月 3 日，後收入馮世倫、張長恩：《解讀張仲景醫學》（北京：人民軍醫出版社，2006），頁 24～34。

按：此文分成三小節認為太炎先生對中醫的貢獻主要就在這三部分：考證訓詁具慧眼、研究五行有觀點、發展中醫倡自立。

程偉：〈略論章太炎的醫學思想〉，《中醫藥學報》，1984 年第 3 期，頁 25～28。

按：此文最大的特點就是評論章太炎「否定五行」之主張。太炎從今古文《尚書》說五行配五臟說法不一，證明五行之說為「隨其類似悉可比附」，故否定之。程偉認為「章氏沒有對五行學說這一哲學思想被引入中醫學的原因及引入中醫學後對中醫學理論的逐步形成和發展所產生的重要影響加以具體分析（引者按：以上整句原文確實沒有標點符號），而全盤否定了五行學說具有合理性的一面，卻未免失於武斷。」（頁 25）事實上，五行之說也是慢慢發展的，因此，程偉所說甚合理。

陳實、胡念瑜：〈章太炎與《傷寒論》〉，《江蘇中醫藥》，1983 年 05 期，頁 54～55。

按：此文立論最特殊者為用江蘇醫院《中醫分冊》的案例來證明太炎主張「腸傷寒早期可用下法，晚期不可下」之正確。

林乾良：〈章太炎先生醫學思想論析〉，《浙江中醫藥大學學報》，1986 年 05 期，頁 28～32。

按：此文對於《章太炎全集（八）》（醫論集）出版前，章太炎之醫論著作考察甚詳盡。

耿鑒庭：〈紀念章太炎先生逝世五十周年〉，《中西醫結合雜誌》，1986 年 09 期，頁 572。

按：此文談論自己與章氏國學講習會接觸與蘇州國醫學院間的見聞。

胡樾：〈國醫革新導師章太炎〉，《中華醫史雜誌》，第 25 卷第 4 期，1995 年 10 月，頁 238～241。

胡樾：〈餘杭先生國醫革新──論國醫革新導師章太炎〉，《城鄉導報》，2012 年 5 月 14 日，15 版。

知行：〈國學大師章太炎與中醫革新〉，《家庭醫學》，1997 年第 17 期，頁 35。

連建偉、武建設：〈太炎先生中醫學術思想初探〉，《中國醫藥學報》，2003 年第 18 卷，頁 5～7。

按：本文分成六點論述太炎之中西醫、五行、三焦、霍亂、腸傷寒和評《傷寒論》，和其他論文不同的是，在每點章太炎的主張下，作者皆有按語反駁太炎之意見。但作者的反駁常是另起言論，而沒有針對太炎立論之過程與錯誤，雖然這樣，對我們的研究也有幫助。如在頁 6 說到太陽病：

> 章太炎認為：一、病初起時之麻黃湯證、桂枝湯證，僅為太陽病之
> 前驅證；二、水蓄膀胱之五苓散證及其熱結膀胱之桃仁承氣湯證，
> 方為太陽正病；三、其餘為太陽兼變證。
>
> 按：太陽正病應包括太陽中風與太陽傷寒。五苓散證及桃仁（應為
> 桃核）承氣湯證均為太陽變證。章氏分類，不甚妥當。

作者這樣的討論方式，很容易淪為各說各話，他應該是說明麻黃湯證、桂枝湯證為何不能視為是前驅病，而是正病，而皆缺乏如此論證，是可惜之處。

孟慶雲：〈章太炎：「我是醫學第一」──章太炎先生的醫學夙緣〉，《江西

中醫學院學報》，第 16 卷第 4 期，2004 年 8 月，頁 5～8。

按：本文強調醫學非章太炎學術之餘緒。

陳瑜：〈簡論章太炎對中醫文獻學之貢獻〉，《中醫文獻雜誌》，2005 年第 3 期，頁 10～12。

周貽謀：〈章太炎亦精通醫學〉，《祝您健康》，2007 年 6 月，頁 56。

胡一峰：〈尋找中醫立世之極──試論章太炎晚年的醫事活動〉，《中國科技史雜誌》，第 29 卷第 1 期，2008 年，頁 54～61。

按：此文在證明章太炎晚年在醫事活動上投注很大精力並非退隱的表現，而是他表達自己對民族文化的深切關懷的積極入世的手段。

張秀麗：〈揚長避短──章太炎中西醫思想簡析〉，《南京中醫藥大學學報（社會科學版）》，第 9 卷第 1 期，2008 年 3 月，頁 31～33。

按：此文關於太炎中西醫思想和其他論文差不多。最大的特點在於在太炎書信中，找了許多證據說明太炎對於親友疾病的建議處方。

張書寧：〈章太炎看病〉，《環球人物》2012 年第 5 期，頁 93。〔註35〕

按：此文以詼諧筆法說明太炎愛幫人看病，但效果不彰。

吳佐忻：〈記章太炎手書《金鏡內台方議序》〉，《上海中醫藥雜誌》，1980 年第 4 期，頁 46。

吳佐忻：〈章太炎的〈手寫古醫方〉〉，《江蘇中醫雜誌》，1983 年第 1 期，頁 48～50。

俞寶英：〈章太炎與醫家的傳書二箋〉，《醫古文知識》，1996 第 3 期，頁 21。

按：以上吳佐忻、俞寶英三篇都屬於太炎的醫學文獻，皆已收於《章太炎全集（八）》。

1.2.3 博碩士論文

關於太炎先生的醫論研究之博碩士論文目前有兩篇：

段曉華：《章太炎醫學思想研究》，北京：北京中醫藥大學中醫研究所博士論文，2006。

按：本文為章太炎醫論研究第一本博士論文，研究章太炎醫論完整全面，

〔註35〕同樣文章亦發表於：

張小平：〈章太炎看病〉，《新長征（黨建版）》，2012 年第 08 期，頁 62。

張小平：〈章太炎看病〉，《社區》，2012 年第 17 期，頁 17。

無作者：〈章太炎看病〉，《新作文：金牌讀寫》，2012 年第 7 期，頁 105。

有其里程碑的意義。此博士論文大部分內容已經在前面的期刊論文發表，因此在該處評論過者，便不在此重複。摘要處說到太炎醫論是其學術的餘緒，〔註36〕但貢獻不小，卻長期被湮沒，因此有研究之必要。全文主要五個部分。第一章分析章太炎的醫學思想淵源，探討其醫學思想形成的直接來源，從家風、師承、人格、社會經歷來立論，涵蓋面完整。第二章闡述章太炎的醫學歷程。第三章和第四章研究章太炎中醫學術思想。包括章太炎中西醫比較、融會方法，章太炎對中醫的學術評價、理論反思和發展探索，章太炎《傷寒論》思想，章太炎時病治療學思想。第五章從章太炎中醫考據學內容和方法。第六章對章太炎的醫學實踐進行總結。最後，評價章太炎醫學思想，論述章太炎在近代中醫史上的醫學地位，並對章太炎醫學研究中理論與實踐、傳統與現代、批判與傳承、尊古與創新、哲學與醫學等關鍵性問題加以分析，以較為全面、深刻地認識章太炎的醫學思想。

　　這本論文最大的優點就是立論詳實——詳細且實在，誠如作者所說，其創新在於三點：一、全面、系統地闡述了章太炎醫學思想，並對他的中西醫比較觀、中西醫融會觀、中醫學術觀、中醫臨床觀進行了認真詳盡之剖析，全面歸納了章太炎的《傷寒論》研究思想和中醫考據學思想。二、細緻、客觀地梳理了章太炎醫學研究歷程，分析了章太炎醫學思想與家風、師承、自身人格、社會經歷的關係，以及不同階段醫學觀點的變化。三、將章太炎的醫學研究放入他的整個學術體系中考察，探討了他的整個學術思想對醫學思想的影響，明確了章太炎醫學思想的淵源。四、歸納了章太炎醫學思想的特點，明確了章太炎對近代中醫學術體系重構的設想，及其在近代中醫史上的地位。〔註37〕此文的缺點就是幾乎沒有任何批判，和其他論文（如上文程偉、連建偉、武建設等先生的論文）不同，恰巧也是我們前進的起點。

　　梁蕾：《試論章太炎《傷寒論》研究的特點與成就》，北京：北京中醫藥大學中醫研究所碩士論文，2006。

　　按：此文為章太炎醫論研究中關於《傷寒論》的第一本碩士論文，尤其論點集中在對於章太炎《傷寒論》研究的討論。〔註38〕論文的成果集中在三方

〔註36〕本文並不同意醫學為章太炎學術之餘緒，請參本文第二章。

〔註37〕參段曉華：《章太炎醫學思想研究》，北京：北京中醫藥大學中醫研究所博士論文，2006年，頁135。

〔註38〕此文的選題、撰寫亦經錢超塵先生建議與指導，參梁蕾：《試論章太炎《傷寒論》研究的特點與成就》。北京：北京中醫藥大學中醫研究所碩士論文，2006，頁55。

面：第一，對太炎先生尊崇《傷寒論》的思想成因進行探討。從太炎的學習經歷及時代背景分析，認為儒家尊經崇古、重視實用的精神和經典傷寒學派以及當時國粹主義思潮的影響均對其思想的形成有一定作用。第二，對太炎先生的《傷寒論》文獻考據研究進行總結整理，其內容包括張仲景與王叔和的生平、時代的考證，《傷寒論》版本流傳變遷及字詞訓詁等，說明了太炎先生將文獻考據的方法引入《傷寒論》研究，理清了仲景學術的流傳演變脈絡，奠定了中醫訓詁學的基礎，為後世的《傷寒論》研究開啟了新的道路。第三，歸納太炎先生對《傷寒論》理論探討的獨特見解，包括溫病與傷寒不可截然劃分，經非經脈，否定傳經之謬，以及立足《傷寒論》治法大則、兼融西醫新學中西匯通以治病療疾等。從而探清太炎先生治傷寒學的基本思想，並為《傷寒論》理論研究提供了新思路。在篇末也以小篇幅說明太炎《傷寒論》醫論中可以商榷的部分，如否定五行過於偏執、一味鄙棄葉、吳等溫病學說亦有偏頗、三焦即淋巴系統，督脈為神經中樞，任脈為心下大動脈，沖脈為精系動脈等，此亦有待商榷。〔註39〕不過他這些與太炎商榷處，只有點出，並無論據與論證，是其不足之處。

1.3 研究方法

　　本文的研究方法基本上是依據章太炎先生的學術方法而訂定的。作為傳統國學大師的太炎先生，聞名於世的便是他作為俞樾（字曲園，1821～1907）的弟子，俞曲園為清代樸學大師，擅長考據之學，章氏從學七年，盡得其法。從此，他研究任何學問，都是從這個方法出發，包含其研究中醫學亦是如此。〔註40〕本文因之，研究方法主要如下：

　　A. 考據學：含文字學、聲韻學、訓詁學、版本學等。為何用如此方法呢？這是因為太炎先生的學問路數就是如此，太炎為曲園的弟子，學問根柢為樸學，樸學的重要主張基本上是「訓詁明而後義理明」，但章太炎並不限於此，他的主要取向是從皖派戴震發展而來，而不取與戴震同名的吳派惠棟。戴震在清儒考據學中，並不偏於「訓詁明而後義理明」，而是兩端兼具，段玉裁就曾

〔註39〕梁蕾：《試論章太炎《傷寒論》研究的特點與成就》。北京：北京中醫藥大學中醫研究所碩士論文，2006，頁42。

〔註40〕參段曉華、錢超塵、張其成：〈章太炎中醫考據學思想論略〉，《中國中醫基礎醫學雜誌》，第12卷第2期，2006，頁106～109。

發現此點，但是後來的學者都忽略了，這個緣故是因為戴震的學問主張有前期、晚期的不同，前期主張「由訓詁而推求義理」，後期也主張「執義理而後能考核」。〔註41〕後人忽略或反對後期的主張。當時大部分的學者都認為戴震後期走錯了路，如朱筠、錢大昕等學者皆如此看法，這些學者「推重戴氏，亦但云訓詁名物，六書九數，用功探細而已，及見《原善》諸篇，則群惜其有用精神耗於無用之地」，〔註42〕朱筠更認為戴震的這部分不可傳於後世，「性與天道，不可得聞，何圖更于程、朱之外復有論說乎？戴氏所可傳者不在此。」〔註43〕雖然是這樣，章太炎卻獨具隻眼，表彰戴震後期主張，〔註44〕從戴震的漢學出發，章太炎發展出自己的「批判的漢學」。這「批判的漢學」從顧炎武的「讀九經自考文始，考文自知音始」，〔註45〕到戴震學問的反省，建立起太炎本身的思考方法，他的特色有三：批判性格的學術研究特質，具否定之辯證的研究取徑，以及對漢學傳統的反思性不滿。〔註46〕相應於此，本文基於需要，在研究方法上加入近期的研究成果——「河洛語十五音聲韻學」。依據陳淼和先生的研究，漢代官方語言即為河洛語。而張仲景為現在河南安陽人，其使用的語言類似於現今台灣河洛語。今人研究《傷寒論》普遍用北京話來討論，有其侷限，陳先生從考證台語的歷史來源，得到結論說：

> 台灣地處邊陲，反能保留古音及上古音。《傷寒論》成書於東漢，承
> 繼於西漢及戰國後期。東漢始創舌上音及重唇音。然仲景是在伊尹
> 《湯液經法》之基礎上而加以創制，故論中仍保留有許多上古音及
> 語法，亦有引用《詩經》之詞句。有幸部分漢代語言台灣目前仍然
> 流通，有助詮釋《傷寒論》。例如台灣民間泛指中午至傍晚之間為：
> 「下晡時」，相當於所謂之「下午」。故可瞭解《傷寒論》：「晡時所

〔註41〕 參王杰：〈十八世紀義理之學的確立與建構——以戴震思想為例的個案分析〉，《中共中央黨校學報》，第 6 卷第 4 期，2002 年 11 月，頁 39～42。

〔註42〕 章學誠著、倉修良編：《文史通義新編》（上海：上海古籍出版社，1993），外篇三〈答邵二雲書〉，第 553 頁。

〔註43〕 江藩：《國朝漢學師承記》（北京：中華書局，1983），卷六〈洪榜〉，頁 98。

〔註44〕 戴震被視為學術思想大師，而非只是考據學大家，章太炎有首倡之功，劉師培、梁啟超等人有繼起之效，參李帆：〈章太炎、劉師培、梁啟超與近代的戴學復興〉，《安徽史學》，2003 年第 4 期，頁 53～57。

〔註45〕 參錢穆：〈顧炎武〉，《中國近三百年學術史》（台北：台灣商務印書館，1957），上冊，頁 122～146。

〔註46〕 見丘為君：〈批判的漢學與漢學的批判——章太炎對考據學的反省及對戴震漢學的闡釋〉，《清華學報》，第 29 卷第 3 期，1999 年 9 月，頁 326～332。

發嘲熱」之「晡時」是泛指上午與下午之統稱。然諸家卻誤作「哺
(鋪)時」解,訛為申時(15 時~17 時)之特定時段,不符合臨床。
故研究傷寒論不能忽略聲韻學,應主以漢代之語言背景來詮釋。本
書著重於此點,故特稱台灣本。
桂枝湯證之「中」風讀為:宮六地。腦出血及小續命湯證等之「中」
風讀為:宮三地。又中間、中央之「中」讀為:宮一地,可當「內」
字解;金匱要略五臟風寒積聚篇之肺中風、肺中寒(肺臟之內有寒
邪)之「中」字讀此音。藉十五音法可清楚鑑別三個「中風」之讀
音不同,如以北京話發音則造成病名混淆。〔註47〕

陳先生從歷史源流,輔以「中風」一詞說明,理論與實例兼具,甚有參考性,
其例:中風之中,宮一地:同中國之中(中間義);宮三地:同中狀元,腦溢
血之中風(得到義);宮六地:同桂枝湯症之中風,感中風邪(臨其身義)。
〔註48〕頗為清晰。近年,此方法亦漸為學術界所重視並運用在論文中,〔註49〕
故本文也作為主要研究方法。十五音台語聲韻學的基本參考資料,本文以陳寶
興:《十五音台語音標》和陳寶興:《台語彙音》兩本書為主,〔註50〕這是因為

〔註47〕 陳淼和:《傷寒卒病論台灣本》(台北:集夢坊出版社,2008),頁 473。此書
多處強調此點,如頁 482~495 等處。此段引文文句於 2011 年 2 月經陳先生
再予修正,修正部分有畫底線。原文為:「台灣地處邊陲,反能保留古音及上
古音。《傷寒卒病論》成書於東漢,承繼於西漢及戰國後期。東漢始創舌上音
及重唇音。然仲景是在伊尹《湯液經法》之基礎上而加以創制的,故論中仍保
留有許多上古音及語法,亦有引用《詩經》之詞句。有幸部分漢代語言台灣目
前仍然使用,有助詮釋《傷寒卒病論》。例如《千金要方》傷寒卷:「下晡時」
一詞,河洛語目前仍然流通者,下午之時刻之統稱。研究傷寒論不能忽略聲韻
學,因為仲景並非使用北京話,應須以仲景寫作之語言背景來詮釋。本書著重
於此點,故特稱台灣本。桂枝湯證之「中」風讀為:宮六地。腦出血及小續命
湯證等之「中」風讀為:宮三地。又中間、中央之「中」讀為:宮一地,可當
「內」字解;金匱要略五臟風寒積聚篇之肺中風、肺中寒(肺臟之內有寒邪)
之「中」字讀此音。藉十五音法可清楚鑑別三個「中風」之讀音不同,如以北
京話發音則造成病名混淆。」另可參陳淼和:〈研究《傷寒論》應從河洛語與
厥陰病著手〉,《中醫藥研究論叢》,第 11 卷第 2 期,2008 年 9 月,頁 14~17。

〔註48〕 陳淼和:《傷寒卒病論台灣本》(台北:集夢坊出版社,2008),頁 1。

〔註49〕 如許菁雯:《《傷寒論》之「欲解時」與「日晡潮熱」析辨》,嘉義:南華大學
自然醫學研究所碩士論文,2008。較可惜的是,此文沒有把為何用此方法的理
由說出,參頁 8。

〔註50〕 陳寶興:《十五音台語音標》(台北:陳均育出版,2002)。陳寶興:《台語彙音》
(台南:陳均育出版,1998)。

後出轉精之緣故。陳淼和先生曰：

> 黃謙《彙音妙悟》（1800，泉州）更是集其大成而保留了古音、上古
> 音之精準。《增補彙音》（1820）作者署名「壺麓主人」，乃在《彙音
> 妙悟》基礎上，增補民間族群流傳之白話音而成。亦為三七同調。
> 而台南府城為當初閩南移民者之最大城市，三種腔調在此交流混合
> （案：指泉州音、漳州音、廈門音）。陳實興世居府城，幼時即以《增
> 補彙音》學習漢文，與子陳均育增錄其筆劃查閱表而編著《台語彙
> 音》（1998）。〔註51〕

由上，可知，《台語彙音》和《十五音台語音標》是在《彙音妙悟》、《增補彙
音》的基礎上編修而成，對於現在的研究者而言，當是最佳的參考著作。

　　而以這個研究法為基礎，我們也更可名正言順的說明本文在章太炎《傷寒
論》的研究上，特別凸顯出台灣學者的貢獻。

　　B. 問題研究法：勞思光（1927～2012）先生在他的巨著《中國哲學史》
中，曾經討論了四種研究以往哲學史的方法，分別是：「系統研究法」、「發生
研究法」、「解析研究法」、「基源問題研究法」。〔註52〕本文參酌勞先生的討論，
並後人的檢討，提出本文的研究法：「問題研究法」。所謂問題研究法，是站在
系統研究法、發生研究法上，不輕易的判斷章太炎學問為錯亂，這是因為章太
炎的學問，本身就兼具衝突點，他崇揚國故又不滿國學、弘揚西學又不滿西學、
外儒內佛等特徵，〔註53〕時人便常以「神經病」、「章瘋子」嘲諷之。〔註54〕而
對章太炎的思想視為一個有機的整體，所謂「有機的整體」是說章太炎的思想
有發展的歷程，從發展歷程來看，其不同的發展觀點就是正常的，我們可以以

〔註51〕陳淼和：《傷寒卒病論台灣本》（台北：集夢坊出版社，2008），頁484。

〔註52〕參勞思光：《新編中國哲學史（一）》（台北：三民書局，1984），頁5～17。

〔註53〕丘為君：〈批判的漢學與漢學的批判——章太炎對考據學的反省及對戴震漢學
的闡釋〉，《清華學報》，第29卷第3期，1999年9月，頁324～325。

〔註54〕石德才：〈弟子為尊師「章瘋子」作傳〉，《全國新書目》，2004年9月，頁36；
李媛媛：〈近代思想家二三事——馬敘倫與章太炎〉，《北京宣武紅旗業余大學
學報》，2012年第4期，頁67。又如謝桃坊先生亦坐此病，謝先生說：「他不
是以求真的態度來對待新資料和新學科的，由於好奇和惡新使其治國學的道
路陷於困境與歧途，為我們現在研究國學留下深刻的教訓。」見謝桃坊：〈國
粹與國學——評章太炎的學術思想與方法〉，《雲夢學刊》，第30卷第1期，
2009年1月，頁14。謝先生的意見和通常認為章太炎先生為考據學實事求是
的研究方法頗有出入，例如章次公就認為章太炎「語必徵實，說必盡理」，見
黃兆強：〈《章太炎軼事》補遺〉，《中醫文獻雜誌》，1996年第2期，頁28。

一個系統來論述，有其主軸發展的過程，也有其枝葉。然後再利用「解析研究
法」，運用語法解析、語意學來解析章太炎關於《傷寒論》的研究。最後將勞
先生的「基源問題研究法」中的「基源」兩字去掉，之所以如此，是因為基於
勞先生的實踐經驗和高柏園先生的研究之故。勞先生在寫他的《中國哲學史》
第二卷時，就已經發現，基源問題的確立有其困難，所以在撰寫第二卷時，就
不明確的列出基源問題了，他說：

> 第二卷的寫法基本上仍和第一卷相同；唯一的差異是我不曾處處明
> 顯地標出各家或各學派的「基源問題」——儘管我所用的方法並無
> 大改變。……我們所發現的最根本的問題，即是在理論意義上最能
> 統攝其他問題的「基源問題」了。一個理論的基源問題可能不止一
> 個，但只要我們找到一個基源問題，具有統攝大部分或全部問題的
> 理論功能，我們就不必多列基源問題；這是所謂的「精簡原則」。稍
> 有解析訓練的人大約都知道，不必多說。自然，如果一個理論實在
> 內容雜亂，含有好幾個基源問題，各不相關，我們也只好多列幾個
> 基源問題，作為我們「理論還原」的結果。〔註55〕

從這段引文中，可以看出勞先生的困境，他在他的書中，明確說出思想家的基
源問題者僅有墨子、荀子和韓非子，其他都沒有明確說出。所以到了第二卷，
乾脆就不標明了。雖然勞先生用所謂的「精簡原則」來解釋，但這個基源問題
研究法是他所強調的方法，是不宜用所謂的「精簡原則」來迴避的。

更有問題的是，高柏園先生認為如果能從思想家的生平與著作客觀地決
定其基源問題，那基源問題應該可以有客觀程式來決定，問題是如果如此，那
「為什麼哲學史上的許多哲學家及學派，在不同的哲學史作品中，卻會有不同
的結論呢？」〔註56〕這就牽涉上文在討論戴震後期所主張的「執義理而後能
考核」。因此高柏園先生評論說基源問題的確認是「棘手」、「不必然清楚」。
〔註57〕因此本文的研究法便捨棄勞先生之強調「基源」問題，但其「問題——
檢證——回應」的研究法，仍有其適用性，因而使用「問題研究法」。

〔註55〕參勞思光：《新編中國哲學史（二）》（台北：三民書局，1986），後記，頁347
～348。

〔註56〕高柏園：〈論勞思光先生之基源問題研究法〉，《鵝湖學誌》，第12期，1994年
6月，頁69。

〔註57〕高柏園：〈論勞思光先生之基源問題研究法〉，《鵝湖學誌》，第12期，1994年
6月，頁67、69。

1.4　研究目的

　　本文的研究目的如下：

1. 補足台灣學者對章太炎醫論研究的缺項。
2. 深入研究章太炎的《傷寒論》思想，豐富中醫學術的寬度。
3. 檢討章太炎對匯通中西醫的過程與結論。

1.5　研究大綱

　　本文研究大綱如下

　　第一章「緒論」，概略介紹本文的研究動機、文獻回顧、研究方法、研究目的與研究大綱。

　　第二章「論《傷寒論》為章太炎醫學思想重要元素」，在這章中，準備回答兩個問題，「醫學思想為章太炎學術中的餘緒嗎？」、「《傷寒論》為章太炎醫學思想中的重要成份嗎？」

　　第三章和第四章，這兩章奠基在李順保先生的一個區分：「《傷寒論》學」和「傷寒學」。李順保先生為《傷寒論》研究的大家，他說：

> 《傷寒論》學，是指以研究《傷寒論》著作為主的學科，或詞句詮
> 釋、或條分縷析、或文字考證、或版本校勘、或補充發揮、或體例
> 改編等。傷寒學則是以《傷寒論》為基礎，以六經辨證和「經方」
> 論治為主的中醫臨床醫學。兩者既有區別，又有聯繫。〔註58〕

李先生把相關《傷寒論》的研究，區分為兩大類「《傷寒論》學」和「傷寒學」，很清楚地，所謂「《傷寒論》學」基本上是有關於《傷寒論》這本書文獻上的研究，主要是指版本學、文獻學、校讎學等的研究，包含作者的討論等。所謂「傷寒學」大約是建基在前者之上，有關《傷寒論》中辨證論治思想的討論，所以他說「六經辨證」或「經方論治」為主。依目前學術界詮釋學的發展，這兩者間有「詮釋學的循環」、「整體與部分的循環」現象，〔註59〕是不可以截然劃分的，所以李先生在最後說到「兩者既有區別，又有聯繫」。因此我們知道，這個劃分其實也只是方便說明而已。

〔註58〕 李順保：《傷寒論版本大全》（北京：學苑出版社，2006），自序，頁 ii。
〔註59〕 參 P.E.Palmer 著（1969）、嚴平譯：《詮釋學》（台北：桂冠圖書公司，1992），
　　　　頁 98～99。或潘德榮：《詮釋學導論》（台北：五南圖書公司，1999），頁 41～
　　　　43。

　　藉著這個方便，第三章要處理章太炎的「《傷寒論》學」。其中包含對作者張仲景的考證。

　　第四章論述章太炎的傷寒學。

　　第五章將在前面第三章、第四章的基礎上，考察章太炎將其《傷寒論》思想應用在當時中西醫激烈衝突的情境中的狀況。稍微瀏覽《章太炎全集（八）》（醫論集）便可知道太炎當時對「腸窒扶斯」討論最多，可以知道太炎對此最為關注，因此本章便以此為主題。

　　第六章結論，分成回顧與展望兩部分。

第二章　論《傷寒論》為章太炎醫學思想重要元素

2.1　前言

　　本章要討論兩個問題「醫學思想為章太炎學術中的餘緒嗎？」、「《傷寒論》為章太炎醫學思想中的重要成份嗎？」以作為本論文存在的合理性根據。這兩個問題接著第一章的討論。第一章中，我們可以看到有些學者認為太炎的醫學研究為其學術的「餘緒」，有些則否？本文先討論這個問題，然後再討論《傷寒論》為太炎醫論中的重要成份。

2.2　論醫學非章太炎學術之餘緒

　　本節要論述「醫學非章太炎學術之餘緒」〔註1〕，章太炎先生為近代中國著名的國學大師、革命家。通常以太炎先生的學生魯迅在太炎先生逝世後，對他的評論最為人所知和認同——「有學問的革命家」，〔註2〕這個稱號連太炎先生的嫡孫章念馳也頗為認可。〔註3〕魯迅甚至認為「先生的業跡，留在革命

〔註1〕所謂「餘緒」是惲鐵樵對章太炎先生醫學的形容，大意是指次要的部分。本部分內容參考舊作修改而成，參廖俊裕：〈論醫學非章太炎學術之餘緒〉，《藝見學刊》，第4期，2012年10月，頁29～40。

〔註2〕魯迅：〈關於太炎先生二三事〉，見魯迅：《且介亭雜文末編》，《魯迅全集》第六卷（北京：人民文學出版社，2005），頁565。

〔註3〕章念馳：〈論章太炎與魯迅的後期交往〉，收入章念馳：《我的祖父章太炎》（上海：上海人民出版社，2011），頁182～186。

史上的，實在比學術史上還要大」。〔註4〕換言之，認為他革命的身分是優先
於、重要於一切的，也就是說「有學問的革命家」一句，重點在後面的「革命
家」。對於魯迅這樣的評論「有學問的革命家」，一般當然是不會有反對意見，
甚至大皆「無例外地把魯迅〈關於太炎先生二三事〉一文的意見引作定論」，
〔註5〕可是隨著時空背景的轉變，其實重點常落在前面的「有學問」的部分了。
朱維錚說：

> 他早年留在革命史上的業績，隨著歷史的推移，如今主要已成歷史
> 學家探究的對象。但他生平留在學術上的業績，遠非已陳之芻狗。
> 尤其是他晚年的學術傾向和若干見解，再受過那麼多的否定之後，
> 猶如驅不散的幽靈，仍然隱現於某些學術領域，……〔註6〕

朱先生的觀察頗具慧眼。在民國初年，一般人除了革命家之外，當時也很重視
他的國學大師的身分，如1922年在上海做國學系列講座，《申報》辦理此次講
座，廣告曰：「念國學根柢之最深者，無如章太炎先生。爰特敦請先生蒞會，
主講國學。」可見當時社會也視其為國學大師。〔註7〕時至今日，看重的更是
其「有學問的」國學部分。例如姚奠中、董國炎先生便表彰其學術部分，而撰
《章太炎先生學術年譜》，〔註8〕而姜義華、唐文權與羅福惠、章念馳、李潤
蒼、許壽裳、何成軒、王汎森、張昭軍、陳平原、王玉華、龔鵬程等人也多以
其學術思想為主要視點。〔註9〕

〔註4〕魯迅：〈關於太炎先生二三事〉，見魯迅：《且介亭雜文末編》，《魯迅全集》第
　　　六卷（北京：人民文學出版社，2005），頁565。
〔註5〕朱維錚：〈關於晚年章太炎〉，《復旦學報（社會科學版）》，1986年第五期，頁75。
〔註6〕朱維錚：〈關於晚年章太炎〉，《復旦學報（社會科學版）》，1986年第五期，頁78。
〔註7〕參龔鵬程：〈章馬合論──章太炎、馬一浮兩先生所論國學之比較〉，《杭州師
　　　範學院學報（社會科學版）》，2007年第一期，2007年1月，頁1。
〔註8〕姚奠中、董國炎：《章太炎先生學術年譜》（太原：山西古籍出版社，1996）。
〔註9〕參姜義華：《章太炎思想研究》（上海：上海人民出版社，1985）、唐文權、羅
　　　福惠：《章太炎思想研究》（武漢：華中師範大學出版社，1986）、章念馳：《章
　　　太炎生平與思想研究文選》（杭州：浙江人民出版社，1986）、《章太炎生平與
　　　學術》（北京：三聯書店，1988）、李潤蒼：《論章太炎》（成都：四川人民出版
　　　社，1985）、許壽裳：《章炳麟》（重慶：重慶出版社，1986）、何成軒：《章太
　　　炎的哲學思想》（武漢：湖北人民出版社，1987）、王汎森：《章太炎的思想》
　　　（台北：時報文化出版公司，1985）、張昭軍：《儒學近代之境──章太炎儒學
　　　思想研究》（北京：社會科學文獻出版社，2002）、陳平原：《中國現代學術之
　　　建立──以章太炎、胡適為中心》（北京：北京大學出版社，1998）、王玉華：
　　　《多元視野與傳統的合理化──章太炎思想的闡釋》（北京：中國社會科學出

在章太炎先生的學術思想中，其範圍包羅萬象，如經學、史學、諸子學、小學、文學、哲學、佛學、醫學。其中，醫學部分很少被人重視，所以許多注意太炎先生的醫學思想者，皆認為其醫學思想「鮮為人知」，例如錢超塵、梁蕾、陳瑜、章念馳等人：

> 太炎先生經學、史學、諸子、小學成就與貢獻均有專著論及，唯醫學之成就與貢獻鮮為人知。〔註10〕

> 章太炎先生是近代中國著名的革命家、思想家和學者，其經史學、諸子學、小學、哲學等方面的研究成果為人所共知，而關於他在醫學上的建樹，則論者寥若星辰。〔註11〕

> 章太炎……他學問淹通，於小學、經史、諸子、哲學、佛學等均有頗高造詣，其成就早為世人所仰止，但他在醫學上的建樹卻知者寥寥。〔註12〕

> 他的學問精深博大，涉及音韻文字學、經學、諸子學、史學、文學、哲學、佛學，這是大家所共知的，至於他在醫學上的造詣與建樹，則鮮為人知了。〔註13〕

以上四人都是在說明章太炎先生的醫論思想很少人注意，所以用「鮮為人知」、「論者寥若星辰」和「知者寥寥」來形容。確實，在章太炎的研究史上，他的醫學思想很少人注意到。即使注意到，也常認為醫學為太炎先生「餘緒」。如惲鐵樵先生，惲先生在太炎先生存世時，有注意到他的醫學論著的，他認為醫學論著在太炎先生的學術著述生涯中，屬於其「餘緒」，惲鐵樵〈章太炎先生霍亂論編後〉說：

> 太炎先生為當代國學大師，稍知治學者，無不仰之如泰山北斗。醫

版社，2004）、龔鵬程：〈章馬合論──章太炎、馬一浮兩先生所論國學之比較〉，《杭州師範學院學報（社會科學版）》，2007年第一期，2007年1月。

〔註10〕錢超塵：〈《章太炎先生論傷寒》釋要〉，收入章太炎：《章太炎先生論傷寒》（北京：學苑出版社，2009），頁212。

〔註11〕梁蕾：〈試論章太炎《傷寒論》研究的特點與成就〉，北京：北京中醫藥大學碩士論文，2006，頁3。

〔註12〕陳瑜：〈簡論章太炎對中醫文獻學之貢獻〉，《中醫文獻雜誌》，2005年第3期，頁10。

〔註13〕章念馳：〈論章太炎先生的醫學〉，收入汪榮祖：《章太炎研究》（台北：李敖出版社，1991），頁219。汪榮祖先生也認為太炎先生的醫學「少為人知」，見該書，頁213。

學乃其餘緒，而深造如此，洵奇人也。〔註14〕

惲先生基本上認為醫學只是太炎先生學術中的枝微末節，不過成就很大，這是惲先生認為太炎先生為「奇人」之故。他這個觀點影響很大，到近日還是有些學者如此認為。〔註15〕

不過，也有些學者不如此認為。伍悅與林霖先生曰：

詳考章太炎先生一生，可知他的醫學，不僅僅是學術之「餘緒」，而是他一生中一個重要組成部分，並在其學術生涯中是自成體系的組成部分。〔註16〕

孟慶雲先生曰：

曾有人問章太炎：「先生的學問是經學第一，還是史學第一？」他朗笑三聲，答道：「實不相瞞，我是醫學第一。」此言絕無逞奇舉解，自我矜誇之意。作為近代民主革命的思想家、國學大師的太炎先生以醫學自許，既非如惲鐵樵云：「醫學乃其餘緒」，也不是「醫國無望，退而醫人」，這是他的身世、愛好以及長期以來因於素養而積蘊的醫學見解和實踐等諸多契緣情結綜合所致。〔註17〕

到底，醫學是太炎先生學術的餘緒嗎？

伍悅與林霖先生在「詳考」太炎先生的一生後，認為醫學部分並非是他學術的餘緒，而是一生中重要的組成部分。伍悅與林霖兩位先生的文章是在《章太炎先生論傷寒》一書中的「出版前言」，內容不多，在他下「他（引者注：指太炎先生）的醫學，不僅僅是學術之『餘緒』」這個判斷之前，僅一頁半的

〔註14〕參惲鐵樵：〈章太炎先生霍亂論編後〉，轉引自錢超塵：〈出身世醫 獨鐘傷寒——章太炎先生論傷寒（一）〉，見《中醫藥文化》，2010 年第一期，2010 年 1 月，頁 13。

〔註15〕潘文奎、段曉華女士也是這麼認為，見潘文奎：〈章太炎全集（八）醫論集校點說明〉，收入《章太炎全集（八）》（上海：上海人民出版社，1994），頁 1。段曉華：《章太炎醫學思想研究》，北京：北京中醫藥大學博士論文，2006，頁 1 及頁 31。不過段曉華女士後來有改變判斷，他考察了太炎先生的生平、著作，及時人對其醫論的反應後，結論為「醫學研究是章太炎學術成就的重要組成部分」，見段曉華：〈國學大師章太炎的醫學情懷〉，《中醫藥文化》，2012 年第 1 期，頁 51。

〔註16〕參章太炎：《章太炎先生論傷寒》（北京：學苑出版社，2009），「出版前言」，頁 vi。

〔註17〕孟慶雲：〈章太炎：「我是醫學第一」——章太炎先生的醫學夙緣〉，《江西中醫學院學報》，第 16 卷第 4 期，2004 年 8 月，頁 5。

篇幅，簡要地說了太炎先生的生平（篇幅僅一段——五列），和對於四大經典都有考證論述（篇幅僅一段——六列又二字），以及注意西醫，能中西醫相互為用等論點（篇幅為一段——九列又二字），便下了判斷。似乎沒有詳考。

　　孟慶雲先生也認為對於章太炎先生而言，「醫學乃其餘緒」是不成立的，他引述太炎先生與友人的問答來做楔子。但他引用的「我是醫學第一」中的「第一」實有語意不明之處，「我是醫學第一」中的「第一」有幾種含意，一是醫學對我是最重要的；二是我的醫學成就是第一的。從太炎先生的性格和文句脈絡來看，這兩種都有可能。張中行先生的解讀是第二種，他說：

> 章太炎先生就更甚，說自己最高的是醫道，這不只使人生疑，簡直使人發笑了。〔註18〕

張中行認為太炎先生說自己的醫學成就第一，使人生疑，且發笑。對於他這個判斷，他沒有提出論據，所以先不評論，現在重點是他的解讀方式和孟慶雲不同。孟慶雲先生解讀為第一種，「醫學對我來說是最重要的」，這也有可能。1935年出版的《現代中國名人外史——章太炎》中，曾曰：

> （章太炎）小學、子書、醫理，堪稱三絕。三絕之中，最喜談醫，嘗謂平生心得在是。〔註19〕

如果從「最喜談醫，且平生心得在是」，孟慶雲先生的判斷是合理的。孟先生在文後也以三頁篇幅來證明此點，他的證明比伍悅與林霖兩先生來得充分很多。他也是從太炎先生的生平說起，然後從太炎先生的治醫特色、看待溫病的關係、對霍亂的意見、融貫中西醫、否定廢除中醫、晚年集中心力於醫學等論點各以一段論之，間有冗文。〔註20〕有些地方，明顯論據過少，例如太炎先生的生平部分，事實上，醫學貫串其一生，即使流亡日本，也是蒐羅醫書，抄古方。另外，孟先生也忽略了太炎先生書信的參考，其中的證據性更大。

　　因此本文的問題意識是「醫學是否為太炎先生學術的餘緒」？這個問題，可以由兩個方向來回答，一是主觀上，太炎先生自己生命史上，如何認為？他認為醫學是自己學術上的餘緒而非重要部分？另外一個回答方式是客觀上來回答，就是太炎先生關於醫學研究成果在他的研究中，或者在與他人醫學研究

〔註18〕張中行：《負暄瑣話》（哈爾濱：黑龍江人民出版社，1986），頁5。

〔註19〕轉引自章念馳、潘文奎：〈章太炎全集（八）醫論集前言〉，收入《章太炎全集（八）》（上海：上海人民出版社，1994），頁18。

〔註20〕冗文，例如解釋太炎先生為惲鐵樵先生寫的輓聯，和對余雲岫先生嫁女的賀聯等。

的比較中，有重要的成就、重要見解，所以是太炎學術面向中，重要的部分，非其餘緒。

這其中，主觀上的理由，比起客觀上的業績來說，有其優先性，因為總是太炎先生自己生命存在的聲音，基於尊重其生命的原則，必須先聽聽太炎先生自己生命的聲音。客觀上的業績總建基在主角願意去研究的基礎上，才有客觀上的成果可言，而這客觀上的業績，一般也較見仁見智，要有一番討論的，〔註21〕因此本文準備先以太炎先生主觀的立場上來回應這個問題。

2.2.1 醫學貫串章太炎一生之所好

2.2.1.1 總論——醫者情懷，不為良相，當為良醫

章太炎曾寫信對他的夫人湯國梨說：

> 翻閱醫書，此為性之所喜，但行篋中此種殊少耳，家中醫籍尚多，務望保藏勿失。昔人云，不為良相，當為良醫，此亦吾人之志也。
> 〔註22〕

> 平生之好，又在醫學。君亦當涉獵於此，願同注意。家中頗有醫書二三十部，皆宋明精本，數年搜求，遠及日本，而後得之，願為我保持也。昔人云，不為良相，當為良醫。〔註23〕

以上兩段引文中，太炎先生自謂醫學乃其「性之所喜」、「平生之好」，由其是他連用了兩次「不為良相，當為良醫」，其中一次，後面還加上了一句「此亦吾人之志也」，換言之，對於獻身革命的革命家身分而言，章太炎是醫者情懷的，這是屬於醫國層次，當局勢無法讓太炎醫國之時，便退而醫人，這還是醫者情懷。因此，對於太炎先生來說，「醫學情懷」是他很自任的某一個形象。〔註24〕我們考察他的一生，確實如此（詳下）。

〔註21〕例如，以太炎「否定陰陽五行」、「否定經絡」、「溫病與傷寒關係」等意見來說，便引起正反雙方的爭論。

〔註22〕馬勇編：《章太炎書信集》（石家莊：河北人民出版社，2003），頁 528，1913年 9 月 28 日信。

〔註23〕馬勇編：《章太炎書信集》（石家莊：河北人民出版社，2003），頁 544，1914年 4 月 9 日信。

〔註24〕段曉華女士很清楚的意識到此點，請參段曉華：〈國學大師章太炎的醫學情懷〉，《中醫藥文化》，2012 第 1 期。章念馳先生也是以「醫國醫民」看待太炎先生的一生，參章念馳：〈章太炎與他的醫學〉，收入章念馳：《我的祖父章太炎》（上海：上海人民出版社，2011），頁 105。

2.2.1.2 早年家庭氣氛——世醫之家——的培育〔註25〕

太炎先生生於世醫之家，湯志鈞《章太炎年譜長編》：

> 祖父章鑒「少習舉業，以妻病誤于醫，遍購古今醫家書，研究三十
> 年。初僅為親族治病，輒效」，太平天國革命後「行醫為活，嘗治時
> 疫之脈絕氣脫者，一劑即起，立方參古不泥古。治危症，藥不過三
> 四味，曰少則力專，多則牽制也。」〔註26〕

章太炎自己也說祖父：

> 蓄宋、元、明舊槧本至五千卷，日督子弟講誦。自就春風草廬，諷
> 詠其下。中歲好醫術，自周秦及唐宋明清諸方書悉諳誦上口。以家
> 富不受人餉糈，時時為貧者治療，處方不過五六味，諸難病率旬日
> 起，嘗言藥多則治不專。幸而中之，許胤宗所謂「落原野，張置羅
> 以待雉兔也。」晚遭兵亂，轉徙苕霅間，日在水次，猶數為窮民下
> 藥。賴以全者千數。年六十二，清同治二年卒。〔註27〕

太炎自己曾說：「吾家三世皆知醫」，〔註28〕便是從祖父章鑒起算，從以上第一
段引文可知，章鑒是因妻子為醫所誤，乃在中年學醫，醫成，對於親友之疾病
和時疫，醫術高明。關鍵在第二段引文，因為太炎曾經寫過一篇頗為不近人情
的文章〈論醫師不宜休息〉，文中力主基於醫生之救人的天職，是不該有星期
天等休息、休診的情事的。原來如此主張，有其家學淵源，祖父章鑒便是如此，
頗為病患著想。並且章鑒還為子弟講誦學問，難怪，太炎之父章濬、大哥章籛
都頗善醫，乃至太炎本身就在這醫學氛圍中成長，因此姚奠中、董國炎曾說章
家「醫學傳家」。〔註29〕

太炎父親章濬「生平長於醫，為人治病輒效」，〔註30〕長兄章籛也曾從錢

〔註25〕本文的早年、中年、晚年階段的畫分，基本上不是嚴格的區分，只是為了論述
上方便的區分。大抵，以 1869～1896 離開詁經經舍為早年。1897 投入維新運
動，經參與革命，到 1918 護法革命失敗而歸，為中年。1919～1936 為晚年。

〔註26〕湯志鈞：《章太炎年譜長編》（北京：中華書局，1979），頁 3。

〔註27〕章太炎：《太炎文錄續編·卷四》，收入《章太炎全集（五）》（上海：上海人民
出版社，1985），頁 195。

〔註28〕章太炎：《太炎文錄續編·卷四》，收入《章太炎全集（五）》（上海：上海人民
出版社，1985），頁 197。

〔註29〕姚奠中、董國炎：《章太炎先生學術年譜》（太原：山西古籍出版社，1996），
頁 2。

〔註30〕湯志鈞：《章太炎年譜長編》（北京：中華書局，1979），頁 3。

塘名醫仲昴庭先生習醫術，〔註31〕太炎非常稱頌大哥章籛的醫術：

> 吾家三世皆知醫，至君尤精。其所師，錢塘仲昴庭先生也。家居又
> 宦遊所至，有竇人子求治疾者，必應之，所全活甚眾。然未嘗以技
> 自暴，懼為顯要役也。〔註32〕

可以得知，章籛的醫德甚高，並不以醫技來攀附權貴，反而遠離之，但對於窮
人則所求必應。

　　而太炎先生自己在成長過程中，其醫學方面，甚至整個為學方向都可說受
仲昴庭指導甚大。太炎曰：

> 方昴庭先生在時，於余為尊行，常得侍，余治經甚勤。先生曰：「屬
> 學誠善，然更當達性命，知天人，無以經術為至。」余時少年銳進，
> 不甚求道術，取醫經視之，亦莫能辨其條理。中歲屢經憂患，始悲
> 痛求大乘教典，旁通老、莊。晚更涉二程、陳、王師說，甚善之，
> 功成屏居。歲歲逢天行疫癘，旦暮不能自保。於醫經亦勤求之矣。
> 〔註33〕

在〈醫術平議〉一文中，太炎說到他「余宿尚方技，頗窺眾家」，〔註34〕配合
此段引文看來，太炎從小就重視醫學之書，因此「得侍」仲昴庭，昴庭先生除
了指點太炎醫學知識外，尚給太炎為學方向之指點，說到更應當達性命、知天
人。而要知天人性命，不要只以經術為至上。到了太炎中年備經憂患，才真正
體會到仲昴庭先生所說的精義所在，而更加注意道術的研讀（如佛學、老、莊、
理學）。但更加注意道術的研讀，並沒有荒廢醫經，他在這段引文中說「歲
歲……於醫經亦勤求之矣」，因為這是太炎先生從小就喜愛重視的，雖然太炎
研究的面向擴大到經術的探求，他仍然沒有放棄對於醫經的勤求研讀。即使流
亡日本時期亦努力勤訪醫典。

　　1890 年，太炎 22 歲，父親去世，遵從父命，入詁經經舍，從漢學家俞曲
園學習七年。曲園為漢學大師，兼治中醫典籍，撰有《內經辨言》，至今仍為

〔註31〕仲昴庭之「昴」，當為「昴」，因為形近，常被誤為「昂」，即使《章太炎全集》
　　　　中，亦有二字混淆之誤，如《章太炎全集（八）‧醫論集》，頁 148，誤為「仲
　　　　昂庭」，頁 149 便為正確之「仲昴庭」。
〔註32〕章太炎：《太炎文錄續編‧卷四》，收入《章太炎全集（五）》（上海：上海人民
　　　　出版社，1985），頁 197。
〔註33〕章太炎：〈仲氏世醫記〉，收入《章太炎全集（八）‧醫論集》（上海：上海人民
　　　　出版社，1994），頁 149。
〔註34〕《章太炎全集（八）‧醫論集》（上海：上海人民出版社，1994），頁 16。

研究《黃帝內經》訓詁校勘的工具書。太炎在這環境中，除了研讀國學經典（含醫典）外，便是學習了治經之法，太炎為國學大師，一般以古文家視之，也是奠基於此階段，事實上，清代文獻考據學並非其平生所歸，文獻考據學的重要是他入手學問的訓練方法論，堅持「審名實、重佐證、戒妄牽、守凡例、斷感情、汰華辭」等原則，[註35] 是他研究任何學問的研究方法，卻非他所歸宗，也是他師事俞樾最大的收穫之所在，從此他研究任何學問都是這套文獻考據學的方法，研究國學如此，研究醫學也是如此。[註36]

2.2.1.3 中年訪求醫書，創作醫論

章太炎 1897 年投身維新運動，展開其「醫國」的政治生涯。期間波濤洶湧不可謂不大。流亡時，經過台灣，1899 年發表生平第一篇醫論作品〈論醫師不宜休息〉，[註37] 這時除了政論、傳統學問文章之外，醫學著作的訪求，醫論的創作，也是其重點之一，換言之，即使在醫國的奔走革命階段，太炎也是沒有放下醫民學問的研究。他還是雙軌並進，並非乃其革命外的餘緒。例如戊戌變法失敗，流亡日本，而撰就〈菌說〉一文（1899 年），發表後，仍然持續不斷修改。[註38] 到處勤訪醫學典籍，抄古方，寫有〈醫術評議〉（1910 年）、〈古方選注〉、〈精神病治法〉和〈治鼠瘻方法〉。[註39] 其手抄之方，皆為罕見，且註明出自何書，相當珍貴，至今仍有參考價值。在日本，給太炎很大的刺激，是關於醫典的研讀，他發現日本人對於醫典很重視訓詁考據，而國內醫家卻忽視之。他後來說：「近世治經籍者，皆以得真本為亟，獨醫家為藝事，學者往往不尋古始。」[註40]「自《傷寒論》傳及日本，為說者亦數十人，其隨文解義者，頗視中土為審慎。」[註41] 這就是他在日本訪求醫典的心得之

[註35] 王寧：〈師古而非復古，堅守而不保守——論章炳麟黃侃國學研究和教育中的使命意識、獨立思想和嚴謹學風〉，《南京師範大學文學院學報》，2003 年第 2 期，頁 103～107。

[註36] 參龔鵬程：〈章馬合論——章太炎、馬一浮兩先生所論國學之比較〉，《杭州師範學院學報（社會科學版）》，2007 年第一期，2007 年 1 月，頁 3。

[註37] 參《章太炎全集（八）‧醫論集》（上海：上海人民出版社，1994），頁 1。

[註38] 參〈《菌說》修改手稿選錄〉，《章太炎全集（八）‧醫論集》（上海：上海人民出版社，1994），頁 13～15。

[註39] 後三篇沒有發表，屬未刊稿，但為居日時所作，參《章太炎全集（八）‧醫論集》（上海：上海人民出版社，1994），頁 36～139。

[註40] 參《章太炎全集（八）‧醫論集》（上海：上海人民出版社，1994），頁 171。

[註41] 參《章太炎全集（八）‧醫論集》（上海：上海人民出版社，1994），頁 379。

一。回國後，仍注意醫學論著，由太炎口述，吳承仕記錄而成《菿漢微言》一書，內有關於張仲景的論醫二則（1915）、〈王叔和考〉（1916）等三篇醫論。

2.2.1.4 晚年完全與醫學聯繫在一起

不為良相，便為良醫，一直是章太炎的信條。1919 年護法革命失敗後，太炎漸漸地從醫國的投入，轉到醫人上面。因此大量的醫論文章出現，太炎的嫡孫章念馳從評論此時期「太炎先生的晚年完全與醫學聯繫在一起」。〔註42〕在辦教育方面，出任中國醫學院院長、上海國醫學院院長、國醫專科學校研究院院長，辦理中醫函授學校，兩度發起中醫教材編寫會議。1927 年，上海霍亂流行，災情慘重。章太炎考察了古今治霍亂之經驗，結合西醫的治法與當時疫病狀況，發表〈霍亂論治〉、〈再論霍亂之治〉等非常有影響的論文，形成了一場與王一仁等醫生的「霍亂論爭」，區別了真假霍亂，提出西醫用「樟腦針、鹽水針」，中醫用「四逆湯、通脈四逆湯」的救治辦法。很多診所依太炎方法診治，均得癒，未亡故一人，為絕大之佳績。〔註43〕參與余雲岫引起的「中醫廢除與否的論爭事件」。在醫論文章部分，大量的醫論文章撰寫，從《章太炎全集（八）·醫論集》看，約有近百篇，成績驚人，留下非常珍貴的醫學寶藏。

2.2.1.5 好開方臨床治病

太炎的論學有「經驗主義」的傾向，〔註44〕所以在研究學術上，方法崇尚漢學的「審名實、重佐證、戒妄牽、守凡例、斷感情、汰華辭」，這種態度與方法用在醫學上，便會重視臨床。太炎曰：

> 夫病家之求醫也，在能治病，則知醫師之所以自立者，亦在治療得
> 全而已矣。〔註45〕

因此以醫學情懷濃厚的太炎而言，治病便是他很重要的工作。因而開方治病，也就會是性之所喜，他曾「為自己、為親屬、為友鄰、為鄒容、孫中山」等都開過藥方，〔註46〕對於他開方的療效，一直有兩方意見爭論。

〔註42〕章念馳：《我的祖父章太炎》（上海：上海人民出版社，2011），頁 109～110。

〔註43〕參《章太炎全集（八）·醫論集》（上海：上海人民出版社，1994），頁 13～14。

〔註44〕參孟慶雲：〈章太炎：「我是醫學第一」——章太炎先生的醫學夙緣〉，《江西中醫學院學報》第 16 卷第 4 期，2004 年 8 月，頁 7。

〔註45〕章太炎：《章太炎全集（八）·醫論集》（上海：上海人民出版社，1994），頁 349。

〔註46〕章念馳、潘文奎：〈章太炎全集（八）醫論集前言〉，收入《章太炎全集（八）》（上海：上海人民出版社，1994），頁 19。

　　反對的一方，例如，1935 年出版的《現代中國名人外史──章太炎》中，也說他「實精於理，而疏於術」。〔註 47〕陳存仁先生亦言：「先生善言理，治病未必效」。〔註 48〕任真先生也認為太炎「自許醫術高超」，卻「大小病症胡亂醫」，任先生舉了太炎為　國父孫中山和太炎之子開方為例，說明其無療效。〔註 49〕

　　關於以上的陳述，其中陳存仁先生的回憶文章，最多錯誤，章念馳先生據其所說，去實地考察，發現陳存仁所回憶的事件都是「似是而非、張冠李戴、子虛烏有，與史實大相逕庭」，例如，太炎先生 1927 年已遷出南陽橋住處，陳存仁卻說他 1928 年在南陽橋住處，拜問太炎先生。陳存仁所說有關太炎先生的回憶錄，錯謬之處多矣，因此其所言，先擱置存疑。〔註 50〕

　　任真先生所說太炎先生聽到　國父肝病住院，馬上開方，請但燾先生拿給國父。沒想到　國父還是回天乏術。嚴格說，任真舉　國父為例，頗不合理，因為　國父是西醫出身，不願意服用中藥，是故舉此為例，並不成立。另外，就是太炎幫其子治病，夫人湯國梨陽奉陰違情事，暗請其他醫師為子開方，服後痊癒，太炎逢人便誇耀地說：「你們看，我孩子的病，就是我治好的」。〔註 51〕任真這個例子目前我還沒找到支持的證據。也許有可能，但太炎先生會否逢人誇耀地說：「你們看，我孩子的病，就是我治好的」卻頗有疑問。所謂有可能，是根據與太炎夫人湯國梨共同生活 40 餘年的章念馳先生的言談，章先生與汪榮祖談論章太炎醫事，說到：

> 其實他（太炎）滿喜歡替別人開藥方子的，尤其是自己家人，但我的祖母他們不敢用他的藥方，我的祖父雖精通醫書，但畢竟缺乏臨床經驗阿。〔註 52〕

〔註 47〕 轉引自章念馳、潘文奎：〈章太炎全集（八）醫論集前言〉，收入《章太炎全集（八）》（上海：上海人民出版社，1994），頁 18。

〔註 48〕 參陳存仁：《章太炎先生醫事言行》，轉引自轉引自章念馳、潘文奎：〈章太炎全集（八）醫論集前言〉，收入《章太炎全集（八）》（上海：上海人民出版社，1994），頁 46。

〔註 49〕 以上所言參任真：《章太炎的風采》（台北：希代書版公司，1985），頁 273～275。

〔註 50〕 參章念馳：〈史當求實〉，收入章念馳：《我的祖父章太炎》（上海：上海人民出版社，2011），頁 342～350。

〔註 51〕 任真：《章太炎的風采》（台北：希代書版公司，1985），頁 275。

〔註 52〕 汪榮祖：〈黃浦江頭一夕談──聽章念馳談章太炎的中醫之學〉，收入汪榮祖：《章太炎研究》（台北：李敖出版社，1991），頁 215。

這段話是汪榮祖先生所記錄，不是章念馳先生所親寫。依照剛剛章念馳批評陳存仁回憶錄的說法，我們使用這段文獻，須得小心，不過汪榮祖先生是有名的史學家，著作詳實，為了寫《章太炎研究》，也特地以章太炎為主題，到大陸考察八個月，蒐集書籍、資料、遺著，以及訪談章門弟子、兒子章導、孫子章念馳，應該是可信的。因此也許有可能，不過任真說太炎先生「大小病症胡亂醫」是很難成立的，熟悉太炎醫論的，都知道頗為有名的〈仲氏世醫記〉一文，這篇文章中，太炎記錄了他為自己為自己治病未癒的個案，他請仲右長看其藥方，右長去了芍藥，加了黃芩，兩劑病癒，太炎後來的心得是「增損一味，神效至此呼！」因此是不會「大小病證胡亂醫」的。

站在正方的有潘念奎、章念馳和錢超塵等。主張太炎開方有療效的，通常論證方法比較有證據、客觀、實事求是。

以潘念奎、章念馳而言，先證明太炎有治病之實，亦且有療效。引用太炎所說：

余頗為人治疾，諸病在經府、表裏者，服此不過二三日而愈。[註53]

這是太炎開方療效有力的證據。然後潘、章二人又從三點：太炎重實踐，語必徵實的態度；自病自療也為他人療；重視臨床醫案，來證明其開方有療效。[註54]但他們兩人仍有遺憾，曰：「惜乎太炎先生之醫案至今未有窺及，散在之處方也未能洞察其之醫理，均未能收錄於此《醫論集》中，實屬一憾。」[註55]其實在《章太炎全集（八）》中有些醫療案例，確實是有其療效的，如：

先生云：有肺痿，西醫稱不治者。僕以鍾乳補肺湯為丸療之。有裏水，西醫放水至三次仍不愈（引者注：癒也）者，僕以越婢加朮湯療之，皆全愈（引者注：痊癒也）。[註56]

這是太炎自述其醫療實例而有療效者，不過，如同潘文奎先生所說，記錄過於簡略，未能洞察其中的醫理，可以確定是有其療效。

錢超塵先生撰〈博采眾方，亦善診病——傷寒大家章太炎（三）〉[註57]，

[註53] 章太炎：《章太炎全集（八）·醫論集》（上海：上海人民出版社，1994），頁149。

[註54] 章念馳、潘文奎：〈章太炎全集（八）醫論集前言〉，收入《章太炎全集（八）》（上海：上海人民出版社，1994），頁46～49。潘、章二人仍有遺憾，曰：頁48。

[註55]《章太炎全集（八）》（上海：上海人民出版社，1994），頁48。

[註56]《章太炎全集（八）》（上海：上海人民出版社，1994），頁414。

[註57] 錢超塵：〈博采眾方，亦善診病——傷寒大家章太炎（三）〉，《中醫藥文化》2010年第3期。

駁斥有人認為太炎先生「談不上會臨症看病」的評論。錢先生的證明方法是頗奇異的，他先論述太炎先生「對方劑的搜求、對驗方劑量的考核、對方劑的校勘」有獨到之處，然後他舉了四例來證明太炎開方有療效。其獨到之處，「對方劑的搜求、對方劑的校勘」跟太炎先生開方有無療效的關係沒有很大，「對驗方劑量的考核」比較有相關性，但其必然性也未必然，因為考核驗方劑量，跟臨證開方還是有段距離。他可以有相關性，但未必有因果上的關係（如充分或必要關係）。因此我們直接從他所說的案例入手檢討。錢先生所舉第一個案例是太炎為鄒容開方治病，但因為鄒容在獄，無法依太炎藥方服用，錢先生考察藥方後，下了個結論：

這則實例，充分證明太炎先生不僅懂醫理，而且能處方，且有治驗。

如果獄吏允許鄒容繼續服太炎所處方劑，必可治癒其疾。〔註58〕

嚴格來說，這個結論的辯護力很低，只是推論，沒有真正治癒的案例，反對者也可用太炎「實精於理，而疏於術」來詮釋這個個案。因為在錢先生舉的第三個案例，太炎在〈仲氏世醫記〉，救治己病未果的案例來證明，醫理看來很通，卻未必有其實效來證明。另外，兩個醫案，其中一個是為妻為母開方治病，一是為親戚治病，嚴格說，也頗可議。

以為妻為母開方案例而言，錢先生的論斷是有問題的，為了清楚說明，特將原文錄下：

湯夫人左右：

十六日接得寫真，感思彌甚，以函中不見隻字，憂憤隨之，是以覆書，詞稍激楚。頃得未生來函，知君神氣頹喪，對人戰慄，此蓋積思所致，聞之益為淒惻。而據謝女士言，君來志已定，期以陰曆八月，聞之轉慰，願存精神、省思慮以養天和。如期北來，歡晤以還，憂鬱當自散也。前據來書，知太夫人病勢有瘳，不勝慰藉。及得未生來函，又云病勢尚厲（注：通屬），懸念之至。吾意風氣周痺，本非一日可瘥。古治風者，方中皆用川烏。蓋穿筋透骨，非此不可。今人徒用行血活絡之法，迂緩不能及病。吾閒時在京，有友人母遇痺疾，痛楚難以終日，醫皆不效，因令用溫白丸試之，半月痛果止。若病情果厲，此方可用（家有《外台秘要》一書可撿得此

方，亟和丸服之，服不可多，須以書中所載）。如已稍輕，尚難屈身
坐起，當用烏頭丸治：略炮川烏頭九錢，全當歸九錢，細辛九錢，
薏苡仁一兩八錢，四味蜜丸，日服一錢五分，酒下更好，可服一月。

　　此方亦用之數效，而較溫白丸為和平，兼可常服。若徒用活血
套方，甚無益也。君既勞於侍疾，醫藥當早注意。（川烏名似峻厲，
炮製為丸，全無所礙。）服後如覺冷注麻痺，如久坐手足麻刺狀者，
則知其病漸去也。又未生函述，君言書籍先托謝女士帶上，今書單
以致未生矣。謝來時，當先請未生一檢家書付之。其裘衣等件，可
帶則帶，不可帶，待君親自攜致為善。德日鏖開，津浦路斷，然解
決固當不久耳。書此敬問痊安。

　　　　　　　　　　　　　　　　炳麟鞠躬，二十一日。〔註59〕

從以上可以知道，錢超塵先生所謂能治妻病，是太炎在北京被幽禁，國梨憂思
成疾，太炎勉其「存精神、省思慮，以養天和」，錢先生把這點當作開方療疾，
廣義地說，是對的，所以錢先生說：

　　國梨積郁憂思成疾，太炎先生以「存精神，省思慮，養天和」開導，
　　與《內經》「恬淡虛無，真氣從之，精神內守，病安從來？」的古訓
　　一致。〔註60〕

但通常我們不會把這當成看病，雖然也可以說是「心病」，太炎開的是「心藥」，
嚴格來說，和一般人認知不同。

　　另外，太炎母親根本沒有痊癒，信中有言：「前據來書，知太夫人病勢有
瘳，不勝慰藉，及得未生來函，又云病勢尚勵（注：通厲），懸念之至」，可知
是在反反覆覆之中，有瘳、尚厲之中。痊癒的是另個人，錢超塵先生搞錯了，
是太炎治療某「友人母」，用溫白丸，半月痛止。

　　因此這個案例來看，太炎對「友人母」開方是有療效的。真正有效的是第
四個，太炎為其親戚治病，三次投藥後，親戚痊癒。如果檢證其他太炎的醫案，
可以更確定其療效。如下面這個醫案：

　　姻戚某，年五十歲，病肝胃痛多年。發作時，胸脘劇痛，腹中有塊
　　墳起，冷氣上沖巔頂。遍治無效，余為疏小柴胡，去參加青、陳皮

〔註59〕《章太炎全集（八）》（上海：上海人民出版社，1994），頁143～144。
〔註60〕錢超塵：〈博采眾方，亦善診病——傷寒大家章太炎（三）〉，《中醫藥文化》
　　　　2010年第3期，頁10。

亦無效。改處理中加吳萸、青皮方，亦不驗，遂予溫白丸。按《外台》溫白丸，治癥瘕積聚，丸如綠豆大，每服七粒，遞加以知為度。余變換其服法，予二十一粒，囑分三次服，而病者誤聽，一服盡之。服後腹大痛，吐瀉繼之。時在六月，病家驚為霍亂。余曰：是藥後當有見象也。瀉七次，腹痛止，吐亦已。從此痼病霍然，距今已十數年，未聞一發。〔註61〕

從這個案例中，我們可以看到太炎治某親戚肝胃病多年之全部歷程。剛開始用小柴胡（注：柴字應作茈字，本文同。〔註62〕）湯去參加青、陳皮，無效。用小柴胡湯當是判斷為《傷寒論》少陽病證：胸脅鞕滿，加青、陳皮的目的也是疏肝、消積化滯，但效果不彰。改用理中湯加吳茱萸、青皮，仍然無效。最後用溫白丸破癥瘕積聚，21粒分三次服用，病家誤為一次服用，果起強大藥效，吐瀉七次後，後痊癒。由此案例，可知，太炎斷病要有一個歷程的，並非斷病神準，但最後痊癒。

綜合以上，我們檢證了諸多論據與論證過程，比較偏向——太炎頗喜開方療病，且有一定療效。

從以上，我們討論了「醫學是否為太炎先生學術的餘緒」？這個問題，經過太炎自我生命的陳述，立基於其生命基礎上，發現太炎的醫者情懷是始終貫串一生的。「不為良相，便為良醫」是其生命的信念。通過「早年家庭氣氛——世醫之家——的培育」、「中年訪求醫書，創作醫論」、「晚年完全與醫學聯繫在一起」及「好開方臨床治病」，我們可以得知：醫學並非為太炎先生學術的餘緒，而是其很重要的主軸。

2.3 《傷寒論》為章太炎醫學思想中的重要成份

接下來，我們要討論《傷寒論》是否為章太炎醫學思想中的重要成份這個問題。關於這個問題，牽涉到太炎對於《傷寒論》、中西醫比較的看法、與匯通中西醫的方法論問題，分成數小節立論。

〔註61〕《章太炎全集（八）》（上海：上海人民出版社，1994），頁336。
〔註62〕陳淼和先生從語言學、藥性學考證「柴胡」當為「茈胡」，其理頗有據，今從之，參陳淼和：《傷寒卒病論台灣本》（台北：集夢坊出版社，2008），頁85～87、174～175。

2.3.1 章太炎獨尊《傷寒論》

在章太炎的中西醫思想中，他最重視《傷寒論》，這可以從量上和質上來說明。在量上，章太炎撰寫了大量的相關《傷寒論》醫論。《章太炎全集（八）》（醫論集）全部篇數共 134 篇，相關《傷寒論》著作，依照伍悅、林霖先生的統計約有 50 篇相關論文。其他表面上沒有觸及《傷寒論》篇章中，也有共約65 段落關於《傷寒論》之意見。比例甚高。

關於章太炎《傷寒論》著作篇數的計算，諸家不一，在《章太炎全集（八）》（醫論集）出版後，潘文奎先生統計有 23 篇，梁蕾統計有 30 餘篇，馮世綸、張長恩統計有「專著 20 餘篇、涉及《傷寒》者 70 餘篇。」而伍悅、林霖先生統計有 50 篇、65 段落。這其中，應該牽涉判定的寬鬆標準。不過，很難去討論其判定的標準與原則是適當性，因為如潘文奎、梁蕾只是把數目標出，但哪幾篇關於《傷寒論》的醫論，並沒有標明，我們以伍悅、林霖為主的最主要理由是：他們有把 50 篇、65 段落全部標出，經檢查皆與《傷寒論》相關，且頗為完整。〔註 63〕

接下來，看章太炎對《傷寒論》質的、內容的評價。章太炎說：

1. 余於方書，獨信《傷寒論》。〔註 64〕

2. 他書或有廢興，《傷寒論》者無時焉可廢者也。〔註 65〕

3. 以為黃帝雷公之言，多有精義，由時有傅會災祥者。精而不迂，
   其惟長沙太守。〔註 66〕

〔註 63〕 參潘文奎：〈章太炎對《傷寒論》之研究〉，《中醫雜誌》，1988 年 07 期，頁 64。梁蕾：《試論章太炎《傷寒論》研究的特點與成就》。北京：北京中醫藥大學中醫研究所碩士論文，2006，頁 5。伍悅、林霖：《章太炎先生論傷寒》出版前言〉收入章太炎著、伍悅、林霖輯校：（北京：學苑出版社，2009），頁 vi。馮世綸、張長恩：《解讀張仲景醫學》（北京：人民軍醫出版社，2006），頁 28。另外，在《章太炎全集（八）》（醫論集）未出版前，陳實、胡念瑜也有做過不完全統計，結果也是合乎章太炎醫論在量上獨尊《傷寒論》的判斷。陳實、胡念瑜說：「據不完全統計，先生留下「言及醫藥」的著作中，醫學論文 28 篇，演講文稿 2 篇，專講《傷寒論》的即達 10 篇，有關《傷寒論》的亦有 3 篇。其他如論醫書牘 10 篇，醫學考證 3 篇，醫學文獻 14 篇，而涉及《傷寒論》的就有 9 篇，可見其對《傷寒論》服膺之誠和鑽研之深。」參陳實、胡念瑜：〈章太炎與《傷寒論》〉，《江蘇中醫藥》，1983 年 05 期，頁 54。
〔註 64〕 《章太炎全集（八）》（上海：上海人民出版社，1994），頁 348。
〔註 65〕 《章太炎全集（八）》（上海：上海人民出版社，1994），頁 364。
〔註 66〕 《章太炎全集（八）》（上海：上海人民出版社，1994），頁 18。「傅會」現都寫為「附會」，太炎寫作喜用「同音通假」來寫作。

4. 不襲臟腑血脈之訛，不拘五行生克之論者，蓋獨仲景一人耳。〔註67〕

5. 近道者惟《傷寒論》、《金匱要略》，語皆精審，絕少傅（注：同附字）會五行之語，審證處方，非是莫賴。〔註68〕

以上皆為太炎先生對《傷寒論》的判斷。其中第1、2段引文說明《傷寒論》在章太炎心目中的獨特性，所以他用「獨信《傷寒論》」來形容，這獨信之獨，便可顯出《傷寒論》的重要性。第2段中，更與其他醫書對比，說明其他醫書或可廢之，但《傷寒論》絕不可廢。太炎的為學在本文2.2.1.5小節中已經說過有「經驗主義」的傾向，方法崇尚漢學的「審名實、重佐證、戒妄牽、守凡例、斷感情、汰華辭」，因此這個「獨信」之「信」，就不是一般我們在沒有甚麼經驗基礎下說「我相信」之類的話語，如「我相信上帝的存在」、「我相信靈魂或鬼的存在」。太炎的這個「信」比較接近「知道」的意義，「我信」意味著「我知道」的意思。就是依照考察經驗和思考後，知道某種判斷或結論之意。所以在第3段、第4段、第5段就把其中的原因說出來。在第3段中，說出其他經典（如《黃帝內經》）還有摻雜其他巫醫留下來的某些經驗理性上無法承認的成分，這是章太炎的「醫之始，出於巫」的醫學發展觀，他說：

> 醫之始，出於巫。古者，巫彭初作醫。《移精變氣論》曰：古之治病，可祝由而已。《周禮》馬醫之官，以巫馬名。其後智慧萌動，知巫事不足任，術始分離。其近于巫者流而為神仙家；遠于巫者，流而為醫經、經方兩家。《七略》序，方技為四種，三者同錄，亦因於古之事守也。自扁鵲、秦和，醫術已不附鬼神事，仲景、叔和張之，益以清理。獨晉世葛洪、唐世孫思邈，兼務神仙禁祝而傳祝由者，至今不覺，然士大夫無信任者。〔註69〕

由上段引文可知，章太炎認為醫學的發展是一個由巫術祝由治病開始，而漸從巫術祝由脫離而出。續由巫術傳承則成為神仙家，脫離巫術就演變成醫學。其中發展判斷標準即依據脫離巫術鬼神的程度。這個傳統的開始自扁鵲、秦和開始，而到仲景完成，因此他才說：「精而不迂，其惟長沙太守」，長沙太守就是仲景。

〔註67〕《章太炎全集（八）》（上海：上海人民出版社，1994），頁324。
〔註68〕《章太炎全集（八）》（上海：上海人民出版社，1994），頁140。
〔註69〕《章太炎全集（八）》（上海：上海人民出版社，1994），頁18。

　　上文第 4 段更可看出另一個標準，就是「不襲臟腑血脈之訛，不拘五行生克之論者，蓋獨仲景一人耳。」早期的章太炎還相信經脈，後來更接觸西方的解剖生理學後，便不肯定經脈，〔註70〕再加上他對於五行的探索，認為沒有定論，因此否定五行，〔註71〕所以這兩者，也成為他評斷醫學高低的標準，這就更顯出《傷寒論》之珍貴，所以太炎才說「蓋獨仲景一人耳」。

　　除了以上的負面因素之脫離外，就醫學本身診療而言，在第 5 段引文，我們也可以看到，太炎認為關於疾病病情、辨證用方，一定要靠《傷寒論》、《金匱要略》。二書皆為仲景所做，一論時病，一論雜病。但是太炎重視《傷寒論》多於《金匱要略》，他認為《金匱要略》「不能如《傷寒論》詳悉」、〔註72〕「吾人閱《金匱要略》，殊嫌其簡，不足以應付萬病」，〔註73〕所以評價不如《傷寒論》，太炎最常舉的還是單舉《傷寒論》。由此可知，在質上，太炎認為《傷寒論》為最高者，難怪他研究最多也最深。

2.3.2 《傷寒論》是章太炎討論中西醫優劣的利器

　　關於章太炎所處的時代，正是中西文化激烈對爭的時期，有自由主義的全盤西化派、馬克思主義的激進派；也有康有為的國教派；熊十力、梁漱溟開創的新儒學；通常把章太炎放在國粹派中。〔註74〕由於身處中西文化激烈衝突之中，尤其是中西醫的競爭已經白熱化，從清朝末年就已經有廢除中醫的聲音出現，到 1929 年余雲岫擔任「中央衛生委員會」委員，提出「全面廢止中醫」，並且正式立法，中央衛生委員會通過了《廢止舊醫以掃除醫事衛生之障礙案》，中西醫的競爭達到最高峰。雖然這法案當時因為全中國中醫界強烈反對而未能付諸實施，但餘波盪漾，至今未停。2006 年張功耀先生發表〈告別中醫中藥〉，並在網路上串聯簽署，又形成了另一次的中西醫論爭。〔註75〕

〔註70〕參林政憲、蘇奕彰：〈匯通式的轉折—論章太炎醫學思想的轉變〉，《台灣中醫醫學雜誌》，第 10 卷第 3 期，2011 年 9 月，頁 30。
〔註71〕參蔡忠志、林睿珊：〈試論五臟附五行學說——從章太炎「五臟附五行不定說」談起〉，《台灣中醫醫學雜誌》，第 10 卷第 1 期，2011 年 3 月，頁 29～35。
〔註72〕《章太炎全集（八）》（上海：上海人民出版社，1994），頁 159。
〔註73〕《章太炎全集（八）》（上海：上海人民出版社，1994），頁 406。
〔註74〕關於章太炎歸於國粹派，可參喻大華：〈晚清國粹派與國粹思潮〉，《故宮博物院院刊》，2002 年地 3 期，頁 78～84。此文認為代表人物有章太炎、劉師培、黃侃、鄧實等人。另可參鄭師渠：《晚清國粹派》（北京：北京師範大學出版社，1997）。
〔註75〕關於中西醫的論爭史可參區結成：《當中醫遇上西醫》（北京：三聯書店，2005），

　　章太炎先生的反應與處理如何呢？章太炎非常開明，他很重視這個中西醫存廢優劣問題。依照趙洪鈞先生的觀察，章太炎是當時學者中，討論最多的思想家。趙洪鈞說：

> 近代著名思想家、學者當中，章太炎對中西醫問題討論最多，其大多數醫學著作是在他逝世前 10 餘年，中醫醫論爭最激烈時發表的。這些著作在他逝世後不久即編為《章太炎醫論》單行本出版。此書足以代表章氏晚年對中西醫問題的看法。〔註76〕

趙洪鈞先生認為章太炎是當時思想家、學者關於中西醫問題討論最多的人。如果我們把當時的學者約略掃描一遍，趙先生這個判斷是正確的。當時學者、思想家中熟習東西方思想和中醫的，雖也不乏其人，但討論不多。熊十力、康有為等人，不熟悉中醫，因此無法置喙，這是自然的。但以熟悉東西方思想、中醫的馬一浮等人而言，也是沒有章太炎這麼多的討論。

　　章太炎先生的為學、學術訓練，頗有經驗主義的傾向。所以關於中西醫論爭，他定了一個標準來衡量：「癒病」，就是所謂的療效。他說：

> 時中西醫方以其術相傾，……夫醫者以愈病為職，不貴其明於理，而貴其施於事也，不貴其言有物，而貴其治有效也。……今有劇病，中外國工所不療，而鈴醫不識文字者能起之，人亦不能者薄鈴醫也，況過於是者哉。治效苟者。雖樵採於山澤，賣藥於市閭，其道自尊，……豈在中西辯論之間。〔註77〕

在這段引文中，章太炎針對當時中西醫辯論之傾軋，主張辯論中西醫的標準不在醫理。因為醫理說得再如何「明於理、言有物」，如果沒有療效則醫師就沒有盡到職責。只要能治好疾病，即使是遊走江湖之鈴醫亦不能輕視其粗俗、不識字。

　　章太炎這種實用的態度，當時中西醫雙方辯論的陣營，幾乎都同意。也因此很奇怪的現象：主張廢除中醫者和反對廢除中醫者，都尊章太炎為師。例如著名的余雲岫，主張廢除中醫，卻屢尊太炎為「吾師」，儼然以弟子自居，而

頁 16～99。張功耀：〈告別中醫中藥〉，《醫學與哲學（人文社會醫學版）》，第 27 卷第 4 期（總第 306 期），2006 年 4 月，頁 14～17。關於張功耀引起的廢除中醫的論爭概況，可參本刊編輯部：〈中醫存廢爭論：問題的提出與破解〉，《科技導報》，第 25 卷第 20 期（總第 242 期），2007 年。

〔註76〕趙洪鈞：《近代中西醫論爭史》（合肥：安徽科學技術出版社，1989），頁 174。

〔註77〕〈傷寒論輯義按序〉，《章太炎全集（八）》，頁 363～365。

反對廢除中醫者，如陸淵雷、章次公，也都以太炎為師。〔註78〕

也因為他重視療效，因此對於中西醫來說，他採取不完全站在某一方，而主張廢除另一方的立場，而是兼採之，主張中西醫匯通，當時他的弟子章次公，歸納他的醫學特色有三：

> 貫習群方，用資驗證，一也；上不取《靈樞》、《內》、《難》，下不采薛、葉諸家，以長沙為宗師，二也；兼綜遠西之說，以資攻錯，三也。〔註79〕

重視驗證，重視《傷寒論》來「兼綜遠西之說」，他反對廢除中醫，按上文以療效、癒病為衡量原則，顯然他是有看到中醫的療效這方面。關於中醫療效他是很確定的，章太炎從祖父開始，三世知醫，祖父章鑒、父親章濬、大哥章籛和父執輩仲昂庭都是醫術高明者，活人無數。〔註80〕因此他對於中醫是頗有信心的。對於中西醫的論爭，他好整以暇，觀察中西醫的優劣。他認為中醫不用跟西醫爭辯，只要觀察西醫不能治的病，而中醫可以治癒，這樣中醫必可自立。他說：

> 余以為今之中醫，務求自立，不在斷斷持論與西醫抗辯也。何謂自立？凡病有西醫所不能治，而此能治之者，自中工以上雖少，必有一、二案，據諸家之案言，則知術亦不劣矣。……乃若求其利病，則中醫之忽略解剖，不精生理，或不免絀於西醫也。獨傷寒熱病之屬，其邪浮而無根，非臟腑癥結比，自仲景以來，論其脈證獨備，而治法亦詳，中醫能按法治之者，率視西醫為勝。……是故中醫誠有缺陷，遽以為可廢，則非也。習西醫者，見其起病有驗，輒謂中土醫術不足道，其效乃在藥。夫藥由人用，方由人合，用之失，雖黃精、人參亦殺人。然則所以能起病者，果藥之功耶？抑醫之功耶？
>
> 〔註81〕

章太炎對於中醫頗有信心，但這信心並不妨礙他認為「中醫誠有缺陷」，中醫

〔註78〕 趙洪鈞：《近代中西醫論爭史》（合肥：安徽科學技術出版社，1989），頁174。

〔註79〕 轉引自章念馳、潘文奎：〈章太炎全集（八）醫論集前言〉，收入《章太炎全集（八）》（上海：上海人民出版社，1994），前言，頁10。另可參張秀麗：〈揚長避短——章太炎中西醫思想簡析〉，《南京中醫藥大學學報（社會科學版）》，第9卷第1期，2008年3日。

〔註80〕 參本文2.2.1.2節，另可參林政憲、蘇奕彰：〈匯通式的轉折－論章太炎醫學思想的轉變〉，《台灣中醫醫學雜誌》，第10卷第3期，2011年9月，頁30。

〔註81〕 《章太炎全集（八）》（上海：上海人民出版社，1994），頁348～349。

確有缺陷，他認為這缺陷是在崇尚五行上面。但不可因此就認為中醫可廢。章
太炎認為西醫的長處在於臟腑的解剖生理學，眼見為憑，著實可信。不過對於
「傷寒熱病」之類的疾病，還是仲景的《傷寒論》技高一籌。而且這種技高一
籌並非僅著於「中藥」之療效，更是著於「中醫師」之臨證判斷能力。太炎這
當然是反駁當時有人主張中醫當「廢醫存藥」的意見，但這醫的治法，還是來
自於《傷寒論》，他認為《傷寒論》「脈證獨備，而治法亦詳，中醫能按法治之
者，率視西醫為勝」，相對於《內經》之由五行入手，討論醫學，章太炎在中
西醫優劣的比較範疇時，標舉《傷寒論》是有道理的，因為《傷寒論》從病證
入手，有是證而有是方，「觀其脈證，知犯何逆，隨證治之」，〔註82〕不多說理，
質樸而有對治之方。以宋本《傷寒論》條文13：「太陽病，頭痛，發熱，汗出，
惡風，桂枝湯主之」為例，太陽病為六經病中之一類，接著「頭痛，發熱，汗
出，惡風」都屬於證之描述，然後就是出湯方「桂枝湯」，岳美中先生曾言《傷
寒論》：

> 察證候而罕言病理，出方劑而不言藥性，準當前之象徵，投藥石以
> 祛疾。其質樸的學術，直逼實驗科學之堂奧。〔註83〕

從《傷寒論》的條文來看，岳美中先生之言，確實如此，理、法、方、藥四者，
仲景罕言理與藥，而直接隨證立法，隨法開方，深具科學實驗精神。

　　不過，如果這樣，《傷寒論》和一般的方書似乎沒有不同，章太炎為何特
別重視《傷寒論》呢？章太炎認為《傷寒論》「脈證獨備，而治法亦詳，中醫
能按法治之者，率視西醫為勝」是甚麼意思呢？一般方書，如《備急千金要方》、
《和劑局方》等，也有證有方，何以太炎不取？《傷寒論》和一般的方書有點
最大不同地方，就是病因和湯劑兼備，〔註84〕對於病情的演變，特別注重，「方

〔註82〕賈春華、王永炎、魯兆麟：〈論《傷寒論》「觀其脈證，知犯何逆，隨證治之」〉，
　　　　《北京中醫藥大學學報》，31卷第7期，2008年7月。「觀其脈證，知犯何逆，
　　　　隨證治之」語出《傷寒論》條文16。1955年，重慶市中醫學會編注：《新輯宋
　　　　本傷寒論》（重慶：重慶人民出版社，1955），在仲景條文上加上編號，後成為
　　　　風行，而成為約定俗成之條文序號，本文關於《傷寒論》條文，亦依此例為之，
　　　　以便查閱。

〔註83〕岳美中：〈無恆難以做醫生〉，收入周鳳梧、張奇文、叢林主編：《名老中醫之
　　　　路（一）》（濟南：山東科學技術出版社，1983），頁8～9。

〔註84〕太炎曰：「《素問》、《靈樞》、《針灸甲乙經》、《八十一難》諸書，其論病因則詳，
　　　　不及湯齊（引者注：劑也）。孫思邈、王燾之書，湯齊（引者注：劑也）備矣，
　　　　而論病亦已闊疏。兼綜之者，其唯仲景、叔和邪。」見《章太炎全集（八）》
　　　　（上海：上海人民出版社，1994），頁32。

書專是列方舉證，不討論病的變化，大論（引者注：指《傷寒論》）則對於病
情演變，特別重視」，〔註85〕甚麼狀況下，誤下、誤汗、誤吐……等情狀，本
證、兼證、變證及類似證莫不條分縷析，太炎評其「仲景慮周藻密，於正變悉
無所遺」，〔註86〕也因此章太炎認為《傷寒論》「傳受變異，一病而立三百九十
七法，故精審無與擬。」〔註87〕是故可以勝過西醫。

太炎先生由於獨具隻眼，看到《傷寒論》之獨特性質，因此在中西醫的優
劣對比中，特標《傷寒論》以與西醫爭雄，而且認為勝過西醫，「按法治之者，
率視西醫為勝」，因此在時代的論爭中，《傷寒論》便被太炎先生視為中醫中勝
過西醫之利器。

2.3.3 《傷寒論》與解剖生理學是章太炎匯通中西醫的方法

太炎先生認為《傷寒論》為可勝過西醫者，但他並不鄙棄西醫，既然他評
價中西醫的標準為「瘉病」之療效，因此他觀察西醫勝過中醫者，為有關臟腑
的解剖生理學，因此，對於中西醫的匯通而言，太炎便主張揚長補短。對於中
西醫的看法，太炎曰：

> 辨臟腑之方位，識經脈之起止，西人積驗而得之。吾土雖有解剖，
> 久乃傳訛，必不足以相奪。及手察病予藥，彼善治痼病，獨短於傷
> 寒、溫熱。此則適與相反，蓋有形與無形異也。〔註88〕

> 求其利病，則中醫之忽略解剖，不精生理，或不免絀於西醫也。獨
> 傷寒熱病之屬，其邪浮而無根，非臟腑癥結比，自仲景以來，論其
> 脈證獨備，而治法亦詳，中醫能按法治之者，率視西醫為勝。……
> 若固病之在胸腹者，疑似之間，吾尚不能指其病所，又曷以勝人哉。
> 〔註89〕

> 中醫之勝於西醫者，大抵傷寒為獨甚，溫病熱病本在五種傷寒之中。
> 其治之則各有法，……臟腑錮病，則西醫愈於中醫，以其察識明白，
> 非若中醫之懸揣也。固有西醫所不能治而中醫能治之者，僕嘗於肺

〔註85〕 裘沛然：〈《傷寒論》研究和整理之我見〉，收入劉世恩、毛紹芳主編：《當代名
醫論仲景傷寒》（北京：學苑出版社，2008），頁697。
〔註86〕 《章太炎全集（八）》（上海：上海人民出版社，1994），頁209。
〔註87〕 《章太炎全集（八）》（上海：上海人民出版社，1994），頁24。
〔註88〕 《章太炎全集（八）》（上海：上海人民出版社，1994），頁158。
〔註89〕 《章太炎全集（八）》（上海：上海人民出版社，1994），頁348。

病、裏水二證，實驗其然。若夫腸癰，用大黃牡丹湯，與刲割無異；

霍亂用四逆湯，與鹽水注射無異；則所謂異曲同工者也。〔註90〕

此三段皆是論述中西醫的優劣比較，重點稍有不同。皆引述出來，是要更清楚的知道彼此的差異，並表現太炎行文的一個作風「同音通假」，而非本文打錯字。三段引文中，「痼病」、「固病」與「錮病」皆是同個詞，當為「痼病」。「痼病」語出《靈樞‧九鍼論》：「令可以瀉熱出血，而痼病竭。」〔註91〕查《台語彙音》：「痼，姑三求，久病也。」〔註92〕《說文解字注》：「痼，久病也」段注：「多假固為之。月令。十二月行春令。則國多固疾。注曰。生不充其性。有久疾。癈疾為錮疾。痼謂久疾。故許異其義。」〔註93〕從段玉裁注解可知「痼」常假借為「固」，他引《禮記‧月令》的說法「固疾」來說明二者可通，又有「錮疾」的說法。不過，太炎轉為用成「痼病」、「固病」與「錮病」。「痼病」、「固病」當從「錮病」而來。否則依《台語彙音》：「固，姑三求，堅固也。」、「錮，姑三求，鑄鐵以塞隙也。」〔註94〕《說文解字注》：「固，四塞也」〔註95〕、「錮，鑄塞也」〔註96〕其義較不明顯清楚。「痼病」、「固病」與「錮病」皆是「痼病」，久病也，就是難以治癒的慢性疾病。

太炎認為西醫長處在治療「臟腑痼病」，就是臟腑等難以治癒的慢性疾病，依目前自然醫學的發展來說，其實是有待商榷的。自然醫學的發展其中一個原因正是西醫對臟腑慢性疾病無能為力而產生的。〔註97〕不過西醫的外科手術進步，對於臟腑等解剖生理學說明清晰可驗，對於為學有經驗主義傾向的太炎來說，確實可信度高，因此在引文中，太炎說「其察識明白，非若中醫之懸揣也。」中醫的長處在面對時病、急病之類的外感病上，而且仲景治法詳實可驗，

〔註90〕《章太炎全集（八）》（上海：上海人民出版社，1994），頁324。

〔註91〕郭藹春編著：《黃帝內經靈樞校注語譯》（天津：天津科學技術出版社，1999），頁515。

〔註92〕陳寶興編著：《台語彙音》（台南：陳均育出版社，1998），頁137。

〔註93〕許慎撰、段玉裁注：《說文解字注》（杭州：浙江古籍出版社，2006），頁352下。

〔註94〕陳寶興編著：《台語彙音》（台南：陳均育出版社，1998），頁137。

〔註95〕許慎撰、段玉裁注：《說文解字注》（杭州：浙江古籍出版社，2006），頁278下。

〔註96〕許慎撰、段玉裁注：《說文解字注》（杭州：浙江古籍出版社，2006），頁703上。

〔註97〕黃俊傑：《21世紀醫療革命：自然醫學》（台北：生命潛能出版社，2000），頁3。

這是中醫勝過西醫的地方。「西醫與中醫治療上結果之比較，彼西醫重在解剖
實驗；吾中醫講求歲時節令，故治時感病見長。」〔註98〕

　　因此對於主張中西醫揚長補短的匯通之章太炎醫論思想而言，運用《傷寒
論》與西醫的解剖生理學來做匯通的方法工具，便不奇異了。因此他把中醫中
的經脈理論都用西醫的生理學來解釋，早期的太炎，在〈醫術平議〉時期還相
信經脈學說，後來盡棄之，而以西醫的生理學取代。如他說：

　　　自遠西解剖之說行，有可以證明吾土舊說者，即如衝、任、督三脈。
　　　衝即大動脈，《內經》云：衝為十二經之海。又曰：衝為血海。明謂
　　　血脈之本源，其義可知。……任即輸精管，舊謂鬚由任脈上榮所生
　　　者，誤也。督即脊髓神經，惟神經散布於周身者，為吾土所未也。
　　〔註99〕

章太炎由於認為頗剖生理學確實可驗，因此對於經脈而言，常以血脈解釋之，
陳淼和先生即指出其混淆經脈和血脈之誤。〔註100〕此處太炎即以衝脈為大
動脈、任脈即輸精管、督脈為脊髓神經等主張，這在當時確實有其新意和時
代性。〔註101〕

　　既然西醫長處在解剖生理學，因此就中西醫匯通上，用西醫來解釋中醫的
生理學（如經脈），自然是不言可喻的了。同理，既然中醫治療外感時病上，
比西醫來得見長，因此在中西醫匯通上，外感病，便主張用《傷寒論》來解釋
或治療時病上。這表現在他對於「腸窒扶斯（Typhoid Fever，又稱 Salmonella
Typhi）」的處理上。太炎從療效上來看，認為西醫對「腸窒扶斯」的治療頗有
缺陷，最後只能用待期療法面對，遠不若中醫的處理，他說：

　　　近日本人以遠西所謂腸窒扶斯譯為傷寒，因其病亦是七日一期，頗
　　　有相似，究未確當，其實乃為吾國《傷寒論》太陽篇中之抵當湯證

〔註98〕《章太炎全集（八）》（上海：上海人民出版社，1994），頁 152。
〔註99〕《章太炎全集（八）》（上海：上海人民出版社，1994），頁 153。
〔註100〕陳淼和：《傷寒卒病論台灣本》（台北：集夢坊出版社，2008），〈編者序言〉，
　　　　頁 2。
〔註101〕由現代的科學研究，從 1950 年日本中谷義雄（NAKATANI YOSHIO）和中
　　　　外經絡研究學者研究穴道與經絡時，設計了一套用測量皮膚的電阻，探尋穴
　　　　道與經絡的方法，發現經穴是較高導電度的路線與皮膚點的說法（良導絡），
　　　　再到經穴的聲、光、熱、電、磁等研究，已確定經脈不是血脈。參祝總驤、
　　　　徐瑞民：〈中國經絡科學的現代化研究〉，《世界科學技術》，2000 年 05 期，
　　　　頁 23～26+67。

也。所謂抵當湯證者，脈微而沉，少腹硬滿，其人如狂。仲景斷為
太陽隨經．瘀熱在裏。經即小腸，不涉膀胱，故小便仍利，與熱結
膀胱用桃核承氣湯證之小便不利者絕對不同。且當六七日間，尚有
表證，頗與腸窒扶斯證潛伏期相似，惟用藥治療，則絕異。〔註102〕
太炎既然以外感時病為仲景所長，且優於西醫，因此就「腸窒扶斯」而言，用
仲景六經辨病之法，判為太陽篇抵當湯證，此法經太炎告知徐衡之醫師，徐醫
師如法用藥後，病患果癒，而知其療效。〔註103〕

　　經由上文論述醫學為章太炎學術重要部分，並試圖說明章太炎在中醫學
中獨尊《傷寒論》，且在當時中西醫的論爭中，《傷寒論》被章太炎用來作為中
西醫匯通的主要思想，可知《傷寒論》為章太炎醫學思想中的重要內容。章太
炎的《傷寒論》思想確實有其深究之必要。以下便從《傷寒論》的外緣問題探
索起，然後再討論其內涵思想。

〔註102〕《章太炎全集（八）》（上海：上海人民出版社，1994），頁155。
〔註103〕《章太炎全集（八）》（上海：上海人民出版社，1994），頁378。

第三章　章太炎的《傷寒論》學

3.1　前言

　　所謂「《傷寒論》學」基本上是有關於《傷寒論》這本書文獻上的研究，主要是指版本學、文獻學、校讎學等的研究，包含作者、編者、注者的討論等。

　　章太炎最重視《傷寒論》。他研究《傷寒論》的方法也是按照他所受的學術訓練而依次展開。這個次第便是「由訓詁而推求義理」、「執義理而後能考核」。基本上，他研究任何學問皆是如此，因此他便從考據學開始。「由訓詁而推求義理」，先探索張仲景這個人的生平時代考證，《傷寒論》版本的流傳，《傷寒論》的訓詁考據……等等，本章就是處理相關的外緣問題，這些問題處理之後，有助於我們進入《傷寒論》內容的詮釋。晚近的某些學術派別，如讀者反應理論、新批評等皆強調作者已死，只把詮釋的重點放在作品與讀者（讀者反應理論），或者只放在作品上（新批評），對於詮釋章太炎的《傷寒論》思想，有其不足之處。如以陳淼和先生的研究，仲景為河南人，其語言輾轉流傳，由五胡亂華南遷、唐高宗平定蠻亂、鄭芝龍、鄭成功率閩人來台，而成類似今日台灣之河洛語，河洛語分為書寫語式與白話語式，書寫語式即一般所知之文言文，有音有字。白話語式即市井之口頭交談語言，有音未必有字。因此以河洛語解《傷寒論》有其精確性，陳先生並以「中風」、「几几」、「日晡所」、「苨胡」、「若吐若下」等語之詮釋為證，其言有理有據。〔註1〕因此對於作者張仲景也

〔註 1〕參陳淼和：《傷寒卒病論台灣本》（台北：集夢坊出版社，2008），頁 482～497。
　　　另參陳淼和：〈研究《傷寒論》應從河洛語與厥陰病著手〉，《中醫藥研究論叢》，
　　　第 11 卷 2 期，2008 年 9 月，頁 6～21。

有其探討之必要。章太炎為古音學大師，其「古音娘日二紐歸泥說」命題亦為現代古音學重大的發現，〔註2〕因此從文字、聲音、訓詁等考據學基礎入手，先研究《傷寒論》的外緣問題也是很恰當的。

　　底下，筆者將依作者、作品先後論述之。

3.2　章太炎關於《傷寒論》作者的評論

　　《傷寒論》作者張仲景是個謎。目前學術界對《傷寒論》作者是張仲景，較無疑義。其他的資料，幾乎都尚在爭論中。這主要是因為正史無傳，《三國志》、《後漢書》皆無其傳。從《傷寒論》各版本的署名來看，也不一致，《康治本傷寒論》署名「漢張仲景撰」、《康平本傷寒論》署名「漢長沙太守南陽張機著」、《金匱玉函經》署名「漢張仲景著」、《高繼沖本傷寒論》署名「漢張仲景撰次」、《唐本傷寒論》署名「漢張仲景撰」、《宋本傷寒論》署名「漢長沙守張仲景述」……。〔註3〕因此歷來研究《傷寒論》者，對於張仲景生卒年？是否為張機、張羨？是否曾任長沙太守？里籍？諸多問題眾說紛紜。章太炎對此的意見如何呢？在這些問題中，太炎對仲景是否為「長沙太守」並沒有討論，而是從這條線索，開始他對於仲景的討論。

3.2.1　張仲景是張羨嗎？

　　由於正史無傳，唐以前關於《傷寒論》作者，但言「張仲景」，〔註4〕而沒有稱呼其名。目前論述張仲景生平的較詳細依據為唐甘伯宗《名醫錄》所記：「南陽人，名機，仲景乃其字也。舉孝廉，官至長沙太守，始受術于同郡張伯祖，時人言，識用精微過其師。」這不僅北宋林億整理仲景論述時，序言所引，也幾乎是後世據此考證之所出。但甘伯宗所根據為何？不詳，這也是後世爭論之緣故。〔註5〕

〔註2〕參林尹著、林炯陽注釋：《中國聲韻學通論》（台北：黎明文化公司，1987），頁49、84。許良越：〈章太炎的古音學成就及其影響〉，《西昌學院學報‧社會科學版》，第24卷第2期，2012年6月，頁1～3。章太炎之主張見章太炎著、龐俊、郭誠永疏證：《國故論衡疏證》（北京；中華書局，2008），頁138～145。

〔註3〕參李順保：《傷寒論版本大全》（北京：學苑出版社，2006）。

〔註4〕參廖育群：《岐黃醫道》（海口：海南出版社，2008），頁142。

〔註5〕參錢超塵、溫長路主編：《張仲景研究集成（上冊）》（北京：中醫古籍出版社，2004），頁39。

　　章太炎對於仲景是否為張機或是張羨？還是這兩人為同一人，有如郭象升所主張同一人之別名是也？〔註6〕章太炎並沒有往兩人是同一人的方向思考，他的研究分成兩個階段，第一個階段認為張仲景就是張羨而非張機，第二個階段仲景並非張羨。

　　第一個階段應該還在思考中，屬於閱讀清代鄭文焯《醫故》的心得眉批。太炎曰：

〔原文〕漢・張仲景述，晉・王叔和撰次案，《名醫錄》云：仲景南陽人，名機，仲景其字也。舉孝廉，官至長沙太守，〔眉批〕案：仲景事雖無可徵，以王仲宣事參考，則可知也。《王粲傳》云：「年十七，司徒辟詔除黃門侍郎，不就，之荊州依劉表。」仲景遇仲宣，正在其十七歲時，蓋方為長沙太守，長沙為荊州屬郡，故於是時見之也。《王粲傳》云：「建安二十二年卒，年四十一。」則十七歲時，當初平四年也。仲景〈序〉稱：「建安紀年未及十稔。」則其在荊州甚久。據《劉表傳》云：「長沙太守張羨叛表，表圍之，連年不下；羨病死，長沙復立其子懌，表遂攻并懌。」裴松之引《英雄記》曰：「張羨，南陽人，先作零陵長、桂陽長，甚得江湘閒心。」似張羨即仲景，豈一名機一名羨歟？《後漢書》所以無傳者，殆以隔在荊州，未入中夏，故姓名不彰歟。又仲景名機，亦無確證，張羨之為仲景，蓋無疑義。〔註7〕

太炎此段是對《醫故》的眉批，引文稍長，是因為後文還會用到。章太炎對《傷寒論》的作者是張仲景沒有疑問。眉批是針對仲景的名字立論。他認為仲景名為「張機」，在史料上看，沒有「確認」。從史料上看，反而仲景名為「張羨」，「無疑義」也。何以故？他從「南陽」、「長沙太守」兩處入手。從仲景與王粲的交往來看，當時王粲十七歲，而王粲壽命四十一歲，因此反推其會面當為初平四年，再查當時長沙太守為張羨，張羨死，換其子張懌為太守。所以由「長沙太守」的職務來看，仲景之名當為「張羨」。

　　前人對此，亦有同此主張，但章太炎應該沒有見到。清末孫鼎宜〈仲景傳略〉，從中國人取字，通常會和名有關入手。當時長沙太守沒有張機之名，而

〔註6〕郭象升：〈張仲景姓名事迹考〉，收入林佳靜、伍悅點校：《張仲景及其著作考證》（北京：學苑出版社，2008），頁19～23。
〔註7〕章太炎：《章太炎全集（八）》（上海：上海人民出版社，1994），頁441。

機又與景無關，而就景、羨同訓、羨（兩點，音同宜）與羨（三點，音同線）形音俱異、羨與機音近（前者線韻，後者微韻，作詩時可通押，不算出韻）三方面考證，張機當為張羨，其間有「張羨」轉成「張羨」，「張羨」再轉成「張機」的轉化過程。〔註8〕

　　章太炎和孫鼎宜的論證前提，就是仲景曾當過長沙太守。這也是太炎後來為文也常以「長沙太守」來稱呼仲景。〔註9〕這在現代來說，也是頗有疑問，而可爭論的。〔註10〕此和章太炎所以為的《傷寒論》作者張仲景之前提（擔任長沙太守）有關，茲點出而不特為申論。

　　不過，關於這點《傷寒論》作者為張仲景，其名為「羨」的判斷，後來章太炎發現其證據性也不充分，所以後來他在發表的〈張仲景事狀考〉（1926），〔註11〕便持保留態度。但還是認為仲景擔任過長沙太守。太炎曰：

> 仲宣終於建安二十二年，前二十年遇仲景，時建安二年也。《魏志》粲年十七，以西京擾亂，乃之荊州依劉表。仲景生南陽，仕為長沙太守，南陽，長沙皆荊州部，故得與仲宣相遇。然據《劉表傳》及《英雄記》，長沙太守南陽張羨叛表，表圍之，連年不下。羨病死，長沙復立其子懌，表遂攻并懌。《桓階傳》太祖與袁紹相拒於官渡，表舉州以應紹，長沙太守張羨舉長沙及旁三郡拒表，則建安四、五年間事也。羨父子相繼據長沙，仲景不得為其太守。意者先在荊州，與仲宣遇，表即并懌，仲景始以表命官其地，則宜在建安七年後矣。南陽張氏，自廷尉釋之以來，世為甲族。故《廣韻》列張氏十四望，南陽次於清河。仲景《自序》亦稱宗族素多，其與羨、懌或為一宗，表亦無所忌。觀桓階說羨拒表，城陷自匿，表尚辟為從事祭酒，則於張氏同族，愈無嫌恨可知也。〔註12〕

〔註8〕參錢超塵、溫長路主編：《張仲景研究集成（上冊）》（北京：中醫古籍出版社，2004），頁41。

〔註9〕如《章太炎全集（八）》（上海：上海人民出版社，1994），頁18。

〔註10〕裘沛然便認為仲景沒有擔任過長沙太守，見裘沛然：〈《傷寒論》研究和整理之我見〉，收入林佳靜、伍悅點校：《張仲景及其著作考證》（北京：學苑出版社，2008），頁691～692。

〔註11〕吳佐忻：〈章太炎的《醫詁》眉批按語〉曾考察太炎的《醫詁》眉批，晚於〈張仲景事狀考〉。見吳佐忻：〈章太炎的《醫詁》眉批按語〉，《中華醫史雜誌》第11卷第四期，1981年4月，頁233。

〔註12〕《章太炎全集（八）》（上海：上海人民出版社，1994），頁313。

此文和上文《醫故》的眉批,內容差不多,但更謹慎些。孫鼎宜雖然認為仲景名為張羨,雖有可能,但其論證過程過於崎嶇曲折。〔註13〕梁華龍先生亦云:「若張羨與張仲景為同一人,則史書在寫張羨時一定會提到他精於醫術之事。」但史書並無此記載,更知張羨之說可疑。〔註14〕章太炎此段後面是回答時人以為仲景既為南陽張氏望族,和張羨張懌有親族關係,何以劉表仍任命張仲景為長沙太守?太炎認為由劉表當時攻陷長沙,仍尊重張羨為祭酒,因而可知對張氏宗族並無嫌恨,來說明仲景仍然可能在張懌後為長沙太守。這就回到這引文的前段,太炎認為仲景和張羨並非同一人,而且是在張羨、張懌後才擔任長沙太守。事實上,這還是推論,因此以治學重視證據的章太炎來說,終其一生,都稱為仲景,而對於張仲景的名字來說,都很謹慎的說:「張仲景,名機,見林億所引《名醫錄》」,〔註15〕將其出處說明。嚴格來說,太炎這個判斷是正確的,有一分證據說一分話,才是學術研究的方法。

3.2.2 仲景里籍為南陽

關於仲景的姓名不清楚,其里籍亦然,舊來有四說。

1. 涅陽說:《鄭州志》、《南陽府志》、清孫鼎宜《仲景傳略》、陸九芝《張仲景傳》、《辭海》等皆持此說。

2. 棘陽說:《襄陽府志》、《湖廣通志·方技門》等皆持此說。

3. 棗陽說:黃竹齋《醫聖張仲景傳》持此說。

4. 南陽說:《何顒別傳》、唐甘伯宗《名醫錄》、陶宏景《輔行訣臟腑用藥法要》、章太炎〈張仲景事狀考〉、《簡明不列顛百科全書》等持此說。〔註16〕

錢超塵先生評論前三說,皆出自明清以後,認為是仲景聲名大噪後,其他地方也以仲景為榮,而競相標榜之。〔註17〕章太炎關於仲景的里籍來說,他主

〔註13〕「張羨」轉成「張羨」,「張羨」再轉成「張機」的轉化過程複雜,尤其是「張羨」轉成「張機」,這個音轉的過程不是沒有可能,但複雜曲折,就顯得不太可能。

〔註14〕參錢超塵、溫長路主編:《張仲景研究集成(上冊)》(北京:中醫古籍出版社,2004),頁42。

〔註15〕《章太炎全集(八)》(上海:上海人民出版社,1994),頁146、147。

〔註16〕以上四說參錢超塵、溫長路:〈張仲景生平暨《傷寒論》版本流傳考略〉,《河南中醫》,第25卷第1期,2005年1月,頁3。

〔註17〕參錢超塵、溫長路主編:《張仲景研究集成(上冊)》(北京:中醫古籍出版社,2004),頁44。

張南陽人。他是從史料的一致性來論述的。他說：

> 何顒在《後漢書・黨錮傳》，南陽襄鄉人，《別傳》言同郡張仲景，
> 則《名醫錄》稱仲景南陽人信矣。〔註18〕

> 顒為南陽襄鄉人，而仲景與之同郡，與林億引《名醫錄》，稱仲景為
> 南陽人正相契合。〔註19〕

這兩則的關鍵在引用《太平御覽》七百二十二引《何顒別傳》：「同郡張仲景總
角造顒」一語。〔註20〕既然張仲景與何顒為「同郡」，因此我們只需要把何顒
的里籍確定，那麼仲景的里籍也就確定。而太炎從《後漢書・黨錮傳》確定何
顒為南陽，因此仲景也就是南陽人，以此再與《名醫錄》所云：「張仲景，名
機，南陽人」相對比，互相一致。故可信仲景為南陽人。

3.2.3 章太炎對王叔和的評論

王叔和非《傷寒論》作者，而是編者，但這個編輯者的價值很大、很重要。
在上文，我們考察了章太炎對於《傷寒論》作者張仲景的研究，可以知道，仲
景在當時應當是醫術精湛，但並沒有特別有名，所以正史無傳，一般典籍記錄
他的事蹟也不多（最著名的就是仲景和王粲見面，預言王粲眉落事件），導致
除了「張仲景」是可以確定的外，其他的大多在爭論中。《傷寒論》原本屬於
《傷寒雜病論》中的一部分，仲景撰就《傷寒雜病論》後，由於戰亂的關係，
原書便散佚不全，經王叔和整理獨立出有關治傷寒的部分（兼有部分雜病），
〔註21〕再輾轉至宋代成為《傷寒論》與《金匱要略》二書，〔註22〕後人對叔和
的整理，功過評價褒貶不一，或以為「苟無叔和，安有此書（引者注：指《傷
寒論》）」（清・徐大椿）、「仲景之書，及今八百餘年，不墜於地者，皆其力也。」
（宋・林億）；〔註23〕或以為「碎剪美錦，綴以敗絮，盲瞽後世，無由復睹麟

〔註18〕《章太炎全集（八）》（上海：上海人民出版社，1994），頁313。
〔註19〕《章太炎全集（八）》（上海：上海人民出版社，1994），頁145。
〔註20〕《章太炎全集（八）》（上海：上海人民出版社，1994），頁312。也見李昉：
《太平御覽・方術部三》（石家莊：和北教育出版社，2000），頁618～619。
〔註21〕參廖育群：《岐黃醫道》（海口：海南出版社，2008），頁143。
〔註22〕葉發正：《傷寒學術史》（武漢：華中師範大學出版社，1995），頁240。趙體
浩：〈淺探仲景著作一分為二之由來〉，《河南中醫》，第20卷第4期，2000年
7月，頁3～4。
〔註23〕參梁蕾：《試論章太炎《傷寒論》研究的特點與成就》，北京：北京中醫藥大學
中醫研究所碩士論文，2006，頁11。

戮之華。」（清‧喻昌）。〔註24〕雖然兩面評價，但一般對其保存文獻的功勞都是承認的。〔註25〕

章太炎對於王叔和的研究分成兩部分，一是發揮他的考據學研究法，考證王叔和的名字與生平；一是評價叔和對《傷寒論》的功過。

3.2.3.1 章太炎對叔和之考證

章太炎首先探討叔和的名字，他從兩段文字的比對，得到答案。他說：

> 余案《御覽‧七百二十》引高湛《養生論》曰：王叔和，高平人也，博好經方，洞識攝生之道。嘗謂人曰：食不欲雜，雜則或有所犯。當時或無災患，積久為人作疾。尋常飲食，每令得所多餐，令人彭亨短氣，或至暴疾。夏至秋分，少食肥膩、餅臛之屬，此物與酒食瓜果相妨，當時不必即病，入秋節變，陽消陰息，寒氣總至，多至暴卒，良由涉夏取冷大過，飲食不節故也。《千金方‧二十六食治篇》錄《河東衛汎記》云：高平王熙稱食不欲雜，雜則或有所犯。有所犯者，或有所傷，或當時雖無災苦，積久為人作患。又食噉鮭肴，務令簡少。魚肉果實，取益人者而食之。凡常飲食，每令節儉。若貪味多餐，臨盤大飽，食訖覺腹中彭亨短氣，或致暴疾，仍為霍亂。又夏至以後，訖至秋分，必須慎肥膩、餅臛、酥油之屬，此物與酒漿、瓜果，理極相妨。夫在身所以多疾者，皆由春夏取冷大過，飲食不節故也。此與高湛所引王叔和說文義大同，辭有詳略，則知高平王熙，即高平王叔和也。叔和名熙，乃賴此一見耳。其衛汎者，《御覽‧七百二十二》引張仲景方序曰：衛汎好醫術，少師仲景，有才識，撰《四逆》三部、《厥經》及《婦人胎藏經》、《小兒顱顖方》三卷，皆行於世。汎得引叔和語，則叔和與汎同時。《甲乙經》序云：近代太醫令王叔和，撰次仲景，選論甚精，指事施用。叔和與士安同時，晉初已老，疑其得親見仲景也。〔註26〕

這段引文，頗長，因為太炎有關王叔和的立論全以此段引文為主，除了王叔和

〔註24〕參陳熠主編：《喻嘉言醫學全書‧尚論篇》（北京：中國中醫藥出版社，1999），頁7。

〔註25〕許亦群：〈王叔和整理仲景著作情況初探〉，《北京中醫藥大學學報》，第18卷第4期，1995年7月，頁19～20。

〔註26〕《〈菿漢微言〉論醫二則》，《章太炎全集（八）》（上海：上海人民出版社，1994），頁146。

名字的考證外，其生平考證也出自此段。章太炎在〈王叔和考〉〔註27〕一文中，也有類似文字，但篇幅較短，說明性較不足，因此以此段為宜。

在這段引文的後半段，章太炎考證王叔和的名字為王熙。太炎說史料上，便只有《備急千金要方》中有記載。他比對了《備急千金要方》中的《河東衛汛記》和《太平御覽·七百二十》中高湛《養生論》的一段文字。此二段文字，確實文義大致相同，語詞也是一樣，因此可以得知，「王叔和，高平人也」和「高平王熙」乃是同一人，因此王叔和的姓名便是王熙了。〔註28〕太炎此考證對於王叔和貢獻很大，歷來關於《傷寒論》學術的考證通常注意力會放在仲景身上，仲景的姓名考證也是焦點之一，王叔和便常被忽略，此太炎之學術價值也。

引文的最後，太炎考證了叔和的生平年代，得到結論是：王叔和與皇甫謐（字士安，215～282）同時，晉朝初年已老，有可能見過仲景。這是因為他從仲景弟子衛汛引用過叔和的言論，而叔和整理仲景的著作，因此推論出仲景和衛汛年代也相近。而皇甫謐在《針灸甲乙經》的〈序〉中又已說明：「近代太醫令王叔和，撰次仲景」，皇甫謐既說「近代太醫令」，因此太炎判斷，這三人時代應相近，不過叔和年齡較長。

3.2.3.2 章太炎評價叔和整理《傷寒論》的功過

上文已知，太炎認為王叔和的生活年代稍晚仲景，而稍長仲景學生衛汛、也稍長《針灸甲乙經》作者皇甫謐，是魏晉間人。因此認為叔和可能見過仲景，這便給了叔和接觸仲景文獻的機會。關於叔和整理仲景醫論的功過，在明朝前大約是一致的，明朝開始有不同的見解。

> 唐代，甘伯宗《名醫傳》：「仲景作《傷寒論》，錯簡，迨叔和撰次程序，得全書。」〔註29〕

> 宋代，高保衡等作《校正金匱玉函經疏》說：「《金匱玉函經》與《傷寒論》同體而別名。……細考前後，乃王叔和撰次之書。……仲景

〔註27〕〈王叔和考〉，《章太炎全集（八）》（上海：上海人民出版社，1994），頁147。

〔註28〕亦可從華人取字之義常與名有關而證，如韓愈字退之、蘇軾字子瞻。王熙字叔和，叔為排行，「熙」有「和」義而得知，如王先謙注《荀子》「熙熙，和樂之貌」，見王先謙：《荀子集解上》（北京：中華書局，1988），頁133。

〔註29〕陳夢雷編：《古今圖書集成醫部全錄》第12冊（北京：人民衛生出版社，1962），頁106。

之書，及今八百餘年，不墜於地者，皆其力也。」〔註30〕

以上大多是正面評價，認為有整理撰次之功。至明代開始，有不同的質疑聲音出現，如：

> 明代方有執《傷寒論條辨》：「是書也，仲景之作于建安，漢年號也；出自叔和之撰述，晉太醫令也。相去雖不甚遠，蓋已兩朝相隔矣。是仲景之全書，非仲景之全書，誠不可曉也。」〔註31〕

> 清代喻昌《尚論篇》：「後漢張仲景，著《卒病傷寒論》十六卷（注：當為《傷寒卒病論》），當世兆民賴以生全，傳之後世，如日月之光華，旦而復旦，萬古常明可也，斯民不幸，至晉代不過兩朝相隔，其《卒病論》六卷，已不可復覩，即《傷寒論》十卷，想亦劫火之餘，僅得之讀者之口授，故其篇目，先後差錯，……太醫令王叔和附以己意，編集成書。」〔註32〕

近來王叔和是否曾當過太醫令？或者他當過魏太醫令還是西晉、東晉太醫令？還是兩朝皆有，也成為爭論的問題。〔註33〕太炎當時並沒有意識到這個問題，因此我們也不準備往下申論。不過，若以叔和當過魏太醫令來說，關於方有執的評論「相去雖不甚遠，蓋已兩朝相隔矣」，就不一定成立。方有執只是懷疑，叔和整理過的仲景全書，和原本仲景全書，差異多大？「誠不可曉也」。到了喻昌，就說「叔和附以己意，編集成書」，如何附以己意呢？喻昌沒有明指，太炎說明了，這也是太炎認為叔和整理仲景書的過失，太炎說：

> 《傷寒論》自王叔和編次，逮及兩宋，未有異言。叔和之失，獨在以《內經》一日一經之說強相傳會（引者注：附會），遂失仲景大義，……是雖撰用《素問》，而實陰破其義，見傷寒不傳者多矣。……柯氏以為經指經界，非指經脈，……夫仲景據積驗，故六部各自為病。叔和拘舊義，故六經次第相傳。彼之失也，則在過尊軒岐，而不暇與仲景辨其同異。後人詆譏叔和，核正序例六日傳遍之義，斯可已。若謂叔和改竄仲景真本，以徇己意，何故於此絕相牴牾之處

〔註30〕李順保：《傷寒論版本大全》（北京：學苑出版社，2006），頁118。

〔註31〕方有執：《傷寒論條辨》（北京：中國中醫藥出版社，2009），頁192。

〔註32〕參陳熠主編：《喻嘉言醫學全書·尚論篇》（北京：中國中醫藥出版社，1999），頁1。

〔註33〕參杜勇：〈王叔和家世小考〉，《中華醫史雜誌》，第28卷第4期，1998年10月，頁215。

　　　　而不加改竄耶？〔註34〕

在這段引文中，太炎說明了王叔和之缺失在於將《內經》日傳一經的說法，用
來理解仲景，這是「強相傅會」作法。太炎認為《傷寒論‧自序》中有「撰用
《素問》、《九卷》、《八十一難》、《陰陽大論》、《胎臚藥錄》」等語，但不要因
此認為《內經》的思想就是《傷寒論》思想的基礎，太炎此時並沒有懷疑《傷
寒論‧自序》之可靠性，〔註35〕因此他說仲景只是表面使用六經的名義，但事
實上是「實陰破其義」，並引用柯琴的說法，說明「六經」的「經」非指經脈，
乃是「經界」的意思。仲景累積許多的臨床經驗（積驗），六經是「六部各自
為病」。叔和將「六經次第相傳」用來理解仲景，這是他的過失。不過，太炎
在引文後面，還為叔和辯護，他說，雖然如此，但叔和在整理《傷寒論》時，
並沒有改竄仲景原文，來「徇己意」，跟著自己的意思走，叔和的態度還是嚴
謹的，太炎從叔和某些條文的按語得知。

　　太炎將叔和的按語分類，發現有幾類。第一類是「懷疑仲景湯方類」，這
也是太炎認為成無己的《注解傷寒論》的過失之一，太炎說：

　　　明趙清常所刻《傷寒論》有二：一單論本，為林億等校定者；一論
　　　注本，即成無己所注者。單論本方下時有叔和按語（原注：大字者，
　　　叔和按語也；夾注者，林億等校語也）。而成注本多刪之。如云：疑
　　　非仲景方、疑非仲景意者，凡得四條：芍藥甘草附子湯方下云：疑
　　　非仲景方；黃連湯方下云：疑非仲景方；蜜煎方下云：疑非仲景意，
　　　已試甚良；小青龍湯方下云：芫花不治利，麻黃主喘，今此語反之，
　　　疑非仲景意。〔註36〕

如果叔和按照己意改動仲景文，他便無需加上這類的按語，而直接改動即是。
表示當時仲景醫論已因錯簡，而叔和收集整理，卻又不便直接改動，因此加上

〔註34〕《章太炎全集（八）》（上海：上海人民出版社，1994），頁291～292。
〔註35〕關於《傷寒論‧自序》的真偽，近人頗多討論，參陳淼和、歐陽玉娥：〈仲景
　　　序文應係後人託作於孫思邈之後、王冰之前〉，《中醫藥研究論叢》第13卷第
　　　1期，2010年3月，頁25～42。或劉慶宇：〈張仲景《傷寒論‧自序》辨疑〉，
　　　《醫古文知識》，2000年第3期，頁23～25。如果太炎意識到《傷寒論‧自
　　　序》乃係偽作，其駁論將更為有力。即使《傷寒論‧自序》不是偽作，「撰用
　　　《素問》、《九卷》、《八十一難》、《陰陽大論》、《胎臚藥錄》」等語，從《康平
　　　本傷寒論》也可知道是後人追注，《康平本傷寒論》抄寫底本之影印可參陳淼
　　　和：《傷寒卒病論台灣本》（台北：集夢坊出版社，2008），頁641。
〔註36〕《章太炎全集（八）》（上海：上海人民出版社，1994），頁292～293。

如此按語，叔和的態度是謹慎的。太炎認為第二類按語是「明源流、較同異者」，他說：

> 亦有明源流、較同異者，凡得七條：柴胡桂枝湯方下云：本云人參湯，作如桂枝法，加半夏、柴胡、黃芩、復如柴胡法，今用人參作半劑。生薑瀉心湯方下云：附子瀉心湯，本云加附子，半夏瀉心湯、甘草瀉心湯同體別名耳。生薑瀉心湯本云理中人參黃芩湯，去桂枝、朮，加黃連，並瀉肝法。大柴胡湯方下云：一方加大黃二兩，若不加，恐不名大柴胡湯。麻黃杏子甘草石膏湯方下云：溫服一升，本云黃耳杯。去桂加白朮湯方下云：附子三枚，恐多也。虛弱家及產婦宜減服之。桂枝二麻黃一湯方下云：本云桂枝湯二分、麻黃湯一分，合為二升，分再服，今合為一方。桂枝二越婢一湯下云：本方當裁為越婢湯、桂枝湯，合之飲一升，今合為一方，桂枝湯二分、越婢湯一分。其稱本云，是仲景原本如此，而叔和刪繁就簡，或以今語通古語，此即故書、今書之別。〔註37〕

這段引文中，太炎舉了七條叔和的按語條文為例，說明叔和撰次仲景文的第二類，與仲景原湯方進行比較、分析，而有增減的。其中的「本云」就是仲景原文如此，後面就是叔和自己的意見。

　　從這兩類按語可以得知，叔和在撰次仲景醫論文字時，態度是嚴謹的、不恣意改動仲景原文，因此並沒有改竄仲景文字，這是可以肯定的。但太炎認為叔和全部沒有改動嗎？這又未必，太炎曰：

> 假令叔和改竄仲景真本，疑者當直削其方，有大黃無大黃者，當以己意裁定，焉用傍徨卻顧為也。叔和於真本有所改易者，唯是方名，如上所舉生薑瀉心湯等；有所改編者，唯痙濕暍一篇，其文曰：傷寒所致太陽痙、濕、暍三種，宜應別論，以為與傷寒相似，故此見之。此則痙、濕、暍等本在太陽篇中，叔和乃別次於太陽篇外，然則方名改易者，猶鄭注《周禮》有故書、今書，篇第改編者，猶《藝文志》承襲《七略》，有所出入，一皆著之明文，不於冥冥中私自更置也。可不可諸篇，叔和自言重集，亦不於冥冥中私自增益也。詳此諸證，即知叔和搜集仲景遺文，施以編次，其矜慎也如此，猶可

以改竄誑之耶？〔註38〕

太炎考察了叔和按語，分成兩類後，反駁了一般學者認為叔和改竄仲景原本之質疑。認為如果真如一般學者質疑叔和改竄仲景原文，根本不需要這些按語。不過叔和也不是沒有變更，他所改動的有兩個地方，一是方名，如「生薑瀉心湯」；一是改編「太陽痙、濕、暍三種」，由太陽篇中，改到太陽篇外，但也有所註明。太炎認為這兩者中，第一種方名改動，猶如鄭玄注《周禮》，古名今名的差異。第二種篇章的移動，猶如七略改為四部，對於內容來說，並無改竄，因此可以得知叔和整理仲景醫論文章，非常「矜慎」，而不冥冥中私自更易。

　　總體來說，太炎對於王叔和整理撰次仲景《傷寒論》，正面評價大過於負面評論，對於叔和整理之功，太炎是肯定的。認為叔和的態度嚴謹、認真，有些改動皆有所說明。其中最大的缺失是用了《內經》日傳一經的觀念來理解仲景思想，但仍然是瑕不掩瑜的。

3.3 章太炎對《傷寒論》作品外緣的評論

　　章太炎為當代國學大學，師從俞曲園，曲園為清代樸學大師，擅長考據之學，章氏從學七年，盡得其法，並逐漸發展出自己的「批判的漢學」，從顧炎武的「讀九經自考文始，考文自知音始」，到戴震學問的反省，建立起太炎本身的思考方法，「由訓詁而推求義理，執義理而後能考核」，因此用在中醫學上，他也先求考據，《傷寒論》、《素問》、《靈樞》、《神農本草經》、《中藏經》、《備急千金要方》等都是他考證的對象，其中《傷寒論》應是最重要的，錢超塵先生說：「太炎先生研究中醫最為推重《傷寒論》，他對《傷寒論》文獻考證與臨床論述，是研究中國醫學史、中醫文獻史非常重要的史料。」〔註39〕限於論題，本文於此以《傷寒論》為主要對象。所謂《傷寒論》作品「外緣」，指的就是李順保先生所謂的「《傷寒論》學」為主。還不進入《傷寒論》內容理論的探討，內容理論的傷寒學是下章的範圍。

3.3.1 章太炎論研究《傷寒論》的方法

　　在還沒有真正進入章太炎對於《傷寒論》作品的考證等研究成果之前，先

〔註38〕《章太炎全集（八）》（上海：上海人民出版社，1994），頁293～294。
〔註39〕錢超塵：〈《章太炎先生論傷寒》釋要〉，收入章太炎著、伍悅、林霖輯校：《章太炎先生論傷寒》（北京：學苑出版社，2009），頁212。

論述關於章太炎對於研究《傷寒論》的方法的主張。對於精通考據學，並以此為主要學術方法的章太炎而言，我們可能會直覺的以為對於《傷寒論》來說，太炎應該會主張「小學明而後義理明」，事實上，剛好相反，他要求先明大意。他說：

> 余謂研究《傷寒論》，先須明其大意，不必逐條強解，死於句下也。……
> 凡讀《傷寒論》之方法，貴乎得其大體，固不必拘泥於文句。……
> 要之，讀《傷寒論》之法，貴乎明其大體。若陳修園之隨句敷衍，
> 強為解釋，甚至誤認傷寒自太陽病起，至厥陰病止，祇是一種病之
> 傳變。如是死於句下，何能運用仲景之法，以治變化無窮之病呼！

〔註40〕

在這段話中，研究《傷寒論》的方法首先在「明其大意」、「得其大體」。在第一章，我們已經知道太炎的考據學，出自對於清代學術的研究心得，尤其是戴震學問的鑽研，因此他的考據學有一個詮釋學的循環，這是一般學者忽略之處。這個循環就是「由訓詁而推求義理／執義理而後能考核」（部分與整體的循環），這個循環有兩端：「義理」與「訓詁考核（考據）」，由這兩端而成為一個循環。一般來說，太炎通常由訓詁考據而通義理（由部分通整體），但也不一定，有時也由義理而開始訓詁考據（由整體通部分）。對《傷寒論》來說，他的主張便是先由整體開始，所以在這段引文中，他說研究《傷寒論》要先明大意、得大體。不要先拘泥文句、逐條強解、死於句下。他並以陳修園為例，說明他「隨句敷衍，強為解釋」，誤認按原文順序，傷寒便是從太陽病開始，而至厥陰病為主，拘泥文句，這樣便無法運用仲景的方法，來面對變化無窮的疾病。

對照太炎研究其他中醫經典而言，如《素問》、《靈樞》、《神農本草經》、《中藏經》、《備急千金要方》等，他對於《傷寒論》的主張是比較特殊的，其他的中醫經典而言，皆是從訓詁考據開始，而至整體義理，〔註41〕獨《傷寒論》特殊，為何如此呢？這還是牽涉到《傷寒論》本身的特質。理、法、方、藥四者，仲景罕言理與藥，而直接隨證立法，隨法開方，深具科學實驗精神，以至於對其背後的理而言，各種解釋層出不窮，造成各家注本也複雜多端，如

〔註40〕《章太炎全集（八）》（上海：上海人民出版社，1994），頁407～410。
〔註41〕參段曉華：《章太炎醫學思想研究》（北京：北京中醫藥大學中醫研究所博士論文，2006年），頁103～106。

入五里雲霧之中，當代學者李克紹中醫師曾說明他學習《傷寒論》的經驗：

> 從前是鑽進故紙堆裡，死記硬背，人云亦云，依葫蘆畫瓢。舊注鑽
> 進牛角尖去，我也走到牛角尖去。舊注爭論不休，我也暈頭轉向。
> 所以長期被關在《傷寒論》的大門之外。〔註42〕

李克紹先生的研讀《傷寒論》經驗，從舊注入手，鑽進牛角尖，而「暈頭轉向」。
正合乎太炎此處所論。因此太炎對於《傷寒論》研究法的主張，毋寧有其現實
的合理性。

但太炎並不是只是要明其大意、得其大體而已，他還是接著要接下來的文
句訓詁的功夫要求。他說：

> 抑余謂治《傷寒論》者，宜先問二大端，然後及其科條文句。二大
> 端者何？一曰傷寒、中風、溫病諸名，以惡寒、惡風、惡熱命之，
> 此論其證，非論其因，是仲景所守也。……病因之說不必同，其為
> 客邪則同。……若者為真因，固可以弗論也。二曰太陽、陽明等六
> 部之名，昔人拘於臟腑，不合則指言經絡，又不合則罔以無形之氣，
> 卒未有使人厭服者。……然則少陰、陽明、少陽三者，撰用《素問》，
> 不違其本，太陽、太陰、厥陰三者，但以前者相校，或反或進名之，
> 又不規規於《素問》之義也。〔註43〕

章太炎在此的二大端，就是指「明其大意、得其大體」而言，具體來說，就
是指兩點，第一點是說明傷寒、中風、溫病，形容它們的症狀為惡寒、惡風、
惡熱，這是指「證」，而非指因。當時受西醫病菌學說的影響，也找疾病的病
因。太炎認為《傷寒論》並不如此處理，《傷寒論》皆視之為客邪，而用各種
治法，如汗、吐、下、清、和等法，逐出客邪，這並非指「惡寒、惡風」等
現象之「脈浮，頭項強痛、惡寒」為病因，而是視其為病證。第二點是說《傷
寒論》六經病，並非指臟腑或經絡，而是指六部。太炎認為這六經名雖出自
《素問》，但他們的意義並不從《素問》而來，所以不一定要從《素問》來解
釋六經病。

問了二大端之「大意」後，便可「及其科條文句」，這便是要重視訓詁。
太炎在流亡日本時，蒐羅日本醫書，便發現「東土（引者注：指日本）訓詁獨

〔註42〕 李克紹：〈傷寒解惑論〉，收入劉世恩、毛紹芳主編：《當代名醫論仲景傷寒》
（北京：學苑出版社，2008），頁258。
〔註43〕《章太炎全集（八）》（上海：上海人民出版社，1994），頁380～381。

詳」，〔註44〕反觀漢土，「醫師多不明訓詁文字……往往有可笑者」，〔註45〕高
度評價日本人對於《傷寒論》的研究——「自《傷寒論》傳及日本，為說者亦
數十人，其隨文解義者，頗視中土為審慎。其以方術治病，變化從心，不滯故
常者，又往往多效，令仲景而在，其必曰：吾道東矣。」〔註46〕因此太炎主張
為醫者，亦當留心文字等訓詁學問。太炎自己便是如此實踐，他說：

> 太陽病本有項背強几几狀，按：《詩》亦寫几几。《毛傳》：几几，絢
> 貌。士冠禮注：絢之言拘，以為行戒，狀如刀衣鼻屨在頭。然則几
> 几者以絢交叉屨頭，故足指受拘而屨不落，項背強几几，正狀其牽
> 絆也。成氏以為鳥飛几几之字當之，誤矣。〔註47〕

太炎反對成無己對几几的解釋，成無己解釋為：「几几者，伸頸之貌也。動則
伸頸，搖身而行。項背強者，動則如之。」〔註48〕成無己的解釋並非沒有根據，
它的根據來自《說文解字》：「鳥之短羽飛几几也。象形。凡几之屬皆从几。讀
若殊。」〔註49〕所以成無己引伸為伸頸之貌，來形容項背強几几，森立之亦甚
以為然，認為「其義甚親切」。〔註50〕太炎，從《詩經》的注釋《毛傳》中，
找到更恰當的解釋，「絢貌」又據《士冠禮注》解釋，表示為勒緊使之不能隨
意轉動之意，來喻項背活動不自如的狀態。故太炎先生論曰：「項背強几几，
正狀其牽絆也」這樣的解釋較之「伸頸之貌」更能形容太陽病項背的狀態。陳
淼和先生更從《詩經》押韻與河洛語十五音的證據來立論證明章太炎說法無
誤，他說：

> 河洛語「几」字讀：稽五求、漳州音讀：璣五求。《詩經·豳風》：……
> 赤烏几几……德音不瑕。按「瑕」字讀「稽五喜」。與「几」字之母
> 音「稽」讀同英文母音「e」而能互相押韻。首字須轉調，故「几几」
> 標音：稽五求　稽五求。實際上讀：稽六求　稽五求。〔註51〕

於是陳先生從河洛語中，得知「『項背強几几』者，項背如鞋帶交叉繫綁而束

〔註44〕《章太炎全集（八）》（上海：上海人民出版社，1994），頁 364。
〔註45〕《章太炎全集（八）》（上海：上海人民出版社，1994），頁 141。
〔註46〕《章太炎全集（八）》（上海：上海人民出版社，1994），頁 379。
〔註47〕《章太炎全集（八）》（上海：上海人民出版社，1994），頁 272。
〔註48〕成無己：《注解傷寒論》，收入路振成主編：《中華醫書集成·第二冊》（北京：
中醫古籍出版社，1999），頁 32。
〔註49〕許慎撰、段玉裁注：《說文解字注》（杭州：浙江古籍出版社，2006），頁 120 下。
〔註50〕森立之：《傷寒論考注（上）》（北京：學苑出版社，2003），頁 217。
〔註51〕陳淼和：《傷寒卒病論台灣本》（台北：集夢坊出版社，2008），頁 14。

緊，硬如彊弓，強直而轉動不靈活、俯仰困難。」〔註52〕而判斷「几几」之解釋「應從章太炎《醫論》」。〔註53〕

3.3.2 章太炎《傷寒論》版本流傳考證

考據學為章太炎之專長，因此對於《傷寒論》而言，太炎很重視其版本流傳。錢超塵先生曾說：「在經典醫學著作中，文本傳承錯節盤根亂如棼絲者，莫若《傷寒論》，……研究《傷寒論》流傳史最為困難的就是六朝這一歷史時期」，〔註54〕太炎不探尋有所謂古本的存在，因為年代久遠，事實上也很難存在了，他獨闢了一個蹊徑，然後由此得到答案。這個蹊徑便是由歷代史書的藝文志或經籍志入手研究。他說：

> 隋《經籍志》載有《張仲景方》十五卷，梁有張仲景《辨傷寒》十卷，唐《藝文志》王叔和《張仲景藥方》十五卷，又《傷寒卒病論》十卷，《唐志》以十五卷者題王叔和，則《傷寒論》在其中。今《傷寒論》單論本十卷，《金匱要略》則三卷，合之不及十五卷數，然《要略》亦尚有闕文，據林億序……稱《要略》則不詳。……兩志所云十五卷者，合《傷寒論》與《金匱玉函經》，十卷者即此《傷寒論》也。其書傳於今者，宋開實中高繼沖所獻，治平二年林億等所校，明趙開美以宋本摹刻，與成無己注本並行，至清而逸。……入日本楓山秘府，安政三年，丹波元堅又重摹之，由是復行於中土，其與成本異者，卷首各有目錄，方下亦多叔和校語數事及億等校語，成本亦盡刪之矣。〔註55〕

> 《傷寒論》者，梁世名《辨傷寒》，（原注：見《隋書經籍志》）與張仲景方異錄。蓋《金匱要略》為經方，《傷寒論》即兼醫經、經方二事。〔註56〕

在第一段引文中，章太炎根據《隋書經籍志》、《新唐書藝文志》來處理六朝、隋、唐時，《傷寒論》的流傳狀況，頗有耳目一新之感，其間傳衍變化也頗清

〔註52〕陳淼和：《傷寒卒病論台灣本》（台北：集夢坊出版社，2008），頁486。

〔註53〕陳淼和：《傷寒卒病論台灣本》（台北：集夢坊出版社，2008），頁486。

〔註54〕錢超塵：〈《傷寒論》六朝傳本考──傷寒大家章太炎（二）〉，《中醫藥文化》，2010年第2期，頁8～10。

〔註55〕《章太炎全集（八）》（上海：上海人民出版社，1994），頁170～171。

〔註56〕《章太炎全集（八）》（上海：上海人民出版社，1994），頁32。

楚。從梁《辨傷寒》十卷，再到隋《張仲景方》十五卷，傳到唐《傷寒論》十卷，後為宋代高繼沖所獻。宋治平二年，林億校而出版，到清代亡佚，流入日本楓山秘府，安政三年，丹波元堅又重摹之，由是復行於中土。章太炎認為這就是《宋本傷寒論》傳衍的狀況。

　　太炎這個方法的有效性如何？以我們當今的圖書館學之目錄概念來看，會覺得很荒謬，以幾本書的書名和卷數，便可以評斷《傷寒論》版本的流傳狀況，這證據性似乎很薄弱。事實上，在宋代活字版印刷術發明之前，書籍刊刻不易，書籍的流傳容易掌握，更關鍵的是在第二段引文中，太炎已經說出重點了。他說在《隋書經籍志》中是分成醫經、經方二類錄之。這是因為在民國以前，還未接觸西方的圖書館目錄學之前，中國的圖書目錄不是只有分類而已，還有「辨章學術、考鏡源流」的目的，［註57］這就讓章太炎的方法有其有效性了。

3.3.3　章太炎論《傷寒論》各家注

　　章太炎主張研究《傷寒論》要明其大體與注重科條文句。這便牽涉到我們入手研讀《傷寒論》的注本了。明其大體中，他說了二大端，也就變成他評論各大家注本的原則。

　　在諸家《傷寒論》注本中，章太炎對柯琴的評價最高。太炎曰：

自成無己以後，解《傷寒論》者多家。不佞所願，則學柯氏。蓋其破傳經之謬，辨三方鼎足之非，知陽明厥陰病為溫熱，識太陰病為內傷。其于長沙真旨，可謂以神遇而不以目視矣。近代如陸九芝輩，得其餘緒，遂為溫熱病大家。況賢于陸氏者乎，獨其變易章句，猶與喻、程諸家同病。有能鎔柯氏《論翼》之精義，以合叔和舊本之型範者，斯於名實兩得之矣。［註58］

如清代諸家解《傷寒》者，武斷臆說，雖多不免。然如柯氏知六經各立門戶，非必以次相傳。而陽明、厥陰二篇，則一起即為溫熱，此識其大者也。［註59］

〔註57〕　參魯欣：〈從「辨章學術，考鏡源流」看中國古典目錄學之功用〉，《江西圖書館學刊》，第 38 卷第 1 期，2008 年第 1 期，頁 9～11。

〔註58〕　《章太炎全集（八）》（上海：上海人民出版社，1994），頁 158。

〔註59〕　《章太炎全集（八）》（上海：上海人民出版社，1994），頁 330。

> 柯氏《傷寒論翼疏》發大義，傑然出諸家上，其作《論注》，點竄又
> 甚於諸家，柯氏之於《傷寒論》猶近代段氏之於《說文解字》也。
> 聰明特達，於作者真為素臣，而妄改亦滋多矣，是故柯氏之書當取
> 其《論翼》，而不當盡取其《論注》也。……若夫領錄大體，必以柯
> 氏《論翼》為主。〔註60〕

基本上，太炎對於柯琴（柯韻伯）的評價最高，論述的文獻也很多，茲舉其三段引文，作為代表。在第二、三段引文就是上文所說的「明其大意、得其大體」為標準來看柯琴《傷寒論翼疏》，太炎評其「識其大」、「發大義」、「領錄大體」，難怪在諸家之中，評價柯琴最高。在第一、二段，就有說明《論翼》識其大者之所在，就是破傷寒傳經之謬，以及主張傷寒溫病當為一體。由此，太炎甚至說出「解《傷寒論》者多家。不佞所願，則學柯氏」的話。意思是說，關於《傷寒論》注解而言，太炎所願意師法的便是柯琴了。不過雖然太炎從其大端來看柯琴著作，給予高度評價，但從「科條文句」之訓詁的第二個標準看，柯琴的《傷寒論注》是有些缺陷的，這個缺陷就是「妄改」，柯琴刪改原文來順從自己的意思這種行為，對於重視訓詁的太炎來說，確實是不可取。就尊重文獻來說，不妄改者，在太炎心目中，王叔和整理仲景《傷寒論》是有做到此點要求的（見 3.2.3.2 節），因此太炎說，如果能做到融合柯琴與叔和之優點，那真是「名實兩得」。

太炎對於柯琴《傷寒來蘇集》評價最高。其次是尤在涇，太炎曰：

> 尤氏知直中之寒，久亦化熱，傳經之熱，頓則生陰，斯論為前人所
> 未及。按之少陰、厥陰二篇，此類甚眾，此亦識其大者也。若夫按
> 文責義，雖甚精審，猶多差謬。蓋一人精力，不足辦此，但於大體
> 了然，即為不世出之英矣。〔註61〕

> 尤在涇、徐靈胎、陳修園之徒，亦各有所長。尤、陳大端不能喻于
> 柯氏。〔註62〕

> 凡諸注本改編者，既不足以厭人意，仍舊者亦多瑕疵，欲求佳注，
> 信其難哉。唯尤在涇《傷寒貫珠集》以大論條例隱奧，猝難尋繹，
> 自為類次，而不曰仲景原本固然，此如《千金翼方》、《活人類證》

〔註60〕《章太炎全集（八）》（上海：上海人民出版社，1994），頁 295。
〔註61〕《章太炎全集（八）》（上海：上海人民出版社，1994），頁 330～331。
〔註62〕《章太炎全集（八）》（上海：上海人民出版社，1994），頁 158～159。

二例，則為無害。其注義精文潔，亦無枝葉之辭，勝於喻、柯、張、

陳諸注也。若夫領錄大體，必以柯氏《論翼》為主。〔註63〕

先看第一條引文，可以得知，太炎認為尤在涇也是可以「識其大者」，這還是從他認為有「直中之寒」，有直中三陰病，並不承認從《內經》而來的日傳一經的理論來詮釋《傷寒論》。但是太炎認為如果以「按文責義」的要求來看，雖然尤在涇也算精審，但「差謬」仍多。雖然如此，但大體已辨，仍是不世出之英才。如此不世出英才，比起柯琴的《傷寒來蘇集》，其掌握大端，並無法超過柯琴，這在第二、三條引文最後一句話即可看出。只是他雖然有文句上的差謬，問題還是諸家中最少的，「其注義精文潔，亦無枝葉之辭」還勝過喻昌、柯琴、張志聰、陳修園等人之注。這些尤在涇所勝過的醫家中，最可注意的是柯琴，太炎認為尤在涇的義精文潔還勝過最能掌握大體、大意的柯琴。

　　總的來說，太炎認為諸注中，柯琴第一，尤在涇其次。兩者各有千秋，太炎曰：

能卓然自立者，創通大義，莫如浙之柯氏。分擘條理，莫如吳之尤

氏。嗟乎！解《傷寒》者百餘家，其能自立者，不過二人，斯亦悕

矣。〔註64〕

在此段中，太炎高度評價柯琴與尤在涇，認為歷來解《傷寒論》者百餘家，能知大體，且詮釋的文句上，仍有一定水準。雖然如此，柯琴與尤在涇兩者還是有其不同的特色。柯琴對於「創通大義」有其獨到處，而尤在涇就是在其下科條文句上，有其「分擘條理」之強項。

　　此外，太炎也評論其他《傷寒論》注解者，他說：

自古以來，解《傷寒論》者多矣，大抵可分三部，陋若陶華，妄若

舒詔，僻若黃元御，弗與焉。依據古經，言必有則，而不能通仲景

之意，則成無己是也。才辯自用，顛倒舊編，時亦能解前人之執，

而過或甚焉，則方有執、喻昌是也。假借運氣，附會歲露，以實效

之書變為玄談，則張志聰、陳念祖是也。〔註65〕

自宋文憲承丹溪緒論，始謂《傷寒論》非仲景真本，由是方喻諸公

紛然改作，程氏、柯氏又加厲焉。……然近世依據舊編不加改變者，

〔註63〕《章太炎全集（八）》（上海：上海人民出版社，1994），頁295。

〔註64〕《章太炎全集（八）》（上海：上海人民出版社，1994），頁379。

〔註65〕《章太炎全集（八）》（上海：上海人民出版社，1994），頁379。

有張志聰隱庵、黃坤載元御、陳念祖修園三家。黃氏偏主辛熱，剛
戾自是，造作天魂、地魄、黃芽諸湯，增益怪誕，無可觀者。張、陳
雖無過，拘於標本勝復，多施空言，亦不得仲景真意。其文則是，
其義乃多非。陳氏晚歲作《傷寒串解》，語漸精審，然猶未若柯氏《論
翼》之妙也。〔註66〕

現代著名醫家任應秋將治傷寒者分成三派：「以方有執為首的重訂錯簡派」、
「以張遂辰為首的維護舊論派」和「辨證論治派」（柯琴和尤在涇等人皆屬此
派）。〔註67〕相對於任應秋先生來說，在第一段引文中，太炎大致上將治傷寒
者分成三派，「重訂錯簡派（方有執、喻昌）」、「維護舊論派（成無己）」和「運
氣玄談派（張志聰、陳念祖）」。按照這樣的分類，依第二段引文，張志聰、黃
元御、陳修園也是屬於「維護舊論派」，但在第一段中，張志聰和陳修園又屬
於「運氣玄談派」，遇到的問題和任應秋先生一樣，最主要的是他們的區分，
前兩種按照對《傷寒論》版本的判斷（錯簡或維護舊論），但第三種以內容來
作分類標準（辨證論治，或運氣玄談），這就造成會有重疊部分。太炎這樣的
區分不是很嚴謹。不過，其中他對於運氣玄談最排斥。在第一段引文中，太炎
根本就不想論述黃元御，所以他用「弗與焉」，還不把黃元御等人放到分類的
標準中。和黃元御同樣不放到分類中的，其中舒詔祖述喻昌，主張改定錯簡，
被太炎評為「妄」，明代醫家陶華被評為「陋」。對黃元御評語最激烈：「剛戾
自是、增益怪誕，無可觀者」。可以看出太炎一貫的主張，凡是將五運六氣置
入《傷寒論》的詮釋中者，幾乎都被太炎貶斥。

〔註66〕《章太炎全集（八）》（上海：上海人民出版社，1994），頁294～295。
〔註67〕參任應秋：〈醫聖張仲景的偉大成就〉，收入任應秋著、朱世增編：《任應秋論
　　　　傷寒》（上海：上海中醫藥大學出版社，2009），頁392～393。

第四章　章太炎的傷寒學

4.1 前言

在第三章，論述了關於章太炎的「《傷寒論》學」，這是論述章太炎關於《傷寒論》這本經典的一些外緣看法，包含章太炎對《傷寒論》的作者、編者、注者的討論考證；《傷寒論》版本文獻訓詁、研究方法等問題。在其中，章太炎主張對於《傷寒論》的研究方法是「余謂研究《傷寒論》，先須明其大意，不必逐條強解，死於句下也」。在明其大意的原則下，再問其「科條文句」、考證《傷寒論》的條文字句。

太炎先生是清代考據學集大成者，也是位思想大家，重視訓詁考證，但不執著訓詁考證、而死於句下，了解「由訓詁而推求義理／執義理而後能考核」（部分與整體的循環）。問題在他如何能判斷現在該先訓詁以推求義理，還是先「執義理而後能考核」，在概念上先有大意的把握義理，再來文字訓詁。而且，就算先知道要明其大意，問題是各家有各家的大意，研究《傷寒論》的人該如何知道哪個家派或學派的大意為可入手處。舉個例子來說，《傷寒論》中「六經」的解釋百家齊放、眾說紛紜，王慶國、李宇航、王震三位先生蒐集歷來的說法，不加批判而予以羅列，說明其理據，供讀者反思參考，共 41 種。諸如：「經絡說」、「臟腑說」、「氣化說」、「地面說」、「六部說」、「形層說」、「三焦說」、「階段說」、「病理層次說」、「陰陽勝復說」、「位向性量說」、「八綱說」、「證候抽象說」、「症群說」、「治法說」……等等，〔註1〕甚為繁瑣，公說公有

〔註 1〕 王慶國、李宇航、王震：〈《傷寒論》六經研究 41 說〉，《北京中醫藥大學學報》，第 20 卷第 4 期，1997 年 7 月，頁 23～30。

理，婆說婆有理，讀者應該選擇或遵從哪個大意呢？南京中醫藥大學黃煌教授
曾說過其中的心路歷程，他說：

> 我花很長的時間在圖書館看傷寒注家的著作。那個時候喜歡讀舒馳遠
> 的《傷寒集注》、程應旄的《傷寒論後條辨》、柯韻伯的《傷寒來蘇集》、
> 呂震名的《傷寒尋源》等，近代經方家如陸淵雷、惲鐵樵、曹穎甫、
> 祝味菊等的書也給我很大啟發。我在閱讀中理解到傷寒論研究是「一
> 家有一家的仲景，各人有各人的傷寒」，每個醫家是在注解《傷寒論》
> 的過程中闡發自己的學術觀點，詮釋中醫學的奧秘。可以說，一部《傷
> 寒論》研究的歷史，就是一部中醫學術思想史。〔註2〕

黃煌先生在此敘述他當時在圖書館閱讀《傷寒論》的心得，他發現，「一家有
一家的仲景，各人有各人的傷寒」，這確實是初研究《傷寒論》面臨的窘境，
要如何入手呢？黃煌先生在此沒有提供確切的方法，只提供了他所喜歡閱讀
的幾本《傷寒論》的註解，並說在這之中的閱讀訓練，有其必要性，可以練習
「闡發自己的學術觀點，詮釋中醫學的奧秘」。確實也是如此，但對於初學者
來說，較不契合、較無明確觀點。章太炎在晚年，注重中醫教育，他便要能提
供某個入手處，才是教育的方法。他如何決定這個大意的入手呢？

　　這問題，對於章太炎來說，本來就是個反覆閱讀的過程，在詮釋學「部分
與整體的循環」中，發現《傷寒論》的閱讀，須先明其大意，再過來講求文句
訓詁。這就不是侷限在對於《傷寒論》作品外緣的討論所能回答的，而必須進
入李順保先生所主張的「傷寒學」的範疇中探討，就是進入《傷寒論》的思想
體系中，探討《傷寒論》辨證論治的義理。太炎在衡量「由訓詁而推求義理／
執義理而後能考核」的關係下，而提出研讀《傷寒論》的方法，須先明大意，
而後考核文句的原則。因此底下，便進入太炎先生傷寒學的範疇。論述的步驟，
先從太炎力主「傷寒不傳經」的主張探討起，從而進入太炎「六經病」的看法，
接著討論傷寒和溫病的關係。

4.2 章太炎論「傷寒不傳經」

　　章太炎主張「傷寒不傳經」，意思是研讀《傷寒論》不可以把《黃帝內經》
的傳經理論帶入研究，這裡面至少牽涉到兩個概念，「傷寒」和「經脈」，底下，

〔註2〕黃煌主編：《黃煌經方沙龍‧第一期》（北京：中國中醫藥出版社，2007），頁5。

先論述章太炎如何看到經脈，然後再討論章太炎「傷寒」、「六經」、「傷寒和傳經的關係」之討論。

4.2.1　章太炎論經脈

在 2.3.2 小節，我們討論了章太炎關於中西醫之爭的標準「療病」，就是以「療效」為標準。章太炎家族三世知醫，但應該不是善用經脈的針灸，而是善於開藥。章太炎曾如此敘述他的祖父章鑒：

> 蓄宋、元、明舊槧本至五千卷，日督子弟講誦。自就春風草廬，諷詠其下。中歲好醫術，自周秦及唐宋明清諸方書悉諳誦上口。以家富不受人餉糈，時時為貧者治療，處方不過五六味，諸難病率旬日起，嘗言藥多則治不專。幸而中之，許胤宗所謂「落原野，張置羅以待雉兔也。」晚遭兵亂，轉徙苕雲間，日在水次，猶數為窮民下藥。賴以全者千數。年六十二，清同治二年卒。〔註3〕

從這段引文看來，章鑒對於湯方的使用非常擅長，所以痊癒了甚多患者（以千數）。記載中沒有說明使用運用經脈的針灸技術。於是造成了從小在醫學環境中長大的章太炎對於《傷寒論》等方書的療效是很有信心的，對於針灸則不一定。章太炎的醫學思想中，有些有變化發展，有些沒有。例如重視《傷寒論》，始終如一。對於經脈、針灸的思想就有改變。他早期還認為經脈的理論細膩比西醫來得高明，後期便轉變了。對於針灸來說，雖然都有肯定其療效，但在太炎的醫學系統中，明顯沒有重視，至少比起《傷寒論》來說，重視程度差距甚大。

在早期，章太炎說：

> 十二經絡為熱為寒，視遠西為審。彼但于手足作四大支，而此區分甚析，依以鍼灸，多能取效，其優於彼遠矣。〔註4〕

太炎認為西醫對於手足只做四大支區分，而依經絡，手足有三陰經三陽經，手臂內側有三陰經（手太陰肺經、手少陰心經、手厥陰心包經）、外側有三陽經（手陽明大腸經、手太陽小腸經、手少陽三焦經）。足內側有三陰經（足太陰脾經、足少陰腎經、足厥陰肝經）、外側有三陽經（足陽明胃經、足太陽膀胱經、足少陽膽經），總共有十二條（加上對稱共二十四條）。〔註5〕章太炎認為

〔註3〕章太炎：《太炎文錄續編・卷四》，收入《章太炎全集（五）》（上海：上海人民出版社，1985），頁195。

〔註4〕《章太炎全集（八）》（上海：上海人民出版社，1994），頁141。

〔註5〕參程莘農：《中國經絡學》（台北：文光圖書公司，2003），頁41～55。

這樣的分析，比起西醫來說，詳細精審，（何況除了十二正經外，還有奇經八脈、十五絡脈等）因此以此來針灸，效果比起西醫來說，「優於彼遠矣」，勝過西醫甚多。這時候（1911 年）太炎對於西醫可能還沒有太多研究，尤其是解剖生理學部分。因為太炎先生對於經絡的理解從 1910 年的〈醫術平議〉起，就已經有一個很確定的見解：經絡是由解剖而觀察得知。也由於這個判斷，因此終太炎一生，太炎先生都把經脈和血脈（血管）等同起來，太炎為學本有經驗主義的傾向，因此眼見為憑便是標準，經脈不可見，可見的脈就是血脈，因此他就把兩者等同，「經脈周注，始肺終肝，如環無端，皆一血耳」，〔註6〕經脈就是血脈，兩者都來自解剖觀察而得。章太炎曰：

> 八尺之士，皮肉在此，外可度量切循而得之，其死可解剖而視之。
> 其臟之堅脆，腑之大小，穀（引者注：通骨）之多少，脈之多少，血
> 之清濁，氣之多少，……皆有大數。準此則古人所以知脈者，悉由
> 解剖得之。〔註7〕

以上是 1910 年太炎在日本時所寫。太炎由外表皮肉的測量，到內在臟腑、骨、血的測量，都可以由解剖而得，推知脈的知識也是由解剖而知。太炎為學屬國學中的古文經學，古文經學和今文經學差異之一，就是今文經學喜用發展的觀點來看歷史，如公羊傳的張三世觀點（「據亂世」、「升平世」、「太平世」）。〔註8〕古文經學較缺乏此點。太炎為學亦然，從 1.2.2.6 小節程偉：〈略論章太炎的醫學思想〉對於太炎五行學說評論之處，亦可得知。事實上，在中國古代血脈和經脈剛開始是不分的，山田慶兒從脈的本字及馬王堆醫書的觀察即是如此，他說：

> 從總體上講，脈，原本是指血脈的概念。分枝、流動著血的管道，
> 是脈之本字「衇」的含意。所謂經脈概念的形成，無疑是與血脈的
> 類比起著作用。在馬王堆醫書中，無論是血脈，還是後來的經脈，
> 均稱之為脈，兩者在何處被嚴格區分亦甚可懷疑。〔註9〕

〔註6〕《章太炎全集（八）》（上海：上海人民出版社，1994），頁 401。

〔註7〕《章太炎全集（八）》（上海：上海人民出版社，1994），頁 20。

〔註8〕參陳其泰：〈公羊家法與清代今文學復興之統緒〉，《齊魯學刊》，2007 卷 4 期，2007 年 7 月，頁 24～27。陳福濱：〈清代公羊學與晚清的變革〉，《哲學與文化》，32 卷 11 期，2005 年 11 月，頁 115～134。

〔註9〕山田慶兒著、廖育群、李建民編譯：《中國古代醫學的形成》（台北：東大圖書公司，2003），頁 8。

山田慶兒說經脈在古代與血脈觀念一致。而且它甚且懷疑何處二者被嚴格區分。二者的區分，從《漢書‧藝文志》：「醫經者，原人血脈、經落（引者注：絡也）、骨髓、陰陽、表裏、以起百病之本、死生之分，而用度針石湯火所施，調百藥齊和之所宜。」可知，到東漢已被視為不同結構。〔註10〕因此太炎這樣的觀點，有其歷史根據。

　　但是沒幾年的思索，太炎發現就西醫的解剖生理學而言，即使只有論四肢，但四肢中的肌肉、肌腱、結締組織等，比經脈來說，不遑多讓，但卻更具體，因此他更換觀點，判斷十二經脈、奇經八脈為謬誤，最初比較客氣，還說「不足以相奪」，太炎說：

> 學林中〈醫術平議〉一卷，昔年妄作。是時猶信《靈》、《素》、《甲乙》所論經脈流注，以為實然，故所論不能得要領。由今思之，辨臟腑之方位，識經脈之起止，西人積驗而得之，吾土雖嘗有解剖，久乃傳訛，必不足以相奪。〔註11〕

在這段1923年所寫的引文中，可以得知太炎把經脈和血脈相混淆，因為西醫明顯沒有經脈的觀念，太炎卻說「辨臟腑之方位，識經脈之起止，西人積驗而得之」，經脈之起止，也是洋人累積他們的經驗而得，事實上，這指的是血脈，陳淼和先生已指出其失誤之處。〔註12〕不過在這段引文中，太炎還說，中國雖曾有解剖，但久乃傳訛，「必不足以相奪」，不能跟西醫相抗衡。但這還是保守地說不能相抗衡，接著，太炎就完全鄙棄經脈了。

> 至說解剖一事，亦已載在《靈樞》。但所以多錯謬者，蓋由祇剟胸腹而不能割裂肌肉，故所載十二經特為謬誤。〔註13〕

> 前世解剖之術未精，故說有正經十二、奇經八。由今驗之，心合於脈，故血脈悉自心敷布。出於心者為大動脈，返於心者為大靜脈，皆舊所謂衝脈是也。……奇經有八，說亦不諦，唯衝脈當以脈名，督脈即中樞神經，任脈在男子即輸精管，在女子即輸卵管，與脈為血管專名殊矣。帶脈舉世未有見者，陽蹻、陰蹻、陽維、陰維，皆足膝中筋腱，

〔註10〕林柏欣：《痛史——古典中醫的生命論述》（台北：東大圖書公司，2012），頁50。

〔註11〕《章太炎全集（八）》（上海：上海人民出版社，1994），頁158。

〔註12〕陳淼和：《傷寒卒病論台灣本》（台北：集夢坊出版社，2008），〈序〉中說明太炎錯把經脈視為血脈。

〔註13〕《章太炎全集（八）》（上海：上海人民出版社，1994），頁152～153。

　　　　亦名曰脈何哉？《素問》稱衝脈為十二經之海，是也。〔註14〕
在以上引文（第一條乃 1923 年所寫，第二條為 1924 年撰），可以充分看出太
炎完全用解剖生理學來比附中醫中的經脈。因此認為十二經為「謬誤」、奇經
八脈「說亦不諦」。太炎在第一段引文中，也說明中醫何以會如此錯誤，這是
因為中醫在解剖時，只以胸腹的剖挖為主，卻沒有去割裂肌肉查看，因此造成
這些錯誤。其中把一些不該當脈的也當作經脈了。整理引文，太炎比附經脈的
有：

　　　十二經脈：血管專名。

　　　衝脈：大動脈、大靜脈。十二經之海。

　　　任脈：在男子即輸精管，在女子即輸卵管。

　　　督脈：中樞神經。

　　　陽蹺、陰蹺、陽維、陰維：皆足膝中筋腱，不應該叫做脈。

在其中，太炎視為經脈的有血管、神經系統、輸精管（男子）、輸卵管（女子）、
肌腱等。可以知道完全依照解剖生理學把經脈取代了。否則，在《黃帝內經》
中，還有十二經筋系統、十二皮部系統，〔註15〕可以和解剖生理學中的肌肉、
肌腱、結締組織、肌筋膜等相關聯，卻都沒有被檢討，這是因為太炎在解剖生
理學上，已完全採用西醫的標準了。因此他認為十二經脈循行，為「臆想之談」，
〔註16〕只是一種裝飾用的「文具」。〔註17〕這點很重要，因為太炎如此看待經
脈，因此對於他很重視的《傷寒論》來說，便不會把它和《傷寒論》做某些連
繫上的解釋，包含傷寒傳經之說。例如，建立在經脈上的針灸，包含其針灸的
配穴法，如子午流注法、俞募配穴法等，幾乎都被太炎捨棄。但太炎因為重視
療效，有些針灸還是有其療效，造成他不信經脈，卻承認針灸的判斷。認為針
灸有療效，但不能問針灸有療效的理由何在，太炎說：

　　　診脈本有詳略之法。……即其病也，遲、數、浮、沉、大、小之度，
　　　詭於恆時，雖同一血管，而三部亦有錯異。或乃一臟病劇，則一部
　　　獨應，此固非古人虛說，今世醫師，人人皆能驗而得之，實徵既然，

〔註14〕《章太炎全集（八）》（上海：上海人民出版社，1994），頁 175～176。
〔註15〕參程莘農：《中國經絡學》（台北：文光圖書公司，2003），頁 70～82。
〔註16〕《章太炎全集（八）》（上海：上海人民出版社，1994），頁 153。
〔註17〕《章太炎全集（八）》（上海：上海人民出版社，1994），頁 180、192。太炎用
　　　西醫解剖生理學來解釋經脈之處多矣，在此不贅，太炎總結的意見可參〈論舊
　　　說經脈過誤〉、〈論三焦即淋巴腺〉二文，《章太炎全集（八）》，頁 189～199。

不能問其原也。〔註18〕

太炎發現，同一條血管，不同部位，診出的脈是不同的，或有遲、數、浮、沉、大、小之度，太炎當時的知識無法解釋，所以他用「詭」來形容。如果他有中醫的氣脈觀念，而氣脈又連於臟腑，有如今世王唯工先生、祝總驤先生的研究，〔註19〕便可解釋此一現象，不過，這樣說，頗有後見之明的意味，對於章太炎先生是不公平的。就當時物理學、醫學的發展狀況，也很難說明。太炎基於眼見為憑的科學態度，能有這樣成就，已屬難得。〔註20〕因此基於經驗，他說脈診確有「實徵」、「皆能驗而得之」，但是「不能問其原」，不能說明其中的原由。脈診穴道有療效，但原因不明。

4.2.2 六經之「經」的名義

《傷寒論》主張「六經辨證」，六經為太陽病、少陽病、陽明病、太陰病、少陰病與厥陰病這六種病，因此以《康平本傷寒論》目錄而言，便以「辨大陽病（引者注：大、太古相通）、辨陽明病、辨少陽病、辨大陰病、辨少陰病、辨厥陰病」言之。《傷寒論》在撰寫時，其每種病都是「病、脈、證并治」一起論述，因此《宋本傷寒論》之目錄上，六經病都是「辨某某病脈證并治」。〔註21〕若單獨來看《傷寒論》，似無問題。但是《傷寒論》之前，已經有《黃帝內經》作為中國古代醫書的經典，而《黃帝內經·靈樞》中的十二正經，恰巧也是這六個名字，就引起了詮釋上的爭論：六經的解釋和經脈有沒有關係？

章太炎因為對經脈理論充滿不信任，認為「謬誤」，因此在詮釋《傷寒論》時，就不會用經脈的觀念，那他要如何來詮釋這部他認為確實有其療效的《傷寒論》呢？由於《傷寒論》的研究，源遠流長，資源豐富，百家爭鳴，已成傷

〔註18〕《章太炎全集（八）》（上海：上海人民出版社，1994），頁178～179。
〔註19〕參王唯工：《氣的樂章》（台北：大塊文化公司，2002），此書用物理學共振原理來研究脈診，內容是針對醫師說明脈診的原理與脈診儀的操作。另參祝總驤、徐瑞民：〈中國經絡科學的現代化研究〉，《世界科學技術》，2000年05期，頁23～26+67。
〔註20〕關於章太炎先生認識的西方自然科學，近人頗有研究，但都缺乏論述章太炎對於西方醫學的看法，參趙虎：《早年章太炎與西方自然科學》，西安：西北大學碩士論文，2008。此論文亦缺乏章太炎西方醫學方面的研究。
〔註21〕本文各版本《傷寒論》稱呼以李順保：《傷寒論版本大全》（北京：學苑出版社，2006）為準。

寒論史，〔註22〕因此太炎不需要像對經脈的研究一樣，最後的結論是「不能問其原」的純訴諸一句話「積驗」，而不考慮後面的理由。在傷寒學史的歷程中，他找到了柯琴（柯韻伯）作為他研究的基礎。他說：

> 仲景以太陽、陽明等名篇，不過沿用舊名，要於經脈起止之說無與也。〔註23〕

在這段引文中，太炎說明了仲景用六經名義的原因，他只是「沿用舊名」，用了《黃帝內經·靈樞》中的名稱，至於它的意義和經脈的說法並沒有關係。太炎這樣的說法，在學術史上，頗為常見。學術史上，提出新理論、新主張時，並非都獨創新詞，自鑄偉辭。而是方便的使用舊有的名詞，但改變其意涵、意義。這樣的做法有其傳播宣傳上的作用。例如孟子對「性」的看法和傳統不同，以「心之謂性」來取代傳統上「生之謂性」的說法，但他還是稱為「性」，而未用其他的新名詞來稱呼新意，因此也引起孟子弟子們的疑問與討論。〔註24〕除此之外，學術史上其他方面也不少見，如對於「心」、「道」、「天」、「氣」等範疇的討論也都是有這個現象。〔註25〕不過也因為這樣引起了很多的爭議。仲景此處的做法亦然。

太炎認為六經和經脈無關。太炎這樣的詮釋有無根據，他找到了柯琴的說法，他說：

> 《傷寒論》所以分六部者，各有所繫，名目次第，雖襲《內經》，固非以經脈區分也。按《傷寒》太陽等六篇，並不加經字，猶曰：太陽部、陽明部耳。柯氏《論翼》謂：「經為徑界。」然仲景本未直用經字，不煩改義。〔註26〕

柯琴的《傷寒論翼》一書中，主張「經」並非「經脈」，而是「徑界」，作為某種範圍的區別界限。章太炎認為六經這六個詞，事實上，就是「六部」，六個部分，因此《傷寒論》各版本的目錄上，六經都沒有經字。

整體來說，章太炎認為六經的經，約有三義，一為上面說的「六部」。二

〔註22〕 參葉發正：《傷寒學術史》（武昌：華中師範大學出版社，1995）、萬曉剛：《傷寒學術發展史略》，廣州：廣州中醫藥大學博士論文，2001。
〔註23〕 《章太炎全集（八）》（上海：上海人民出版社，1994），頁153。
〔註24〕 參勞思光：《新編中國哲學史（一）》（台北：三民書局，1984），頁166～167。牟宗三：《圓善論》（台北：台灣學生書局，1985），頁1～12。
〔註25〕 參考台北：七略出版社出版的「中國哲學範疇精粹叢書」，包含了天、道、理、氣、心、性、仁、知、變、神等十個範疇。
〔註26〕 《章太炎全集（八）》（上海：上海人民出版社，1994），頁175。

是由柯琴所說的「徑界」而來的「經界」意義，如太炎說：

> 至於太陽諸篇，標題言：「辨太陽病脈證并治法」而已，並不稱太陽
> 經，亦不煩改作經界意也。〔註27〕

六經的經當作「經界」來看，是因為《傷寒論》的標題是「太陽病」，而非「太陽經」。

第三種為「候」、「期候」。太炎說：

> 若其云過經不解，使經不傳，欲作再經者，此以六日、七日為一經，
> 猶女子月事以一月為經，乃自其期候言，非自其形質言矣。〔註28〕

> 要之，陽病以七日為一經，陰病以六日為一經，一經猶言一候，與
> 病脈義不相涉。〔註29〕

太炎在引文中，說《傷寒論》雖然有「過經」、「再經」、「經不傳」、「陽病以七日為一經」、「陰病以六日為一經」這些詞語，但我們不要因此就把這個「經」當作「經脈」來解，不要自身體的「形質」來解。這些詞語中的「經」就像女子的「月經」中的「經」一樣的意義，是指「期候」而言。太炎這裡的意思應當是說，凡病都有個過程、歷程、時期。它是時間的意義，但「與病脈義不相涉」，不是經脈的意義。章太炎這個「期候」的解釋，很善巧，可以解決掉《傷寒論》中，頗多跟「經脈」容易產生聯想的詞語，例如「過經」（第105、123、217條）、「再經」（第8條）、「經不傳」（第8條）、「過一經能食」（第384條）……。引文中，太炎說到「陽病以七日為一經，陰病以六日為一經」當是指《傷寒論》中第7條「病有發熱惡寒者，發于陽也；無熱惡寒者，發于陰也。發于陽，七日愈；發于陰，六日愈。」此段話。

這些字詞都容易讓人有「經脈」的聯想。如果我們參考太炎沒看到的《傷寒論》版本《康平本傷寒論》更可以看出世後人摻入這些疑似字眼，更能得知太炎詮釋的準確性。考察這些字眼或段落，皆有出現於《康平本傷寒論》，但都是低兩格，每行13個字的後人注解，當非仲景原文。〔註30〕

〔註27〕《章太炎全集（八）》（上海：上海人民出版社，1994），頁292。

〔註28〕《章太炎全集（八）》（上海：上海人民出版社，1994），頁175～176。

〔註29〕《章太炎全集（八）》（上海：上海人民出版社，1994），頁292。

〔註30〕關於《康評本傷寒論》版本，原稿影印版見大塚敬節著、吳家鏡譯：《傷寒論解說》（台北：大眾書局，無出版年），或陳淼和：《傷寒卒病論台灣本》（台北：集夢坊出版社，2008），當以此兩書為依。因為印刷版本有些皆忽略了每行13、14、15字的重要。印刷成書者，以李順保：《傷寒論版本大全》（北京：學苑出版社，2006）為較佳，因為能看出原書頂格（每行15字）、降一格（每行14

　　「過經」（第 105 條），見李順保《傷寒論版本大全‧康平本傷寒論》，頁
86，降兩格。

　　「再經」（第 8 條），見李順保《傷寒論版本大全‧康平本傷寒論》，頁 60，
降兩格。

　　「經不傳」（第 8 條），見李順保《傷寒論版本大全‧康平本傷寒論》，頁
60，降兩格。

　　「過一經能食」（第 384 條），見李順保《傷寒論版本大全‧康平本傷寒
論》，頁 101，降兩格。

　　「病有發熱惡寒者，發于陽也；無熱惡寒者，發于陰也。發于陽，七日愈；
發于陰，六日愈。」（第 7 條），見李順保《傷寒論版本大全‧康平本傷寒論》，
頁 60，降兩格。

　　由《康平本傷寒論》的每行 13 個字的條文為後人注解來看，以上這些看
起來有「經脈」意義的「經」條文都是後人所加。

　　以上更可知道太炎詮釋六經」之「經」的有效性。太炎認為「六經」之「經」
約有三義（部、界、候），但通常他都引用柯琴的說法，而解釋為「經界、徑
界」。〔註31〕

4.2.3 論「傷寒不傳經」

　　瞭解了章太炎關於「經脈」與《傷寒論》中的看法，我們可以來論述太炎
傷寒學的重要主張「傷寒不傳經」。

　　當我們知道「六經」的「經」字義主要為「經界、徑界」，或者包含「部」、
「候」的意義，而沒有「經脈」的意義，是否《傷寒論》的詮釋便可得知不需

字）、降兩格（每行 13 字），此頗重要，可以得知仲景原文與後人注文。若其他
版本則較無參考性，如錢超塵主編、付國英、張金鑫點校：《康治本‧康平本傷
寒論》（北京：學苑出版社，2012），因為編排版式，完全看不出頂格、降一格、
降兩格的文字差別，價值性大減，甚可惜，反不若之前出版品，如葉橘泉藏：
《古本康平傷寒論》（長沙：湖南科學技術出版社，1988），或李華安、蔡建前
注：《康平傷寒論評注》（濟南：山東科學技術出版社，1990）。此處以李順保版
為主，但李順保版有時亦有錯，要注意，如頁 84 等均排版錯誤。關於《康平本
傷寒論》的真偽，因為非本論文主題，所以先不贅，先以陳淼和、李順保兩先
生的考證為研究基礎。二者對於《康平本傷寒論》為偽之論據，均有駁論，參
陳淼和：《傷寒卒病論台灣本》（台北：集夢坊出版社，2008），頁 518～530。李
順保：《傷寒論版本大全》（北京：學苑出版社，2006），頁 104～112。

〔註31〕如《章太炎全集（八）》（上海：上海人民出版社，1994），頁 286 等處。

「經脈」觀念的介入呢？這又未必。如劉渡舟先生說：

> 前人在研究《傷寒論》六經時曾指出：「經者徑也。」據經則知邪的
> 來去之路；「經者界也」，據經則知病有範圍，彼此不相混淆。有了
> 範圍，有了界線，就能使我們在辨證時一目了然，見頭項強痛，可
> 知是太陽經脈受邪；見耳聾、胸脅苦滿，可知是少陽經脈受邪；……
> 若離開經脈學說，上述各個證候的發生與機制，就無法解釋。又由
> 於經絡系統的連絡交會，使人體的五臟六腑、表裡上下、四肢九竅、
> 皮肉筋脈等各個組織器官連結成為一個有機的統一整體，因此六經
> 辨證也特別注意臟腑經絡病變的相互影響。……宋代朱肱認為：「治
> 傷寒先須識經絡，不識經絡，觸徒冥行，不知邪氣之所在。」〔註32〕

劉先生雖然也承認，「六經」的「經」是「經界、徑界」的意思，他將其「界」
解釋為六經病各經間有其界線、範圍，「徑」解釋為病邪的來去之路。於是緊
接著便將經絡的觀念帶進來解釋六經病，如頭項強痛，明顯是足太陽膀胱經循
行的範圍，所以知道是太陽經受邪。耳聾、胸脅苦滿等現象，是足少陽膽經經
過的範圍，可知是少陽經脈受邪。所以離開經脈學說，就無法很好的解釋這些
證候發生的機制。因此最後他引用宋代朱肱的話說要研究《傷寒論》，就必須
先認識經絡。

　　關於劉先生這樣的詮釋，太炎先生是很反對的，因此雖然太炎已經把《傷
寒論》「六經」的「經」不解釋為「經脈」，而解釋為柯琴的「經界」。這方面，
劉渡舟先生也是贊成的，所以在引文中的剛開始，也說到「經為經界或徑界的
意思」，但引文的後面馬上就引入經脈學說的解釋。太炎清楚知道後面經脈解
釋可能的方向，因此他也有頗多的言論直接論述《傷寒論》和經脈的關係。因
此接下來，我們便以太炎所主張的「傷寒不傳經」這個命題進入討論。

　　首先，先論述何謂「傷寒」？

　　太炎認為「傷寒」有廣狹二義。他說：

> 《傷寒論》一書，大概是治外感的書。《難經》云：傷寒有五，有中
> 風、有傷寒、有濕溫、有溫病、有熱病。則《傷寒論》是廣義的傷
> 寒，非五者中之一種傷寒。即如痓濕暍三症，本在太陽篇中，叔和
> 因與傷寒少異，特為移其編次。若據仲景原書，則三症亦可謂之傷

〔註32〕參劉渡舟：《傷寒論通俗講話》，收入劉渡舟、任應秋：《傷寒論通俗講話‧傷
　　　　寒論證治類詮》（上海：上海科學技術出版社，2009），頁16。

寒。可見傷寒是廣義之傷寒，非專指發熱、惡寒一種。而自唐以來，
或以狹義視《傷寒論》。如唐‧孫思邈《千金翼方》，首謂傷寒全論
不過三方，桂枝、麻黃、大青龍是也，其餘均為救逆之方云云。余
意不然，若小青龍湯亦豈為救逆者乎。又如金‧劉河間以為《傷寒
論》只論傷寒，與溫病無干。詎知《傷寒論》提綱中已說明太陽病
發熱而渴，不惡寒者，為溫病乎。且如服桂枝湯大汗出，大煩渴不
解，脈洪大者，白虎加人參湯主之，則明明揭示出溫病之治方。又
有所謂汗後惡熱，用調胃承氣湯，亦為溫病立法。況陽明一篇，全
為熱病而設，所謂正陽陽明，即熱病是也。〔註33〕

在這段引文中，涉及幾個觀點。首先，太炎認為有廣義傷寒、狹義傷寒。而《傷
寒論》的傷寒為廣義傷寒。狹義傷寒指的是專門「發熱、惡寒」的外感風寒疾
病。廣義傷寒指的是一切外感疾病，但這外感病來源多端，非只是風寒而已。
所以他引用《難經》的原文說廣義的傷寒有五種：「有中風、有傷寒、有濕溫、
有溫病、有熱病。」太炎從仲景原書來看，認為痙濕暍三症，本來就在〈太陽
篇〉中，王叔和因與傷寒少異，特地移其編次。此因《宋本傷寒論》中，有「傷
寒所致太陽病痓（引者注：當作痙）濕暍此三種，宜應別論，以為與傷寒相似，
故此見之。」〔註34〕一段正文，而《康平本傷寒論》中寫得更清楚，「傷寒所
致」為旁注，「此三種，宜應別論，以為與傷寒相似，故此見之。」為小字夾
注，為後人所加，《康平本傷寒論》標題便是「辨大陽病　痙濕暍」，〔註35〕可
知太炎的判斷是對的。

然後太炎舉例反駁《傷寒論》的傷寒意義是為狹義傷寒者，如孫思邈《千
金翼方》，認為《傷寒論》整本書不過三方，桂枝、麻黃、大青龍是也，其餘
均為救逆之方云云。太炎反駁的證據為舉小青龍湯為例，小青龍湯並非為救
逆。按當代著名方劑學家王綿之先生的意見，小青龍湯功用為「解表蠲飲，止
咳平喘」；主治「風寒客表，水飲內停。惡寒發熱，無汗，喘咳，痰多而稀，
或痰飲咳喘，不得平臥，或身體疼重，四肢、頭面浮腫，舌苔白滑，脈浮者」，
〔註36〕確實並非為救逆之方。孫思邈的判斷是可商榷的。太炎又舉《傷寒論》
提綱中已說明太陽病發熱而渴，不惡寒者，為溫病等例來反駁劉完素（約1110

〔註33〕《章太炎全集（八）》（上海：上海人民出版社，1994），頁154。
〔註34〕李順保：《傷寒論版本大全》（北京：學苑出版社，2006），頁333。
〔註35〕李順保：《傷寒論版本大全》（北京：學苑出版社，2006），頁59。
〔註36〕參王綿之：《中醫方劑學十九講》（台北：相映文化公司，2006），頁87～88。

～1200 年，字守真，河間人，世稱劉河間）認為《傷寒論》只論及狹義傷寒，和溫病無關的不足。太炎的論據充分，狹義傷寒是站不住腳的，可知《傷寒論》中的傷寒意義為廣義傷寒。

確定了《傷寒論》中的傷寒意義為廣義傷寒，對於太炎來說是非常重要的命題，因為這樣才可以解決傷寒學術史上幾個重要的問題，如傷寒傳經、傷寒和溫病的關係，尤其是後者，凡是主張傷寒和溫病分立者，莫不以狹義傷寒來看待詮釋《傷寒論》。此處先討論傷寒傳經的問題。

關於傷寒傳經的問題，太炎是持否定意見的。它有幾個理由：

第一、從起源看。傷寒傳經是仲景的主張還是其他人主張摻入《傷寒論》中？太炎研究問題，重視起源考據。而起源問題對於《傷寒論》來說，是個重大問題。當代傷寒學者李心機先生觀察歷代的《傷寒論》問題，而頗有感觸地說：

> 《傷寒論》疑難問題，其實涉及的多數問題並不是來自《傷寒論》
> 本身，而是由於後世一代一代注家（也包括今人在內）往往不加證
> 明地、「大膽地」把自己的臆測作為「獨到的見解」或「研究的新成
> 果」強加給張仲景。……成無己杜撰的「傳經」，《傷寒論》裏根本
> 就沒有所謂的甚麼「循經傳」、「越經傳」、「直中」之類東西。這種
> 拿著原本不是《傷寒論》的內容強加給張仲景，再把它當作張仲景
> 的東西去研究的現象，在《傷寒論》研究史上可謂比比皆是。〔註37〕

李先生發現《傷寒論》的許多疑難問題，其實不是來自《傷寒論》，而是來自後世的注家的見解強加給仲景的結果，這種現象比比皆是，李先生舉了「循經傳」、「越經傳」、「直中」等問題，並歸諸成無己為例來說明，我們研讀《傷寒論》當注意的事項。

現在我們要處理的方法跟李心機先生一樣，找出哪些不是仲景原先的內容。太炎發現，「日傳一經」其實是王叔和的意見。他說：

> 叔和序例引《內經》以皮傳；後人轉相師法，遂謂：一日太陽，二
> 日陽明，三日少陽；四日太陰，五日少陰，六日厥陰。劉守真見世
> 無其病，遂謂世無傷寒，一以溫病概之。〔註38〕

〔註37〕李心機：《傷寒論疑難解讀》（北京：人民衛生出版社，2009），〈再版自序〉，頁 10。

〔註38〕《章太炎全集（八）》（上海：上海人民出版社，1994），頁 183。

《傷寒論》自王叔和編次，逮及兩宋，未有異言。叔和之失，獨在
以《內經》一日一經之說強相傅會，遂失仲景大義。〔註39〕

昔人謂少陰病必由太陽傳入者，則由叔和序例日傳一經之說誤之。

按日傳一經，義出《內經》，而仲景並無是言。〔註40〕

從上可知所謂日傳一經，是出自《黃帝內經・素問・熱論篇》，而說病況的發
展「一日太陽，二日陽明，三日少陽；四日太陰，五日少陰，六日厥陰」。但
三段引文都在說明一件事，就是《傷寒論》是張仲景所寫的，但因為寫完，即
面臨戰亂，導致散失不全，後經王叔和撰次而成。在第三章已經說到太炎認為
王叔和收集之功，但他的問題在把《黃帝內經》中的傳經理論，放入《傷寒論》
的序例中，導致傳經理論和《傷寒論》牽扯不清。關於仲景寫《傷寒論》的理
論淵源，由《康平本傷寒論》中得知《傷寒論・序》中「注撰用素問九卷、八
十一難、陰陽大論、胎臚藥錄、並平脈辨證。」這幾句話是小字夾注，為後人
所加，林億等人在編《宋本傷寒論》時，將其誤入正文。〔註41〕目前由敦煌出
土的《輔行訣臟腑用藥法要》可以知道仲景的《傷寒論》淵源於伊尹的《湯液
經法》。〔註42〕他的系統和《黃帝內經》的系統不同。因此太炎此處的論斷說，
叔和引用《黃帝內經》日傳一經理論進入《傷寒論》的詮釋之中，從起源上看
是正確的，「仲景並無是言」，仲景並無傳經之說。

第二、從內容上看。起源的問題解決了，為了讓論點更充分，接下來，太
炎便從《傷寒論》內容上來證明。太炎曰：

陽明篇有云：陽明居中土也，無所復傳。可見陽明無再傳三陰之理。
更觀太陽篇中，有云二三日者，有云八九日者，甚至有云過經十餘
日不解者，何嘗日傳一經耶。蓋《傷寒論》全是活法，無死法。陽
明無再傳三陰之理，而三陰反借陽明為出路，乃即《內經》所謂中
陰溜府之義也。且傷寒本非極少之病，亦非極重之病。仲景云：發

〔註39〕《章太炎全集（八）》（上海：上海人民出版社，1994），頁291。

〔註40〕《章太炎全集（八）》（上海：上海人民出版社，1994），頁154。

〔註41〕參陳淼和、歐陽玉娥：〈仲景序文應係後人託作於孫思邈之後、王冰之前〉，
《中醫藥研究論叢》，第13卷1期，2010年3月，頁25～42。吳忠文、吳學
珍、聶偉、李永貴：〈《傷寒雜病論》序不為仲景所撰〉，《中醫藥導報》，第18
卷第6期，2012年6月，頁20～23，尤其是頁20。

〔註42〕參錢超塵：〈仲景論廣《伊尹湯液》考〉，《江西中醫學院學報》，第15卷第2
期，2003年6月，頁26～29。錢超塵：〈仲景論廣《伊尹湯液》考（續完）〉，
《江西中醫學院學報》，第15卷第3期，2003年9月，頁27～32。

于陽者七日愈，發于陰者六日愈。足見病之輕者，不藥已可自愈，
更可見傷寒為常見之病。若執定日傳一經者為傷寒，否則非是，不
獨與本論有悖，且與《內經》所謂：熱病者，傷寒之類也一句，亦
有抵觸矣。〔註43〕

在這段引文中，太炎引用《傷寒論》的內容來證明傷寒不傳經。引文分四部分：

第一部分：引用陽明篇文句「陽明居中土也，無所復傳」來反駁。

第二部分：引用太陽篇文句「有云二三日者，有云八九日者……」來反駁。

第三部分：引用陽明病邪的出路來駁斥傷寒傳經。

第四部分：引「發于陽者七日愈，發于陰者六日愈」來反駁。

　　先討論第一部分，太炎引用陽明篇中的文句「陽明居中土也，無所復傳」，
這段話應出自《宋本傷寒論》第184條：

問曰：惡寒何故自罷？

答曰：陽明居中，主土也，萬物所歸，無所復傳，始雖惡寒，二日
自止，此為陽明病也。〔註44〕

此段文句和太炎所用文詞雖小有差異，但文義甚為類似，因此將其視為一體來
討論。陳淼和先生在評論《宋本傷寒論》第179、181、182、183、184條時說：

以上五條，康本作13字一行編排，屬後人之追論，故標以△號。第
（179）條言太陽陽明者等，或即論中之合病併病。第（182）條言
陽明病外證者，非出於仲景。陽明病病位居軀體內層，全屬內證；
陽明病無外證可言。太陽病及少陽病皆屬外證。陽明部位形層在軀
體核心內部。〔註45〕

第184條見李順保：《傷寒論版本大全・康平本傷寒論》，頁84，頂格。陳淼
和先生卻曰「康本作13字一行編排，屬後人之追論」。顯有矛盾之處。查《康
平本傷寒論》原本影印第154頁，為降兩格，每行13個字。〔註46〕李順保版
有誤。陳淼和先生說：「陽明病病位居軀體內層，全屬內證；陽明病無外證可
言。陽明部位形層在軀體核心內部」便是太炎所說的「陽明居中土」的意義。

〔註43〕《章太炎全集（八）》（上海：上海人民出版社，1994），頁155。

〔註44〕李順保：《傷寒論版本大全》（北京：學苑出版社，2006），頁365。

〔註45〕陳淼和：《傷寒卒病論台灣本》（台北：集夢坊出版社，2008），頁182。

〔註46〕原稿影印版見大塚敬節著、吳家鏡譯：《傷寒論解說》（台北：大眾書局，無出
版年），頁39。或陳淼和：《傷寒卒病論台灣本》（台北：集夢坊出版社，2008），
頁603。

太炎依據《宋本傷寒論》說「陽明居中土也，無所復傳」，因此哪裡有「一日太陽，二日陽明，三日少陽；四日太陰，五日少陰，六日厥陰」的說法呢？

關於第二部分太炎用太陽篇中的文句來反駁：「太陽篇中，有云二三日者，有云八九日者，甚至有云過經十餘日不解者，何嘗日傳一經耶」。要知道太炎判斷的正確與否，便需要知道這些二三日、八九日、十餘日等的文句。其中「二三日」，應當是《宋本傷寒論》太陽篇中下列文句：

> 第 5 條：「傷寒二三日，陽明、少陽證不見者，為不傳也。」
> 第 102 條：「傷寒，二三日，心中悸而煩者，小建中湯主之。」
> 第 139 條：「太陽病，二三日，不能臥，但欲起，心下必結，脈微弱者，此本有寒分也。反下之，若利止，必作結胸。未止者，四日復下之，此作挾熱利也。」

以上是太陽病中，出現有關「二三日」的條文。太炎說這些條文，「何嘗日傳一經耶」。其中，第 102、139 條，從字句上，用依文解義字面上的理解立場來解讀，並沒有日傳一經的說法。比較有可能的是第 5 條，因為它有「不傳」之傳經說法在其中，但因為兩個原因，這「不傳」更證明日傳一經說法之誤。第一，此段屬《康平本傷寒論》中為降兩格、每行 13 字的後人注解，非仲景所書。〔註47〕第二，原文字面上，就說明沒有從太陽傳到陽明、少陽，因此太炎判斷「何嘗日傳一經耶」。

關於「八九日者」，在《宋本傷寒論》太陽篇中出現比較多，如下

> 第 23 條：「太陽病，得之八九日，如瘧狀，發熱惡寒，熱多寒少，其人不嘔，清便欲自可，一日二三度發，脈微緩者，為欲癒也，脈微而惡寒者，此陰陽俱虛，不可更發汗、更下、更吐也，面色反有熱色者，未欲解也，以其不能得小汗出，身必癢，宜桂枝麻黃各半湯。」
> 第 46 條：「太陽病，脈浮緊，無汗，發熱，身疼痛，八九日不解，表證仍在，此當發其汗，服藥已微除，其人發煩目瞑，劇者必衄，衄乃解，所以然者，陽氣重故也，麻黃湯主之。」
> 第 107 條：「傷寒，八九日，下之，胸滿煩驚，小便不利，譫語，一

〔註47〕李順保：《傷寒論版本大全》（北京：學苑出版社，2006），頁 60。倒是第 102、
139 條由《康平本傷寒論》來看，為頂格書寫，知其為仲景文字，但從字面上
來看，這兩條也沒有傳經之說。參李順保書，頁 72、77。

身盡重，不可轉側者，柴胡加龍骨牡蠣湯主之。」

第 160 條：「傷寒吐下後，發汗，虛煩，脈甚微，八九日，心下痞鞕，脇下痛，氣上衝咽喉，眩冒，經脈動惕者，久而成痿。」

第 174 條：「傷寒八九日，風濕相博，身體疼煩，不能自轉側，不嘔，不渴，脈浮虛而濇者，桂枝附子湯主之。若其人大便鞕一云臍下心下鞕，小便自利者，去桂加白朮湯主之。」

考察這五條條文，首先五條皆是《康平本傷寒論》頂格每行 15 字的仲景原文，非後人追注。〔註48〕其次，觀察這五條條文，至少文句表面上和整段段落上，都沒有傳經的解釋。這「八九日」比較類似上文太炎在詮釋「六經」的「經」時，以「期候」的意義為主，就是疾病有個過程、歷程，但這歷程在整個段落上，並沒有明顯證據說明乃依「傳經」理論演變。

關於「過經十餘日」條文，在《宋本傷寒論》太陽篇中出現如下：

第 103 條：「太陽病，過經十餘日，反二三下之，後四五日，柴胡證仍在者，先與小柴胡，嘔不止，心下急一云嘔止小安，鬱鬱微煩者，為未解也，與大柴胡湯，下之則愈。」

第 105 條：「傷寒十三日，過經，譫語者，以有熱也，當以湯下之，若小便利者，大便當鞕，而反下利，脈調和者，知醫以丸藥下之，非其治也。若自下利者，脈當微厥，今反和者，此為內實也，調胃承氣湯主之。」

以上兩條，在《康平本傷寒論》中，「過經」二字為後人小字旁注，原文為 103 條：「太陽病，十餘日」、105 條：「傷寒十三日，譫語者」，知其為後人所加。〔註49〕其次，由「過經」二字前面的「十餘日」、「十三日」來看，也違反了「日傳一經」的說法，因此太炎總結：「《傷寒論》全是活法，無死法」。

第三部分是太炎「陽明無再傳三陰之理，而三陰反借陽明為出路，乃即《內經》所謂中陰溜府之義也。」由此來反對傷寒傳經之說。其中「陽明無再傳三陰之理」，太炎乃是從「陽明居中，主土也，萬物所歸，無所復傳」這句話推論出來的，然後引用《黃帝內經》說法，亦有三陰病邪借陽明病位排出說法，

〔註48〕　第 23、46、107、160、174 條分別見李順保：《傷寒論版本大全·康平本傷寒論》（北京：學苑出版社，2006），頁 62、66、73、80、82。

〔註49〕　見李順保：《傷寒論版本大全·康平本傷寒論》（北京：學苑出版社，2006），頁 72、73。

來證明傷寒日傳一經順序錯誤。其中引用《黃帝內經》之「中陰溜府之義」，
《黃帝內經》的原文應是：

> 黃帝問於岐伯曰：邪氣之中人也奈何？岐伯答曰：邪氣之中人高也。
> 黃帝曰：高下有度乎？岐伯曰：身半以上者，邪中之也。身半已下
> 者，濕中之也。故曰：邪之中人也。無有常，中於陰則溜於腑，中
> 於陽則溜於經。〔註50〕

太炎重點放在最後幾句話，所以才精簡地說「中陰溜府之義」，意思是說，病
邪影響人體，沒有固定的，常常會有轉移、併發的情形發生，「溜」也。此處
《內經》的詮釋，因屬於〈靈樞篇〉，〈靈樞篇〉的重點是在講解經絡，因此「中
於陰則溜於腑，中於陽則溜於經」的解釋，便常會以經絡來解釋，如郭藹春先
生的解釋為：

> 外邪侵犯了陰經，會流傳到六腑；外邪侵犯了陽經，也可能流傳在
> 本經循行通路而發病。〔註51〕

按照經絡理論，手足有三陰經三陽經，手臂內側有三陰經（手太陰肺經、手少
陰心經、手厥陰心包經）、三陽經（手陽明大腸經、手太陽小腸經、手少陽三
焦經）。足內側有三陰經（足太陰脾經、足少陰腎經、足厥陰肝經）、三陽經（足
陽明胃經、足太陽膀胱經、足少陽膽經）。陰經是連到臟的，陽經是連到腑的。
現在外邪如果侵犯陰經，因為陰經連到臟，因此流傳到臟器，這很自然，但不
只如此，外邪還會流傳到「六腑」，就不只是「五臟」了。同樣地，外邪侵犯
了陽經，也會循著本經通路而發病。

因為《內經》中有「中於陰則溜於腑」，而臟在內、腑在外，陽屬外、陰
屬內，因此太炎才說「三陰反借陽明為出路」，由此來反駁傷寒傳經之說。

第四部分「且傷寒本非極少之病，亦非極重之病。仲景云：發于陽者七日
愈，發于陰者六日愈。足見病之輕者，不藥已可自愈，更可見傷寒為常見之病。
若執定日傳一經者為傷寒，否則非是，不獨與本論有悖，且與《內經》所謂：
熱病者，傷寒之類也一句，亦有抵觸矣。」此段話和另一段話對勘，將更清楚
太炎先生的旨意。太炎曰：

〔註50〕《黃帝內經·靈樞·第四篇邪氣藏府病形》，見郭藹春編著：《黃帝內經靈樞校
注語譯》（天津：天津科學技術出版社，1999），頁35。
〔註51〕郭藹春編著：《黃帝內經靈樞校注語譯》（天津：天津科學技術出版社，1999），
頁35。

按論云：「病有發熱惡寒者，發于陽也；無熱惡寒者，發于陰也。發于陽，七日愈；發於陰，六日愈。」〔註52〕此為全書起例。陽即太陽，（原注：舉太陽發熱惡寒為例，則陽明、少陽可推知。）陰即少陰，（原注：舉少陰無熱惡寒為例，則太陰、厥陰可推知。）七日愈、六日愈則未傳經甚明。病有發于陰者，則陰病不必自陽而傳又甚明。又云：「傷寒一日，太陽受之，脈若靜者為不傳，頗欲吐，若煩躁，脈數急者為傳也。」〔註53〕「傷寒二、三日，陽明、少陽證不見者，為不傳也。」〔註54〕「傷寒三日，三陽為盡，三陰當受邪。其人反能食而不嘔，此為三陰不受邪也。」〔註55〕是雖撰用《素問》，而實陰破其義，見傷寒不傳者多矣。〔註56〕

在這段引文的最後，太炎說明這「六經：太陽、陽明、少陽、太陰、少陰、厥陰」雖來自《黃帝內經‧素問》，但事實上，是取其名，而不取其義，「陰破其義」。太炎從《傷寒論》中，說到病有發於陽，也有發於陰。既然病有發於陰，則陰病不必自陽而傳入，是甚明白的一件事情。太炎又引用《宋本傷寒論》第4、5、270 條說明在《傷寒論》經文中，便說明可傳可不傳，如此便可知傳經沒有必然性。

綜合以上，可以知道太炎主張傷寒不傳經是有其歷史根據和理論解析的。

4.3　論傷寒包含溫病

現在要討論另一個也是傷寒學上爭論不休的問題，就是寒溫之爭。這個問題的討論，歷來都有，〔註57〕但真正形成爭論來說，要到清初葉天士（1667～1746，葉桂，字天士，號香巖，別號南陽先生）、吳鞠通（1758～1863，吳塘，字鞠通）等人出現後，創立了溫病學說，才形成問題意識，傷寒溫病之爭才白熱化。太炎對此學術史上的重大論爭，其評論如何呢？

關於太炎處理傷寒和溫病的關係，在 4.2.3 節，已經確定了太炎的傷寒意

〔註52〕《宋本傷寒論》第 7 條。

〔註53〕《宋本傷寒論》第 4 條。

〔註54〕《宋本傷寒論》第 5 條。

〔註55〕《宋本傷寒論》第 270 條。

〔註56〕《章太炎全集（八）》（上海：上海人民出版社，1994），頁 291。

〔註57〕參時逸人：〈關於傷寒與溫病的認識〉，收入錢超塵、溫長路主編：《張仲景研究集成（上冊）》（北京：中醫古籍出版社，2004），頁 446～447。

義為廣義傷寒。接下來要處理太炎對於傷寒和溫病的分立或可融合的探討，這點廣義傷寒很重要。因為凡判斷傷寒和溫病兩立的學者，對於傷寒的看法，大皆為狹義傷寒。因而產生頗多爭論。張家駿先生的觀察：

> 由於概念的不一致，造成了傷寒、溫病兩派的紛爭。如吳又可〈溫疫論〉說：「夫溫疫之為病，非風、非寒、非暑、非濕，乃天地間別有一種異氣所感……仲景雖有《傷寒論》……蓋為外感風寒而設。故其治法與溫疫自是迥別。」治療上有新發展是好事。但言《傷寒論》僅「為外感風寒而設」，顯然違背「傷寒」古義即仲景本旨。……傷寒家（經方派）認為傷寒可概外感熱病之總，溫病乃屬傷寒範疇；而溫病家（時方派）則將廣義傷寒貶為狹義傷寒，易名奪實而以溫病概外感熱病之總。〔註58〕

張先生的研究是，溫病家把《傷寒論》中的傷寒貶為狹義傷寒，就是只以外感風寒之疾病，這常常為傷寒家所反對，也違背了傷寒的古義（仲景本旨）。溫病家再把廣義傷寒「易名奪實」而以溫病來包括外感熱病，這就造成了許多爭論。因此我們在討論此點時，要注意各家對於傷寒的定義為何。

不過，這其中也有其歷史發展的因素存在。在《傷寒論》中，有論及溫病、風溫等詞，但僅出現在第6條：「太陽病，發熱而渴，不惡寒者，為溫病。若發汗已，身灼熱者，名曰風溫。風溫為病，脈陰陽俱浮，自汗出，身重，多眠睡，鼻息必鼾，語言難出。若被下者，小便不利，直視失溲。若被火者，微發黃色，劇則如驚癇，時瘛瘲，若火熏之。一逆尚引日，再逆促命期」，〔註59〕其他「條文」並沒有出現溫病等字眼，這便容易讓人產生誤解。以為《傷寒論》論及溫病之處理甚少。李心機先生解釋溫病派的產生說：

> 由於第6條只告誡溫病不可發汗，未明確指出其具體辦法，所以，一方面導致了後世對溫病的治療存在著某種程度的盲目性，另一方

〔註58〕張家駿：〈傷寒溫病確是一體〉，《上海中醫藥雜誌》，1983年第1期，頁35～36。

〔註59〕《康平本傷寒論》亦有出現，其格式如下：「太陽病，發熱而渴，不惡寒者，為溫病。若發汗已，身灼熱者，名曰風溫。風溫為病，脈陰陽俱浮，自汗出，身重，多眠睡，鼻息必鼾，語言難出。若被下者，小便不利，直視失溲。若被火者，微發黃色，劇則如驚癇，時瘛瘲，若火熏之。一逆尚引日，再逆促命期。」第一、三列為頂格每行15字的仲景原文，第二、四、五列為降一格每行14字的準原文。見李順保：《傷寒論版本大全·康平本傷寒論》（北京：學苑出版社，2006），頁60。

面，又極大限度地提供了理論與實踐的思考空間：或遵循《傷寒論》
的理論、原則、方法，治療溫病：或在治療溫病的實踐中探索新的
理論、原則和方法。〔註60〕

李先生說到，《傷寒論》第6條給溫病指出了方向，但沒有明確治法與湯方，
因此就產生很大的模糊空間，來讓後世發揮。這種發揮有兩個方向，傷寒家（經
方家）通常走第一種方法，遵循《傷寒論》的理論、原則、方法，治療溫病。
溫病家走的就是第二種方法了，探索新的理論、原則和方法。

　　第一種方法中也有兩種方向，一是加上湯方，二是不以病因為主，而以病
證為主，擴大到《傷寒論》類似的「證」來討論。加上湯方的如陳淼和先生，
陳先生採《康平本傷寒論》原文和「《千金要方》傷寒論篇明言『解肌湯』主
治傷寒溫病。又風溫主以白虎湯證」，將原條文修正之。〔註61〕以病證為主，
來討論溫病者如馮世綸、張長恩先生。兩先生認為《傷寒論》不以病因為主，
乃以病證為主，因此他們認為判斷傷寒和溫病不以「傷於寒邪」、或「傷於熱
邪」之病因為準則，而當以病證為主。以病證為主，馮先生找到《傷寒論》第
182條：「陽明病外證云何？答曰：身熱，汗自出，不惡寒，反惡熱也」此明顯
和第6條所說的溫病相合，而以太陽陽明并病、合病處理之。〔註62〕

　　章太炎較屬於第一種方法的第二個方向，站在廣義傷寒的研究成果上，底
下論述之。

4.3.1 不必強分傷寒與溫病

　　站在廣義傷寒的立場，太炎認為不應截然分別傷寒與溫病。太炎曰：

余謂前人論傷寒、溫病，混淆太甚；後人論傷寒、溫病，分別太繁。
惟陸九芝陽明為溫病之藪一語，最為切當。蓋病至陽明，則傷寒與
溫病無異。如服桂枝湯後，大煩渴者，用白虎加人參湯。服麻黃湯
後，蒸蒸發熱者，用調胃承氣湯。此猶傷寒為其皮，溫病為其骨。
其實傷寒與溫病，不能截然分別。凡病至發熱不惡寒，口渴心煩者，
即可以稱為陽明病，亦可以稱為溫病，不必強為劃分也。不然，豈
有一日服麻黃、桂枝之時，則為傷寒，次日服白虎、承氣之時，即變

〔註60〕李心機：《傷寒論疑難解讀》（北京：人民衛生出版社，2009），頁300～301。
〔註61〕陳淼和：《傷寒卒病論台灣本》（台北：集夢坊出版社，2008），頁5。
〔註62〕馮世綸、張長恩：《解讀張仲景醫學》（北京：人民軍醫出版社，2006），頁20
　　　　～23。

為溫病乎？考傷寒、溫病之分，始于喻嘉言，至葉天士、吳鞠通則更

將溫病分列許多名目，實已越出《難經》傷寒有五之範圍矣。〔註63〕

這裡太炎用病證的觀念，來說明陽明病和溫病的病證相同，所以他很讚同陸九
芝（1815～1887，陸懋修，字九芝）所說的「陽明為溫病之藪」，之所以如此，
是因病證皆同樣為「發熱不惡寒，口渴心煩者」這些現象。因此可以判為陽明
病，也可以判為溫病，不用勉強去畫分。對於傷寒、溫病病證的畫分，太炎認
為不可「混淆太甚」，這樣對於辨證沒有幫助，但也不用「分別太緊」區分太
細，太細，臨證區分也不易，都不切於治病。當疾病為陽明病時，傷寒與溫病
就沒有差別。所以，如服桂枝湯後，大煩渴，接著用白虎加人參湯；或者服麻
黃湯後，蒸蒸發熱，接著用調胃承氣湯，這些都表示不必勉強區分傷寒、溫病。

4.3.2 不通傷寒，不能治溫

太炎曰：

溫病與傷寒異治，然《傷寒論》所說，本為廣義傷寒，中風、溫熱

悉在其中，故不通《傷寒論》，即亦不能治溫。〔註64〕

上小節已說不該截然劃分傷寒和溫病。接著，太炎用廣義傷寒把溫病包含在其
中。廣義傷寒在太炎來說，就是《難經》所云：「傷寒有五，有中風、有傷寒、
有濕溫、有溫病、有熱病。」所以此引文第一句中的傷寒是狹義傷寒，故說「溫
病與（狹義）傷寒異治」。但為了更能理解溫病，所以有必要了解溫病和其他
如中風、傷寒（狹義）、濕溫和熱病的區別。因此太炎下了個結論：不通《傷
寒論》，即亦不能治溫。太炎的傷寒為廣義傷寒，太炎也從仲景的生命史來證
明，太炎說：

但仲景書本是廣義，故盡稱為傷寒耳。要知《傷寒論》所包者廣，

即泛言五種傷寒，恐亦不能包括，何況太陽一種乎。觀仲景序論云：

宗族數百人，十年之中，病傷寒而亡者過半，則非一種傷寒可知。

又曰：雖未能盡愈諸病，庶可見病知源，若能尋余所集，思過半矣。

苟其中不涉溫病，何能思過半耶！總之，治外感症法，悉自《傷寒

論》出，可無疑義。〔註65〕

〔註63〕《章太炎全集（八）》（上海：上海人民出版社，1994），頁408～409。

〔註64〕《章太炎全集（八）》（上海：上海人民出版社，1994），頁205。頁165亦有
雷同字句。

〔註65〕《章太炎全集（八）》（上海：上海人民出版社，1994），頁156。

此段引文中，太炎強調在《傷寒論‧序》中知道，仲景十年中，親友數百個死了過半，因此不可能只有一種傷寒（狹義）而已，一定有溫病在其中，甚至《難經》中所云的五種傷寒「傷寒有五，有中風、有傷寒、有濕溫、有溫病、有熱病。」也不能充分說明廣義傷寒的範圍。所以太炎確定治外感症法，全部都可自《傷寒論》出。不僅溫病如此，熱病也如此。太炎曰：

> 《傷寒論》包舉五種傷寒，所說溫熱證治甚備。太陽篇稱發熱而渴，不惡寒者為溫病。陽明篇稱陽明外證，身熱汗自出，不惡寒反惡熱也。是知正陽陽明重者為熱病，微者為溫病。雖在太陽及太陽轉屬陽明者，苟在得病三日以內，而身不惡風寒，則皆溫病之屬，非世所謂傷寒化熱者也。〔註66〕

太炎從《宋本傷寒論》中，第179、181、182等條，考其病證，知道其證便是溫病，所謂「正陽陽明」此語出自第179條，相關條文文句如下：

第179條：

問曰：病有太陽陽明，有正陽陽明，有少陽陽明，何謂也？

答曰：太陽陽明者，脾約一云脾絡，康本作脾弱，是也。正陽陽明者，胃家實是也。少陽陽明者，發汗、利小便已，胃中燥、煩實，大便難是也。

第180條：

陽明之為病，胃家實一作寒是也。

第181條：

問曰：何緣得陽明病？

答曰：太陽病，若發汗，若下，若利小便，此亡津液，胃中乾燥，因轉屬陽明。不更衣，內實，大便難者，此名陽明也。

第182條：

問曰：陽明病外證云何？

答曰：身熱，汗自出，不惡寒，反惡熱也。

第183條：

問曰：病有得之一日，不發熱而惡寒者，何也？

答曰：雖得之一日，惡寒將自罷，即自汗出而惡熱也。

這幾條的條文，其病證和仲景在第6條所說溫病的病證相同，因此太炎甚為重

〔註66〕《章太炎全集（八）》（上海：上海人民出版社，1994），頁214。

視。其中正陽陽明被太炎視為熱病，熱病較輕微者，即溫病。太炎的判斷是「苟在得病三日以內，而身不惡風寒，則皆溫病之屬」，因此《傷寒論》確實可治溫病。

　　考察《康平本傷寒論》可以得知第179、181、182、183等條文，皆為降兩格，每行13字的後人追注，〔註67〕因此實不可輕信。唯有第180條為頂格書寫，為仲景原文，一般被視為陽明病題綱。因此把第179條說到太陽陽明、正陽陽明、少陽陽明等病證的判別來做為溫病的處理，其實有些微不妥。此是就版本而論也。但太炎的解決辦法確實是處理傷寒和溫病的一個重要方向。到今日，馮世綸等學者依然如此操作，從病證入手來處理，為可行之道。

4.3.3 溫熱病十八法十三方

　　太炎是個實事求是的學者，不空言，太炎常強調：「我欲載之空言，不如見之行事之深切著明也。」〔註68〕因此，他如把陽明視為熱病、陽明外證為溫病，認為「《傷寒論》所說，本為廣義傷寒，中風、溫熱悉在其中」，則如何在《傷寒論》中提出溫病的解決辦法，以此來解決傷寒、溫病之爭呢？太炎曰：

> 《傷寒論》包舉五種傷寒，所說溫熱證治甚備。……案大論所述，唯熱病徑直易知，若溫病則塗徑稍迂，凡有三式：其初起即發熱不惡寒而渴者，此溫病之正也。陽明惡寒，得延一日，發汗灼熱，始知風溫，以是為例，則有內蓄溫邪，外閉風寒，必先發汗解肌，然後溫象得以呈露，或雖發汗而熱轉趣裡者，此溫病之變態也。溫邪在內，風寒錮外，外不得解而內煩躁已甚者，又溫病之殊異者也。粗工不審，以第二式為傷寒化熱，第三式為傷寒陽盛，遂令溫病在太陽者失其的治，淆亂名實久矣。今捃取大論治溫熱諸條，分科而列，凡十八法十三方。〔註69〕

太炎此文的標題為〈論溫病十八法十三方〉，但據內容，其實分成「溫病九法十方」與「熱病九法三方」，合之當為「溫熱病十八法十三方」，是以本小節標

〔註67〕見李順保：《傷寒論版本大全‧康平本傷寒論》（北京：學苑出版社，2006），頁84。但此書此處排版錯誤，把第179、181、182、183等條文，皆印成頂格書寫，參《康平本傷寒論》原稿照相製版，為降格，每行13字之後人追注。

〔註68〕此言，太炎常說，如《章太炎全集（八）》（上海：上海人民出版社，1994），頁331。

〔註69〕《章太炎全集（八）》（上海：上海人民出版社，1994），頁214。

題為「溫熱病十八法十三方」。太炎認為《傷寒論》對於溫熱證的處理很齊備，不過，熱證寫得很清楚，溫病則沒有說得很清楚，他用「溫病之正」、「溫病之變態」、「溫病之殊異」三式（亦即三類型）來分類。若以病證而言，第6條：「太陽病，發熱而渴，不惡寒者，為溫病。」為依據，太炎認為整體溫病而言，太陽病、陽明病、厥陰病都有溫病證，太炎將其分類成：

1. 溫病九法十方

1.1 溫病之正：

　　244條：五苓散

　　28條：桂枝去桂加茯苓白朮湯

　　221條：梔子豉湯

　　222條：白虎加人參湯

　　223條：豬苓湯

1.2 溫病之變態

　　26條：先桂枝湯後白虎加人參湯

　　70條：先麻黃湯後調胃承氣湯

　　63條：先桂枝湯麻黃杏仁甘草石膏湯

1.3 溫病之殊異

　　38條：大青龍湯

2. 熱病九法三方（太炎沒有分類，此處以湯方來區分）

2.1 白虎湯熱證

　　219、350條：白虎湯

2.2 小承氣湯熱證

　　214、213條：小承氣湯

2.3 大承氣湯熱證

　　215、242、252、253、254條：大承氣湯〔註70〕

由以上，太炎條分縷析，可知傷寒溫病之爭於此可休矣。

〔註70〕《章太炎全集（八）》（上海：上海人民出版社，1994），頁215～217。

第五章　由章太炎《傷寒論》「腸窒扶斯」案例探討其匯通中西醫之可能

5.1 前言

　　本章將在前面第三章、第四章的基礎上,考察章太炎將其《傷寒論》思想應用在當時中西醫激烈衝突的情境中的狀況。稍微瀏覽《章太炎全集(八)》(醫論集)便可知道太炎當時對「腸窒扶斯」討論最多,可以知道太炎對此最為關注,因此本章便以此為主題。

　　太炎身處現代醫學崛起之時代,雖肯定傳統醫學之療效,但面對西醫解剖與細菌病原醫理遠優於傳統醫學之事實,太炎遂將傳統中醫與西醫接軌。當時中西醫論爭已方興未艾,與太炎採中西醫兼容並蓄者,亦有其人,如唐宗海(1851～1897)便被視為中西醫匯通的先驅,唐氏於 1894 年撰《中西醫書匯通五種》,內含《血證論》、《醫經精義》(又名《唐氏中西醫解》等)、《金匱要略淺註補正》、《本草問答》、《傷寒論淺註補正》五種醫書,成績頗夥。〔註1〕

　　章太炎(1868～1936)晚於唐氏 17 年,太炎亦致力於中西醫學之匯通,但是與唐氏有差別,主要是唐氏堅持五運六氣與五行生克之說。太炎則否定之,認為湯藥療法與運氣、五行無關。太炎接軌的方法為《傷寒論》與解剖生理學互解。在試圖接軌之思惟下,以《傷寒論》湯證解現代醫學之病名,將十

〔註 1〕參皮國立:《醫通中西——唐宗海與近代中醫危機》(台北:東大圖書公司,2006)。

二經脈解為解剖之動、靜脈。林政憲、蘇奕彰〈匯通式的轉折——論章太炎醫
學思想的轉變〉(以下簡稱〈林文〉)在某程度上同意太炎之中西醫學匯通模式,
他們的結論如下:

> 回顧了章太炎先生醫學思想的發展歷程,發現其脈絡始於以「臟腑
> 經絡之出入傳化」為軸心的傳統中國醫學結構,抵制金元以來僵化
> 的五行學說。面對當代西方醫學之挑戰與刺激,太炎吸收了許多解
> 剖學上的知識,並以柯琴六經分部的結構統整這些解剖知識,形成
> 其匯通思想的特色。不局限於解剖學層次,部分重要的焦點如「三
> 焦」與淋巴管線之匯通,太炎就十分具有創意的從生理、病理甚至
> 治療的層面進行比較參照,豐富了其匯通的工作內涵。雖然他曾自
> 述「臟腑經絡所論不得要領」,但是他的得意之作《猝病新論》中所
> 論述急性傳染病「腸窒扶斯」時所運用之醫學結構乃不脫傳統中醫
> 臟腑經絡體系。他肯定中醫之療效,也透過這樣的學術歷程,致力
> 於改進中醫,創造結合當代西方知識的匯通醫學。〔註2〕

在這段引文中,其實有幾點是可商榷的,例如說太炎的醫學脈絡始於「『臟腑
經絡之出入傳化』為軸心的傳統中國醫學結構」,其實太炎對經絡之出入變化
非常質疑,甚至到了否定的階段(請參 4.2.1 節),他的臟腑觀,也非傳統中醫
的臟象學說,而是西醫解剖生理學下的臟腑學說。又如〈林文〉說「急性傳染
病『腸窒扶斯』時所運用之醫學結構乃不脫傳統中醫臟腑經絡體系」,太炎討
論「腸窒扶斯」頻率非常高,說他不脫傳統中醫「六經辨證」比較準確,說他
「不脫傳統中醫臟腑經絡體系」則是可質疑商榷的。因為太炎已經脫離傳統中
醫的臟腑經絡體系了。試看太炎的醫論文章〈論腸窒扶斯即太陽隨經瘀熱在裏
並治法〉一文之名稱即可得知,太炎顯然是用《傷寒論》的六經辨證來處理「腸
窒扶斯」的,而非傳統中醫臟腑經絡體系(太炎之「經」指「經界」非「經脈」)。
本章將以「腸窒扶斯」為線索,深入探索。〔註3〕

〔註2〕 此為〈林文〉之結論,參林政憲、蘇奕彰:〈匯通式的轉折一論章太炎醫學思
想的轉變〉,《台灣中醫醫學雜誌》,第 10 卷第 3 期,2011 年 9 月,頁 37。
〔註3〕 另外,引文中說,太炎自述「臟腑經絡所論不得要領」,看起來好像是太炎對
自我的某種學說的蓋棺論定,其實不然,引文出自:「學林中〈醫術平議〉一
卷,昔年妄作。是時猶信《靈》、《素》、《甲乙》所論經脈流注,以為實然,故
所論不能得要領。由今思之,辨臟腑之方位,識經脈之起止,西人積驗而得之,
吾土雖嘗有解剖,久乃傳訛,不足以相奪」,參《章太炎全集(八)》(上海:
上海人民出版社,1994),頁 158。從這段引文可知,太炎認為〈醫術平議〉中

5.2 傷寒、溫病與溫疫之別

章太炎將「腸窒扶斯」判為

> 太陽隨經瘀熱在裏故也，……太陽隨經則小腸也。……夫以蓄血為
> 患，不先切痛，而先發熱，則必以漸化膿可知。今之腸窒扶斯，即
> 此證也。〔註4〕

> 近日本醫以遠西所謂「腸窒扶斯」譯為「傷寒」，因其病亦是七日一
> 期，頗有相似，究未確當，其實乃為吾國《傷寒論・太陽篇》中之
> 抵當湯證也。〔註5〕

章太炎以中西醫學匯通模式譯「腸窒扶斯」之病名，但太炎言此「經」字非指足太陽膀胱經脈，而是指部位；其蓄血在「裏」是指小腸，亦非指足太陽經之膀胱腑。太炎1910年雖曾言「遠西言小腸炎，為手太陽之府（引者注：同腑）。」〔註6〕但1924年《猝病新論》改變思惟，並能辨別湯方與針灸療法之差異，故云「其言臟腑經脈最妄者，如以手足分十二經，謂自與臟腑相連，……仲景書不說經脈流注」〔註7〕、「《傷寒論》所以分六部者，各有所繫，名目次第雖襲《內經》，固非以經脈區分也。」〔註8〕。太炎既已確認《傷寒論》不講經脈，又否定經脈內繫臟腑之事，自不會再以手太陽經之小腸腑詮釋腸窒扶斯為抵當湯證。太炎詮釋腸窒扶斯時所運用之醫學結構並非基於傳統中醫臟腑經絡體系。〈林文〉誤將太炎早年思惟冠作其論述腸窒扶斯之基礎。〈林文〉也無說明腸窒扶斯「湯方療法」與臟腑經絡體系「針灸療法」之差異。「湯方療法」屬內治法，「針灸療法」屬外治法，兩種療法不應混淆。太炎解十二正經相當於動、靜脈血管；又解奇經八脈相當於神經系統。〈林文〉說太炎按臟腑經脈成就中西醫學匯通模式，是可商榷的。

明末吳有性（1582～1652，字又可）於1642年撰《溫疫論》，因於當時疫

肯定經脈的說法是不正確的，現在所論的經脈思想才是正確的。「臟腑經絡所論不得要領」並非某種對太炎經脈思想的最終自我判定。要加以說明的是，由於筆者非臨床醫師，因此下文有些臨床的觀察，乃請教執業30年，鐵椎中醫診所之陳淼和中醫師，謹此致謝。

〔註4〕《章太炎全集（八）》（上海：上海人民出版社，1994），頁223～224。
〔註5〕《章太炎全集（八）》（上海：上海人民出版社，1994），頁404。
〔註6〕《章太炎全集（八）》（上海：上海人民出版社，1994），頁24。
〔註7〕《章太炎全集（八）》（上海：上海人民出版社，1994），頁286。
〔註8〕《章太炎全集（八）》（上海：上海人民出版社，1994），頁189。

氣流行，死者無數，提出治療瘟疫應異於仲景傷寒之觀念，創達原飲（檳榔、厚朴、草果、知母、黃芩、芍藥、甘草七味藥）以治疫氣初起者。其《溫疫論》云：

> 崇禎辛巳（注：1641 年）疫氣流行，山東、浙省、南北兩直，感者尤多，至五、六月益甚，或至闔門傳染。始發之際，時師誤以傷寒法治之，未嘗見其不殆也。或病家誤信七日當自愈，不爾十四日必瘥，因而失治，有不及期而死者；或妄用峻劑，攻補失序而死者；或遇醫家見解不到，心疑膽怯，以急病用緩藥，雖不即受害，然遷延而致死，比比皆是。所感之輕者，尚獲僥倖。感之重者，更加失治，枉死不可勝計。〔註9〕

> 嘗見發熱者，原無瘀血；有瘀血者，原不發黃。所以發黃，當咎在經瘀熱，若專治瘀血誤也。胃移熱於下焦氣分，小便不利，熱結膀胱也。（胃）移熱於下焦血分，膀胱蓄血也。小腹鞭滿，疑其小便不利，今小便自利者，便為蓄血也。胃實失下，至夜發熱者，熱留血分，更加失下，必致瘀血。初則晝夜發熱，日晡益甚。既投承氣，晝日熱減，至夜獨熱者，瘀血未行也，宜桃仁承氣湯。服湯後，熱除為愈。或熱時前後縮短，再服再短，蓄血盡而熱亦盡。大勢已去，亡血過多，餘焰尚存者，宜犀角地黃湯調之。至夜發熱，亦有瘴瘧，有熱入血室，並未可下，宜審。……按傷寒太陽病不解，從經傳腑，熱結膀胱，其人如狂，血自下者愈。血結不行者，宜抵當湯。今溫疫起無表證，而惟胃實，故腸胃蓄血多，膀胱蓄血少。然抵當湯行瘀逐蓄之最者，無分前後二便，並可取用。然蓄血結甚者，在桃仁力所不及，宜抵當湯。蓋非大毒猛厲之劑，不足以抵當，故名之。然抵當證，所遇亦少，此以備萬一之用。〔註10〕

以上兩段引文，由第一段吳有性的描述，可知清代頗多大範圍、嚴重的傳染病。而這傳染病，醫家或用傷寒法、或用峻劑攻補失序、或心疑膽怯緩藥治疾病，造成不可勝計的枉死者。第二段討論熱結膀胱，瘀血未行，輕者桃仁承氣湯，

〔註 9〕吳又可著、曹東義、杜省乾校注：《溫疫論譯注·自序》（北京：中醫古籍出版社，2004），頁 27～28。

〔註10〕吳又可著、曹東義、杜省乾校注：《溫疫論譯注·蓄血》（北京：中醫古籍出版社，2004），頁 76～77。

重者抵當湯，可和太炎認為「腸窒扶斯即太陽隨經瘀熱在裏、其實乃抵當湯證」
相討論，故置於此。

　　在分析這兩段引文時，先借用和田啟十郎《醫界之鐵椎》一書中的「病勢」
概念，做為討論的基礎。此書太炎曾經閱讀過，並推介友人閱讀。〔註11〕和田
啟十郎在此書中，借用「病形」與「病勢」來說明疾病的特色。和田說：

> 病有「病形」與「病勢」。病勢者首先呈現而多變，病形者隨後形成
> 而固定。……腸窒扶斯（按 Typhus 腸傷寒。異於中醫之外感傷寒）
> 有腸窒扶斯之型式，赤痢有赤痢之型式，此謂病形。凡病逐漸醞釀
> 而最終化為某固定之型式者稱為病形，其間盛衰之演變則稱為病勢。
> 病形依病症形式來診斷，治法則依病勢盛衰來決定。故治療非通曉
> 病形與病勢之理不可。今洋醫獨占之主流醫學，雖具備「病形」論，
> 然而卻缺乏「病勢」論。余個人認為漢方與洋方之治療大異其趣，
> 洋醫注重解剖化驗，眼見為信以探其病原，力求一味特效藥之發明，
> 以圖謀消滅病原。漢醫則診斷其證候，用多味藥組成之湯方療效，
> 以圖掃除各種障（按以求恢復軀體之平衡）。故洋醫對「病形」極其
> 細微詳盡，而疏忽「病勢」。相反的，漢醫對「病形」雖然不夠詳備，
> 但是對於「病勢」之研究卻十分周詳。……陰陽、表裏、虛實等皆
> 為《傷寒論》所依據；……病勢區分為陰陽、虛實、表裏內外、主
> 客本末、輕重、順逆共六種，凡此六種之「一」呈現異常時，則疾
> 病生焉。然而開方治病時，所考慮之因素卻不能單獨偏限於此六種
> 之「一」，所以「病勢」有必要加以（按整體）研究論述。〔註12〕

在此段引文中，和田認為疾病有病形與病勢兩種性質。病形指的是指邪氣所呈
現之病狀也。所謂病勢者，指邪氣所發展之趨勢也。他認為陰陽、表裏、虛實
等皆為《傷寒論》所依據。換句話說，和田比較偏於用八綱辨證來分析《傷寒
論》，所謂八綱辨證就是陰陽、表裏、寒熱、虛實來分析疾病情態。〔註13〕但

〔註11〕《章太炎全集（八）》（上海：上海人民出版社，1994），頁142。下文有解說。
〔註12〕和田啟十郎：《醫界之鐵椎》（東京：中國漢方株式會社，昭和49年（1974年）），
　　　　上篇〈病勢論〉，譯文參考 http://tw.myblog.yahoo.com/tcm-yes/article?mid=168&
　　　　page=0#924「樸質的中醫漢方」網站，為陳淼和先生翻譯，2013年4月26日查詢。
〔註13〕一般都是用八綱辨證來分析《傷寒論》中的六經辨證，李培生說：「六經辨證，
　　　　是《傷寒論》辨證論治的綱領，八綱辨證，是對一切疾病的病位和證候性質關
　　　　係的總蓋括，二者的關係是不可分割的。」參李培生主編：《傷寒論》（台北：
　　　　知音出版社，1999），頁6。

他又不限於此，他擴大為陰陽、虛實、表裏內外、主客本末、輕重、順逆共六種，由此來考慮病勢的變化。〔註14〕

有了病勢的觀念，接下來論述吳有性的引文。

清朝發生數次重大疫疾，在吳有性《溫疫論》之帶動下，形成所謂之溫病四大家：葉天士（1666～1745）、薛生白（1681～1770）、吳鞠通（1758～1863）、王孟英（1808～1868）。疫疾或稱為瘟疫，瘟疫有寒熱之別，罹患者之病勢多朝陽發展者，稱為「溫疫」；病勢多朝陰發展者，稱為「寒疫」。即瘟疫基本上可分為「溫疫」與「寒疫」兩類。瘟疫突發流行，沿街傳染，致死者眾，其病原異於太陽病之傷寒（相當於現代醫學稱之感冒、流行性感冒）。瘟疫則屬現代醫學之惡性、急性傳染病。僅管現代醫學發達，但是瘟疫仍年年不斷，近年即爆發 H3N3、H7N9 等急性傳染病。《傷寒論》之「溫病」不是指「瘟疫」或「溫疫」。在古文中，「疫」與「役」同音通假，「瘟役」即「瘟疫」。按「溫」與「瘟」同音通假，「溫疫」即「瘟疫」，《傷寒論》中第 6 條條文：「太陽病，發熱而渴，不惡寒者，為溫病。」《宋本傷寒論》、《康平本傷寒論》等條文雖無出湯方，但是陳淼和先生指出《千金要方·傷寒卷上》有「解肌湯治傷寒溫病。方為：葛根四兩、麻黃一兩、黃芩、芍藥各二兩、大棗十二枚。」陳先生說：

> 宋本、康本、成本、玉函等遺漏此條解肌湯，傷寒學派者又未參見《千金要方》，對此多啞口無言。事實上，《千金要方》傷寒論篇明言「解肌湯」主治傷寒溫病；知研究傷寒論須多本互校。……解肌湯即黃芩湯減黃芩一兩，加葛根四兩起陰氣，另加麻黃一兩開表而得。筆者驗之療效極佳，卻無人提及解肌湯。而清朝溫病學家多集中於江浙、閩南一帶；而習以辛涼解表取勝。事實上，閩南、台灣主以麻黃湯及桂枝湯治外感之病人亦多。但是台灣近年來生活習慣多晚睡，營養過度而缺乏運動，溫熱體質者漸增。筆者粗估臨床約有五成外感者須主以解肌湯加減。外感病人須先問診是否口渴？惡

〔註14〕由病勢的觀念來看《傷寒論》，則可知：「病勢朝陽發展者有陽明病與溫病，病勢朝陰發展者有太陽病、少陽病與三陰病。病勢朝陰者以扶陽為先，病勢朝陽者以救陰為急。扶陽而屬一般體質者，為太陽病與少陽病；扶陽而體質偏寒者，則為三陰病。救陰而體質偏溫者，則為溫病；救陰而體質偏熱者，則為陽明病。」參陳淼和、鄭文偉：〈湯方辨證依據陰陽病勢而無關五行學說〉，《中醫藥研究論叢》，第 13 卷第 1 期，2010 年 3 月，頁 12。

寒？再望舌質乾濕？脈象有無硬挺之直線感？即可區隔溫病與太陽
病。溫病乃體質偏熱者得風寒外感。不能強以春溫、伏病等來詮釋
溫病。〔註15〕

由以上，可知《傷寒論》之「溫病」相當於現代醫學之感冒、流行性感冒。溫
病異於瘟疫（含溫疫、寒疫兩類）。突顯「溫病學派」以區隔「傷寒學派」者
意義不大，太炎認為應當以傷寒攝溫病（參 4.3 節）。章太炎出生於王孟英去
世之隔年（1869），當時江南一帶等鼠疫、霍亂、Typhus、Typhoid、瘧疾、痢
疾……等猖獗傳染。清朝時期由於溫病學派取得主流地位，晚清時期更達於高
峰，攻擊桂枝、麻黃等湯無法治溫病。一方面現代醫學逐漸萌芽，細菌解剖等
取代中醫抽象之「邪氣」、「經絡」（詳下文）。又自 1714 年秦之楨（約與葉天
士同時代）撰《傷寒大白》主張：「南方無正傷寒，麻黃、桂枝僅可用於北方
冬月。」〔註16〕流風所及以訛傳訛更說「南方無傷寒」。主客觀讓《傷寒論》
在江南幾乎被貶為無用之學。太炎在此惡劣情勢下獨尊《傷寒論》，刻意要以
其湯方證候與瘟疫之病名對應，雖未必恰當但可見其苦心。太炎對《傷寒論》
溫病之見解，基本上頗為正確，其〈論溫病十八法十三方〉云：

> 太陽病篇稱發熱而渴，不惡寒者，為溫病。陽明病篇稱陽明外證，
> 身熱汗自出，不惡寒，反惡熱也。是知正陽陽明重者為熱病，微者
> 為溫病。雖在太陽及太陽轉屬陽明者，苟在得病三日以內，而身不
> 惡風寒，則皆溫病之屬，非世所謂傷寒化熱者也。〔註17〕

上文中，太炎不從病因，乃從病證入手，說明溫病為陽明外證，這是 4.3 節已
說明其恰當性的。太炎國學師從俞樾，俞樾稍通醫學，居於蘇州，蘇州醫師好
以瓜果入藥而效不彰。俞樾之母親、妻子、長子全死於蘇州醫師之誤診，俞樾
不責醫師之誤診，反怪中醫之無用，而力言廢除中醫。太炎替其師緩頰，言俞
樾譏諷近世醫師，專持寸口以求病因，……斯起醫，非廢醫也。〔註18〕太炎涉
獵國學甚深而花費多時間，一方面又奔走宣傳革命，三次入監長達約五年，流
亡日本約六年，加上另忙於興辦醫學教育等，故實際從事中醫臨床經驗不多，
整體來說，太炎論醫理文獻重於臨床。太炎常被患病日期鎖住辨證之思惟。溫

〔註15〕陳淼和：《傷寒卒病論台灣本》（台北：集夢坊出版社，2008），頁 7。

〔註16〕此乃原文撮要，參秦之楨：《傷寒大白·傷寒熱病總論》（北京：人民衛生出版
社，1982），頁 1～3。

〔註17〕《章太炎全集（八）》（上海：上海人民出版社，1994），頁 214。

〔註18〕參《章太炎全集（八）》（上海：上海人民出版社，1994），頁 23。

病非以得病三日作為診斷關鍵，腸窒扶斯也不能固定以七日為期而對應某湯方，患病日期不能機械式地作為中醫診療關鍵。

總結來說，狹義傷寒指的是專門「發熱、惡寒」的外感風寒疾病。廣義傷寒指的是一切外感疾病（參 4.2.3 小節），而溫病類似太陽病，條文曰：太陽病發熱而渴，不惡寒者，為溫病。至於溫（瘟）疫則是急性傳染病。吳有性的第二段引文其中所描述的疾病，是民國初年討論頗多的「腸窒扶斯」，是屬於溫（瘟）疫之一種。底下便討論「腸窒扶斯」。

5.3「腸窒扶斯」入華的歷史

太炎雖認同現代醫學之細菌解剖等實證診斷，但對現代醫學之療效則持負面看法。[註19] 太炎並非浸淫文史國學就濫情傳統中醫，他仍保持其經驗主義的懷疑考察精神。其中流亡日本影響頗大。太炎先後東渡日本三次，前兩次共住約五個月，第三次由 1906 年 6 月 29 日至 1911 年 11 月 3 日，約五年四個月。第三次久留日本與其在上海租界地區入獄兩年多有關。太炎先後三次入獄，據孫風華考證，太炎 1903 年 6 月 30 日於上海公共租借內因《蘇報》宣傳革命被捕，清朝欲引渡處決被拒，而由公共租借當局判刑，入監時間為 1904 年 5 月至 1906 年 6 月。太炎出獄後隨即東渡日本，興辦《民報》繼續宣揚革命，清朝則透過日本予以施壓，日本政府以擾亂社會次序為名義，而於 1908 年 11 月 26 日在東京收押太炎，1908 年 12 月 12 日被判罰金 50 日元並廢止《民報》刊行。太炎拒繳罰金，故改判拘於勞役場 115 天，太炎女婿透過魯迅趕急代繳罰金，故太炎僅入監一天。第三次太炎被中華民國袁世凱總統軟禁於北京，時間為 1913 年秋天至 1916 年 6 月 25 日。[註20]

太炎早期醫論〈醫術平議〉刊於日本東京《學林》1910 年第二冊。同年七月和田啟十郎（1872～1916）《醫界之鐵椎》於東京出版，太炎應是隔年 1911 年才見到此書。1911 年 9 月 27 日太炎從東京寄信給上海之錢玄同。信中云：

〔註19〕參本文 2.3.2 節。太炎這個觀察是正確的，西醫一直要到 40 年代抗生素（青黴素 Penicillin）出現並確立療效後，才能有效對治。參 Roy Porter 著、張大慶等譯：《劍橋醫學史》（長春：吉林人民出版社，2000），頁 424～425、433～439。

〔註20〕參孫風華：〈章太炎「三入牢獄」前後的抗爭〉，《文史春秋》，2011 年第 11 期，頁 4～10。

日本近有一醫作《醫界鐵椎》一書，言西醫論病至詳，療病至短，
正為反比例。其書已寄旭初矣。又嘗觀西人用藥，主任惟在一味，
其它惟以制毒解臭，無相互輔助之良，殊知藥不知方者。世人謂其
化分精審，善知藥物本能，究之無機礦物，易以化分而驗其用。有
機動植諸物，質用懸殊，雖化分亦不可解。藥性本以取效而知，非
可玄說其理，就令求得有某成分，而某成分何以有此效用，亦惟依
於習見，其理總不可求。〔註21〕

上文對照《醫界之鐵椎》（太炎譯為《醫界鐵椎》），得知信中雖然沒有提到和
田之名字，亦不言上述語句是引用和田者，但可得知太炎對藥物、湯方吸收和
田之觀點。五年後（1915）和田增補內容而為第二版，內錄和田腸窒扶斯醫案
兩則，太炎應無見之，否則見解或有轉折，因為和田的兩個成功腸窒扶斯醫案
並沒有使用太炎強調的抵當湯（詳下文）。

　　Typhus 或稱為 Typhus Fever。德文 Typhus 語源自拉丁文 Typhos，意為晦
暗、朦朧。其描繪 Typhus 者眼神多呆滯、精神倦怠、譫語、意識模糊，或形
容此病病原不明而苦無對策之意。Typhus 之音譯為「窒扶斯」。病人初起多有
發熱惡寒、頭痛、倦怠等類如太陽病之「傷寒」。又皮膚軀幹多呈現有「斑疹」，
故以其病狀合譯為「斑疹傷寒」。按太陽病之「傷寒」相當於今日之感冒、流
行性感冒，經年常見，致死率低。而突然爆發，沿街傳染「斑疹傷寒」則歸於
瘟疫之範圍。故「斑疹傷寒」異於太陽病之「傷寒」。早在 1812 年拿破崙東征
俄羅斯時，即因軍隊 Typhus 猖獗而軍力大衰。Typhus 可分為流行性斑疹傷寒
（Epidemic Louseborne typhus 傳染方式為：人──蝨──人）與地方性斑疹傷
寒（Endemic Fleaborne typhus 傳染方式為：鼠──蚤──人）兩類。皆為由立
克次體（Rickettsia，以細胞內共生體形式存在，歸類為細菌）所引起之急性傳
染病。流行性斑疹傷寒死亡率較高，為 10～40%。地方性斑疹傷寒者死亡率
很低。〔註22〕

　　關於 Typhus 之傳染媒介，1909 年法國細菌學家 Charles Jules Henri Nicolle
確認體蝨（俗稱 body louse，學名 Pediculus humanus corporis），並於 1928 年
獲諾貝爾生理醫學獎。而 Typhus 之病原則於 1909 至 1910 年間，由美國病理

〔註21〕《章太炎全集（八）》（上海：上海人民出版社，1994），頁 142。
〔註22〕參王守義：〈斑疹傷寒的診斷和治療（上）〉，《基層醫學論壇》，2005 年第 1 期，
　　　　頁 70～71。王守義：〈斑疹傷寒的診斷和治療（下）〉，《基層醫學論壇》，2005
　　　　年第 2 期，頁 144。

學家 Howard Taylor Ricketts 確定一種新品種菌類為傳染病原（按立克次體之名即為紀念 Ricketts 氏），不幸其於 1910 年研究期間身故於 Typhus 感染。

Typhoid（現代醫學訛譯為傷寒、腸傷寒）或稱 Typhoid Fever（訛譯為傷寒熱）也是一種急性傳染病。按希臘文字尾-oid 為-oidea 之省稱，源自古希臘文-eidos，本指「形狀」，後引申作類似之意。例如 metal 譯為金屬，而 metalloid 即指類似金屬之意。病者身體亦會出現玫瑰色斑（rose spot），很類似 Typhus 之症狀。又病者罹患兩病在神經系統所呈現之症候群頗為類似。故理應命名為 Typhus-oid。因為德文 Typhus 語源為拉丁文 Typhos，再加上希臘文「類似」之字尾-oid，兩者相併為：Typhos-oid，節其發音即得 Typhoid 病名。

Typhoid 藉由蒼蠅、跳蚤、蟑螂、老鼠等媒介，透過糞便，尿液等而經口、鼻傳染，飲用水之汙染更是主因。病甚者腹部痛劇、導致腸穿孔出血，激烈腹瀉而死亡。1907 年廚師瑪莉帶原 Typhoid，爆發著名的傷寒瑪莉（Typhoid Mary）傳染事件，造成 53 人感染、3 人死亡。1914 年塞爾維亞因 Typhoid 流行傳染，半年內有 15 萬人死亡。1934 年和 1937 年，西藏爆發兩次 Typhoid 流行傳染，數千人死亡。1972 年墨西哥 Typhoid 流行傳染，約有一萬四千人死亡。另有副傷寒桿菌所引起之「副傷寒（Paratyphoid Fever）」，亦屬沙門氏桿菌所引起。〔註 23〕

維基百科登載 1855 年日人緒方郁藏《療疫新法》首先將 Typhoid 譯為腸窒扶斯。〔註 24〕按此句話有語病，應更正作：「……緒方郁藏《療疫新法》首先將 Typhus abdominalis 譯為腸窒扶斯。」又「腸」為「腸」之古字，其為病位腹部 abdominalis 之訓譯。「窒扶斯」則為 Typhus 之音譯。故「腸」與「窒扶斯」共 4 個字必須連在一起稱呼。即緒方氏是以「Typhus abdominalis」（非以 Typhoid）對譯作「腸窒扶斯」。1937 年日本官方才引進 Typhoid 一詞而改換原文，但是日文音譯卻維持不變，只將「腸窒扶斯」後 3 漢字以片假名音譯而作：腸「チフス」。造成 Typhoid 與腸「チフス」對譯（外來語讀音異於原文）之矛盾。〔註 25〕

〔註 23〕 鄭舒倖：〈傷寒及副傷寒〉，《台灣衛生雙月刊》，第 360 期，1998 年 6 月，頁 5～8。並參 https://zh.wikipedia.org/wiki/%E4%BC%A4%E5%AF%92，2023 年 8 月 25 日查詢。

〔註 24〕 參 http://zh.wikipedia.org/wiki/%E4%BC%A4%E5%AF%92，2023 年 8 月 25 日查詢。

〔註 25〕 參皮國立：〈民國時期中西醫詮釋疾病的界線與脈絡：以「傷寒」為例的討論〉，《科技醫療與社會》，第 11 期，2010 年 10 月，頁 25～88。此文後來收入皮

1935 年邵餐芝《素軒醫語》云:「與腸窒扶斯相似之傳染病,尚有發疹窒
扶斯,據李氏《近世傷寒病學》(注:李棻醫師 1933 年撰),腸窒扶斯之原名
當作 Typhoid fever。其 Typhus fever 一名,則屬發疹窒扶斯。」〔註26〕按先有
病名 Typhus,而後才有病名 Typhus abdominalis(Typhoid)。且腸窒扶斯之原
文當作 Typhus abdominalis。故上句應更正作:「與發疹窒扶斯相類似之傳染病,
尚有腸窒扶斯,腸窒扶斯之原名當作 Typhus abdominalis。其 Typhus 一名,則
屬發疹窒扶斯。」即 Typhus 為主,Typhus abdominalis(Typhoid)為從。

余無言 1954 年云:「Typhus 是德國用語,Typhoid 則是英國用語。」〔註27〕
按余無言將 Typhus 與 Typhoid 視為同一病名,從上文可知其見有誤。皮國立
先生或受余無言之誤導,又無探討字尾-oid 釐清兩病名差異之主從關係,導致
誤以為日人最早是以 Typhus 對譯「腸窒扶斯」,其辯日人不以 Typhoid 對譯
「腸窒扶斯」,僅是德國、英國用語之差異而已。皮先生云:

> 近代日本就是以 Typhus 來譯成代表現今意義所謂之傷寒(Typhoid),
> 這與後來認知的名詞定義是有差距的。又根據余無言(1900~1963)
> 的說法:「Typhus 是德國用語,Typhoid 則是英國用語。」日本早期
> 會引用德語 Typhus 一詞,與以德國醫學為主流之日本醫界之發展背
> 景相符。若不做這樣一個疾病名稱演進史之考察與對照,現代定義
> (Typhus,斑疹傷寒)會帶往錯誤理解歷史的方向。〔註28〕

按最初日本是以 Typhus abdominalis(而非 Typhus),官方先譯為腸窒扶斯,
1937 年改譯為腸「チフス」。從 1855 年緒方郁藏將 Typhus abdominalis 譯作腸
窒扶斯可徵。即當初緒方氏對譯之原文非 Typhus,亦非 Typhoid,而是 Typhus
abdominalis。皮先生遺漏 abdominalis 一字,又受余無言誤導,以致整段解讀
錯誤。

國立:《「氣」與「細菌」的中國醫療史——民國中醫外感熱病學析論》,台北:
台灣師範大學歷史學研究所博士論文,2011。博士論文後出版為皮國立:《「氣」
與「細菌」的近代中國醫療史:外感熱病的知識轉型與日常生活》(台北:國
立中國醫藥研究所,2012),頁 103~137,尤其是 106~112。

〔註26〕邵餐芝:《素軒醫語》,收入陸拯主編:《近代中醫珍本集——醫話分冊》(杭
州:浙江科學技術出版社,1994),頁 645。

〔註27〕參余無言:《傳染病新論第一集:濕溫傷寒病篇》(上海:余擇明診所,1954),
頁 3。

〔註28〕皮國立:《「氣」與「細菌」的近代中國醫療史:外感熱病的知識轉型與日常生
活》(台北:國立中國醫藥研究所,2012),頁 109。

英國劍橋大學 Kenneth F. Kiple、英國牛津大學 Mary J. Dobson，一致云法國醫師 Pierre Charles Alexandre Louis 於 1829 年提出 Typhus 應分有兩種，而發明出 Typhoid 這病名（注：即 Typhus-oid 或 Typhos-oid，字義為類似 Typhus 症候群。）並單獨將 Typhoid 列為一種疾病。1837 年 2 月，美裔德籍 William Wood Gerhard（注：即上述法國醫師的學生）根據其在法、英、美三地行醫之經驗，明確提出兩病在症狀鑑別診斷上存有顯著差異（Which clearly distinguished for the first time that typhus and typhoid……。）按即確認 Typhoid 與 Typhus 之病原不同，但尚未予以定性。其將研究成果發表於醫學雜誌「American Journal of Medical Sciences」（注：全球三大最權威醫學雜誌 JAMA 之前身）。按同時另有英國皇室御醫 William Jenner、英國流行病學家 William Budd，兩位醫師也提出類似報告，不過以 Gerhard 之論文影響力最大，故醫學史教材皆提及 Gerhard 等三人。約 1880 年德國病理與細菌學者 Karl Joseph Eberth 發現沙門氏桿菌（學名 Salmonella enterica serovar Typhi），終於定性出 Typhoid 之病原。本研究依時間次序整理出：

1490 年第一例 Typhus 罹患者出現於西班牙。

1829 年法國醫師 Louis 懷疑 Typhus 應分有兩種，而發明出 Typhoid 這病名。

1837 年 2 月 Gerhard 最早確認 Typhus 與 Typhoid 之症狀鑑別診斷不同。

1855 年日人緒方氏選擇 Typhus abdominalis（非為 Typhoid）譯作腸窒扶斯。

1880 年 Eberth 發現 Typhoid 之病原為沙門氏桿菌。

1890 年福島縣衛生科分別譯有腸窒扶斯病、發疹窒扶斯病（即 Typhus）。

1895 年～1945 年台灣於日本統治時代譯名為腸窒扶斯。

1908 年上海丁福保將腸窒扶斯對譯為傷寒。

1910 年東京和田啟十郎將腸窒扶斯對譯為傷寒。

1923 年日本內務省譯為腸窒扶斯，或譯為腸「チフス」。

1933 年金澤醫科大學十全會將 Typhus 對譯為發疹チフス。

1937 年日本將腸「チフス」之原文 Typhus abdominalis 改換作 Typhoid Fever。

1937 年後日本官方對譯作：腸「チフス」（Typhoid）、發疹チフス（Typhus）。

1946 年至今台灣官方對譯作：傷寒（Typhoid）、斑疹傷寒（Typhus）。

約 1950 年至今中國官方對譯作：傷寒（Typhoid）、斑疹傷寒（Typhus）。

約 1954 年日本、中國、台灣官方皆已不再使用腸窒扶斯之譯名。

2013 年日本傷寒病名係專指中醫之傷寒，其與 Typhus 或 Typhoid 無關。

2013 年台灣、中國皆有中醫傷寒與西醫傷寒之病名，但兩病名定義不同。

按因為 Typhoid 之病位主要是著於腹部，故又稱為 Typhus abdominalis，藉以與 Typhus 作病名鑑別。即 Typhoid 之命名著於其與 Typhus 病狀相類似，故以-oid 附加於字尾來作主從關係。而 Typhus abdominalis 之命名則在與 Typhus 作病位鑑別。1937 年日本內務省將 Typhus abdominalis 對譯之原名改換 Typhoid 來取代，造成腸「チフス」與 Typhoid 對應。此對譯並不吻合外來語之音譯。又 Typhoid 病名引進日本之時間應晚於 Typhus abdominalis 83 年（分別為 1855 年與 1937 年引進日本）。

1937 年隨者日本官方對譯作：腸「チフス」（Typhoid）之後，以「腸窒扶斯」對譯之病名則漸次消失，多被腸「チフス」所取代。假設約於 1954 年無再使用此病名，則從 1855 年發明「腸窒扶斯」之譯名算起，此病名之壽命剛好 100 年。

日本 1877 年音譯為泰斐士症、1889 年音譯為質扶斯。如果依音譯「泰斐士症」與「質扶斯」之病原應指 Typhus 立克次體，非為 Typhus abdominalis 的沙門氏桿菌。其將 1855 年緒方氏所譯之「腸窒扶斯」4 個字拆離「腸」字，而只剩下 3 字。窒扶斯、泰斐士、質扶斯皆是 Typhus 之音譯。造成原病名 Typhus abdominalis 殘存作 Typhus，已異於原病名之定義。故此兩譯名錯誤。見表 5.1 之序號 1、2：

1890 年福島縣與 1891 年內閣記錄局同時譯有：腸窒扶斯病、發疹窒扶斯病。按「腸窒扶斯病」即 Typhus abdominalis（病原為沙門氏桿菌）。而「發疹窒扶斯病」則為 Typhus（病原為立克次體）。見表 5.1 序號 3、5：

1893 年後藤新平譯名為：窒扶斯バチルレン（Typhusbacillen）。按後藤新平（1857〜1929，曾任台灣總督府民政長官）為留德醫學博士，窒扶斯バチルレン為德文 Typhusbacillen 之音譯，其即沙門氏桿菌。很特殊地將細菌名稱對譯於病名中。見表 5.1 序號 6：

1899 年明治生命保險株式會社譯為：腸窒扶斯（Typhus abdominalis）。按其翻譯與 1855 年緒方氏相同。見表 5.1 序號 7：

1923 年內務省衛生局譯名為：腸「チフス」、腸窒扶斯。按「チフス」為

片假名音譯者，現日本政府皆以片假名作為外來語之統一音譯。特別說明並非
作：「腸チフス」，而是作：腸「チフス」。單獨將「腸」列於引號外，表示「腸」
字並非音譯。又原「腸」字已改為現代字「腸」。見表 5.1 序號 10：

1937 年內務省衛生局譯名為：腸「チフス」（Typhoid Fever）。按官方以英
文對照，終於固定為正式之譯名。見表 5.1 序號 11：

上述之病名翻譯還有許多細節，因限於時間，本研究者無法全部釐清。今
摘錄皮國立〈傷寒（Typhoid Fever）日本譯名演進表〉如表 5.1。

表 5.1　傷寒（Typhoid Fever）日本譯名演進表

序號	病名翻譯	資料出處
1	泰斐土症	內務省衛生局編，《虎列剌病流行紀事》，東京：衛生局藏版，1877 年。頁 4。
2	質扶斯	エステルレン著／吳三秀譯《醫學統計總論》（總文原版），東京：文昌堂，1889 年，頁 35。
3	腸室伏斯病：發疹室扶斯病	福島縣第二部衛生科，《第九次衛生年報（自明治二十一年一月至明治二十一年十二月）》，出版同編者，1890 年，頁 41。
4	腸室伏斯	松井彥三，〈腸室伏斯病人糞便研究〉的《陸軍軍醫學會雜誌》（1890）。引自陸軍軍醫學校編，《陸軍軍醫學校五十年史》，東京都：不二出版，1988 年，頁 391。
5	腸室伏斯：發疹室扶斯	內閣記錄局編輯，《法規分類大全第一篇》，出版同編者，1891 年，頁 13～14。
6	室伏斯「パチルレン」（Typhusbacilleb）	後藤新平翻譯，《微菌圖譜》（德文原版），東京：東京築地活版製造所，1893 年，8 頁與第八表。
7	腸室扶斯（Typhus abdominalis）	明治生命保險株式會社本店篇，《死亡統計表》，東京：同編者，1899 年，頁 9。（根據日本一家保險公司的被保險人之統計，在 1881 至 1898 年間腸室扶斯的死亡率佔日本疾病死亡榜的第三名，僅次於肺癆和腦溢血，高於虎列剌和赤痢）。
8	腸室扶斯	內閣統計局編，《衛生統計ニ關スル描畫圖立統計表》，東京：東京統計協會出版部，1911 年，第十一圖版。
9	腸室扶斯	內務省保健衛生調查會編，《保健衛生調查會第二回報告書》，東京：保健衛生調查會，1917 年，頁 58。

| 10 | 腸「チフス」或腸窒扶斯 | 內務省衛生局編，《腸「チフス」豫防參考資料》，東京：王子印刷株式會社，1923 年，頁 1。 |
| 11 | 腸「チフス」
（Typhoid Fever） | 內務省衛生局，《法定傳染病統計》，東京：行政學會印刷所，1937 年，頁 16。 |

此表引自皮國立：《「氣」與「細菌」的近代中國醫療史：外感熱病的知識轉型與日常生活》（台北：國立中國醫藥研究所，2012），頁 108。

　　章太炎最先將《醫界之鐵椎》之初版引進中國。此書共有四版，丁福保（1874～1952）於 1911 年以文言文翻譯《醫界之鐵椎》之初版，由上海文明書局出版，1930 年上海醫學書局再版。雖然初版內容較少，但其主文同有作：

　　　　仲景氏傷寒論ヲ以テ。一熱性傳染病即チ傷寒＝腸窒扶斯。〔註29〕

皮國立先生依據《醫界之鐵椎》前篇第十六節〈傷寒治法ノ基礎醫學的解說〉云「內中有關『傷寒治法』的章節，就是用『腸窒扶斯病』來解說，此即『腸窒扶斯』等同於『傷寒』關係確立之象徵。」〔註30〕按此書之中卷〈傷寒論〉即有上述之日文原句，更直接明白和田氏係標以數學等號「＝」。和田氏為西醫出身而致力於復興漢方醫學，大力批評西醫並非萬能。但其直接以數學等號將仲景之傷寒與腸窒扶斯相聯；此等號造成中西醫病名之混淆。日人最早將腸窒扶斯訛譯為傷寒之文獻者應即為 1910 年《醫界之鐵椎》。但是在日本稱呼腸窒扶斯為傷寒者，卻只限於日本漢醫這個群體。和田氏為西醫畢業而從事漢醫診療，自受到西醫同儕排擠，故當時西醫並不接受此譯名。1855 年日本西醫先選擇以 Typhus abdominalis 譯作漢字：腸窒扶斯，1937 年官方將漢字腸窒扶斯夾以片假名而改作：腸「チフス」（Typhoid Fever），日本西醫界完全不見有「傷寒」來對譯。這是正確之舉。約 1954 年「腸窒扶斯」一詞於日本消亡之後，和田氏所對譯之「傷寒」亦隨之消亡，從 1910 年算起，則「傷寒＝腸窒

〔註29〕明治 43 年（1910 年）初版，內容較少，東京：南江堂書局。大正四年（1915年）二版，增加許多篇章以及湯本求真之跋文，東京：中國漢方株式會社。昭和七年（1932 年），東京：春陽堂書店再稍加增訂而為第三版。昭和四十六年（1971 年）復刻第三版，並增列其子和田正系醫學博士之序文等而為第四版，東京：中國漢方株式會社。昭和四十九年（1974 年）第四版增補，東京：中國漢方株式會社刊行，主文不變，另增補相關資料，基本上二、三、四版之主文不變。2010 年 5 月 20 日寺澤捷年、渡邊哲郎以現代日語翻譯為《完訳 醫界之鐵椎》。本句引自增補第四版之 260 頁。

〔註30〕皮國立：《「氣」與「細菌」的近代中國醫療史：外感熱病的知識轉型與日常生活》（台北：國立中國醫藥研究所，2012），頁 109。

扶斯」之對譯壽命不過 4、50 年而已。今日本提到「傷寒」一詞皆專指中醫之
病名，概念清楚，不會聯想到 Typhus 或 Typhoid。反觀「傷寒」一詞在台灣與
中國則造成中西醫病名之混淆。

　　清朝末年時華人將 Typhoid 或 Typhus abdominalis 翻譯為「腸熱症」、「肚
熱症」、「小腸壞熱症」等。日本細菌學者宮本叔（1867～1919）等撰《新傷寒
論》，江蘇常州丁福保醫師精通日文，曾隨趙元益習醫，丁氏 1908 年將《新傷
寒論》譯為中文，上海文明書局出版。1909 年赴日考察醫學而後返回上海行
醫，晚年則專攻佛學。丁氏於序文自云：

> 東西各國之言傷寒症也，日本為腸窒扶斯，譯其意為小腸發熱潰爛
> 之謂，故從前教會醫院譯作小腸壞熱症。（1908 年）〔註31〕

　　最早將「腸窒扶斯」訓譯為中醫之「傷寒」病名者，應屬 1908 年丁福保
翻譯宮本叔《新傷寒論》之丁氏序文。其次為日醫和田啟十郎於 1910 年直接
以數學等號作：「傷寒＝腸窒扶斯」；載於其著作《醫界之鐵椎》中。隨著中國
留日學生回國，「腸窒扶斯」病名與「腸窒扶斯桿菌」之細菌名稱亦被引進中
國。

　　皮國立先生見過丁福保《新傷寒論》中文譯本，皮先生著作也有提到上述
那句話。〔註32〕但不知為何皮先生在其著作之同一頁又云：「用『傷寒』來對
譯『腸窒扶斯』，不是自中國始，就像和田啟十郎在書中所指陳的。」按和田
啟十郎於 1910 年撰《醫界之鐵椎》，晚 1908 年《新傷寒論》之丁福保自序二
年，皮先生恐弄錯時間。

　　按因罹患此病者臨床見有發熱惡寒、頭痛、骨節痠痛、倦怠等病狀，頗
似中醫太陽病之傷寒。導致丁福保誤訓腸窒扶斯相當於中醫的「傷寒」。其云
腸窒扶斯輕者即相當於中醫「太陽病」；其熱偏於稽留或間歇者則為「少陽
病」；若病重持續發熱則為「陽明病」。〔註33〕當時部分中醫師也能接受其見
解。這些誤譯導致後來細菌學者等亦將「沙門氏桿菌」也跟著誤譯作「傷寒
桿菌」。

〔註31〕宮本叔著、丁福保譯：《新傷寒論》（上海：文明書局，光緒 34 年 1908），〈序〉，
　　　　頁 3。
〔註32〕皮國立：《「氣」與「細菌」的近代中國醫療史：外感熱病的知識轉型與日常生
　　　　活》（台北：國立中國醫藥研究所，2012），頁 111。
〔註33〕宮本叔著、丁福保譯：《新傷寒論》（上海：文明書局，光緒 34 年 1908），〈序〉，
　　　　頁 3。

在日本 Typhus abdominalis 有作傷寒（漢醫群體）及腸窒扶斯（官方）之不同譯名。在中國丁氏率先將「腸窒扶斯」訓作「傷寒」解。又章太炎當初將腸窒扶斯範圍縮小而視同抵當湯證，1927 年太炎參閱湯本求真《皇漢醫學》之後，另將腸窒扶斯之初七日視同小柴胡湯證。另有一派主張「腸窒扶斯」非訓作「傷寒」解，而應相當於中醫之「濕溫、時疫」。按其「濕溫、時疫」之定義不是指仲景之溫病，而是指「瘟疫」。筆者認為將「腸窒扶斯」訓作「瘟疫」解是正確的，因為此病突然爆發流行，沿街傳染，致死率高。而丁氏訓作「傷寒」解者有誤，因為仲景「傷寒」之麻黃湯證、桂枝湯證是經年常見，不會凶險地沿街傳染，致死率極低。又「瘟疫」病狀變化多端，臨床難以捉摸。仲景「傷寒」之證候固定，診療多可掌握。因為 Typhus abdominalis 一詞較為罕用，此詞甚至漸次消亡。近代各國官方皆統言 Typhoid，故本文以下亦以 Typhoid 來陳述。

5.4 諸家「腸窒扶斯」討論

紹興名醫何廉臣（1861～1929）與丁福保雖為密友，但是並不認同丁福保「腸窒扶斯訓作傷寒」的見解。1912 年春夏間，紹興流行一種時疫，蔓延各鄉，男女老幼傳染者眾，病情多有凶險。何廉臣與陳樾喬以「紹興醫學會」之名義刊行《濕溫時疫治療法》，以利諸醫師會員急用參考。何廉臣（注：此篇 1912 年成文）云：

> 西醫名曰小腸壞熱病。東醫名曰腸窒扶斯（譯即小腸發炎爛潰之謂）。
> 中醫名曰：濕溫、時疫……。〔註34〕
>
> 泰西之小腸壞熱病，日本之腸窒扶斯。其病狀悉與吾國濕溫、時疫同，後文當詳言之。惟西醫療法，極其簡單。所言病之經過，亦不如中醫之詳細美備。蓋西醫專重解剖，唯知本病固有之解剖的變化，為腸窒扶斯菌，盤踞於小腸淋巴濾胞，因而淋巴細胞，驟形肥大，變為髓狀腫脹，漸趨於回腸瓣面，侵及大腸，而成腸潰瘍。甚至脾臟腫大，心臟筋肉帶緩，右側部擴張，心臟纖維變化……。此等病理解剖，可謂精微之至，中醫多難能也。庸詎知西醫之偏執解剖，

〔註34〕紹興醫學會編：《濕溫時疫治療法》，收入《中國醫學大成叢書（第十五冊）》（上海：上海科學技術出版社，1990），頁 2。

遂使印定眼目,而療法反不能達完全之目的……。故內科學之診斷
療法,西醫固執呆板,轉不若中醫之臨機活變者也。〔註35〕

從第一則引文可知,何廉臣先生認為,腸窒扶斯(譯即小腸發炎爛潰之謂)實
際上是中醫中的濕溫、時疫,而非丁福保所以為的中醫傷寒。第二則引文,則
更可以知道何廉臣先生判斷腸窒扶斯的西醫病理分析,他認為西醫的治療「固
執呆板」,中醫處理腸窒扶斯「臨機活變」,此點和太炎先生的判斷相同。

　　和田啟十郎 1892 年就讀東京醫學專門學校,1896 年畢業並於東京開業。
其撰《醫界之鐵椎》第二版增錄治療腸窒扶斯之醫案兩例,即上篇第十八章十
四、十五節。標題分別為:腸窒扶斯後ノ發斑治驗、腸窒扶斯末期二於ケル腸
出血治驗。章太炎所見《醫界之鐵椎》為初版,尚無此兩節。此兩節經陳淼和
先生翻譯如下(注:此兩節成文於 1915 年之前):〔註36〕

　　胞姊,今年 42 歲,住於信州松代町。曾於 39 歲秋天時,罹患腸窒
　　扶斯,經當地醫師治療,倖免於一死。病後更謹慎飲食,注意養生。
　　雖然體力恢復為中等,卻遺留怪症,以致無法安心就業。當地醫師
　　已醫治三、四年而未癒。由於胞姊夫不信任余之醫術,故未與余商
　　議此事。可是周遭親戚認為拖延下去也不是辦法,乃建議前來余處
　　求診。余先單純投以健胃劑,再與斟酌之。胞姊居余處第五日,卻
　　見其怪病發作:胞姊外出市集散步途中,突發惡寒戰慄而匆忙返家。
　　余診之體溫 39 度餘,頻頻嘔吐,胃內食靡全部吐出仍無法止吐,同
　　時全身發斑,呈青紫色,斑點稍有隆起而形狀不定,如豆、如指頭
　　等大小不等,頗類似鼠頭斑。發斑約一至二小時就全部消褪,毫無
　　痕跡。次日發熱亦退盡而能進食,經二、三日一切恢復正常。而後
　　月月發作二、三回,惡寒發熱、嘔吐發斑之病狀類同。余依其證主
　　以茯苓飲(注:出自《外台秘方》,又稱外台茯苓飲、茯苓飲子,茯
　　苓、白朮、人參、生薑、枳實、橘皮七味),服藥一個月後,營養狀
　　態頗為恢復,發作間隔延長,然尚無法痊癒。余省思依前洋醫之理,

──────────

〔註35〕紹興醫學會編:《濕溫時疫治療法》,收入《中國醫學大成叢書(第十五冊)》
　　　　(上海:上海科學技術出版社,1990),頁 5。
〔註36〕兩節引自和田啟十郎:《醫界之鐵椎》(東京:中國漢方株式會社刊行昭和四十
　　　　九年增補第四版(1974 年)),頁 141~142。陳淼和先生的翻譯見陳淼和編著:
　　　　《醫界之鐵椎譯註》(新北:集夢坊出版社,2016),頁 122~124。

不管病勢之陰陽表裏，熱性病者逕直接施冷卻法等。造成今表毒無法消散而潛伏於皮下，裏毒不解而病勢內湧，故嘔吐與發斑交替而起。治療須內外相應併解，由於病人體力不足，又必須內外同步除邪，故用前方茯苓飲合大黃附子湯，服藥三週而病癒，未再復發。

日本橋松島町堀口氏之妻，年37歲。三月初旬罹患腸窒扶斯，經二位醫師及某醫院院長診治無效，發病第57日，突然腸出血，體溫暴降，人事不省，大小便失禁，吃逆不止，家屬恐慌緊急推薦余參與搶救。余次日急予前往，診時發現病人羸瘦骨立，眼窩陷沒，面無血色，舌面刮白而凹凸不平，舌苔白色而唇乾燥，咳嗽頻發，吃逆不止已三日，腹部陷沒呈舟底狀而甚為拘攣，兩肺聽診有囉音（Rassel），小腹稍有抵壓感，完全不知人事，體溫反升為40.2度至40.6度，他醫外敷冰囊及冰袋共六個。病狀極為危險，脈沉緊乃倖尚未虛脫之象，故余判斷尚為可治。因病勢朝向陰性症狀發展，雖然發高燒，亦必須立刻撤除冰囊及冰袋，飲食湯藥完全予以熱服，否則不治。急刻服藥治療，否則不治。治療不容馬虎，須防止腸再出血，如再見一次腸出血，唯有死期。家屬既經他醫治療而無效，一聽余之治則與他醫相反（陳注：指撤除冰囊、冰袋與以熱治熱法），毫不猶疑地願意接受余治療。余先投黃土湯以候消息，當日共進二服，是夜體溫最高不超過40度，咳嗽減緩吃逆已停。而後繼續服用黃土湯，體溫按日下降0.4度，體溫約七、八日歸於正常，病人意識已清楚而欲索取飲食。他醫認為這是疾病自然轉化演變，而非療效之進展。余吩咐不得改湯方，家屬雖然答應，卻順他醫而改服歸脾湯。一劑尚未服完，體溫又升高為39度餘，家人恐慌而請求余速往診治。家屬坦白謝罪曰：因輕率改方而致遭殃。余曰：應即再用前黃土湯，體溫將恢復正常。體溫正常之後，余另主以大芪胡去大黃湯與真武湯交替服用，總共五十多日，完全恢復健康而病癒。

和田啟十郎的這兩個腸窒扶斯醫案頗為詳細，他用的湯方和太炎主張的抵當湯不同，第一例為其胞姊，先用茯苓飲，續用茯苓飲合大黃附子湯，內外同步祛邪，病患痊癒。第二例先用黃土湯祛邪祛熱，使體溫恢復正常。再以大芪胡去大黃湯與真武湯交替服用，五十餘日，病癒。

湯本求真（1867～1941）原稱湯本四郎，1901年金澤醫學專科（1972年

改制為金澤醫科大學）畢業，自設診所而從事診療。1910 年長女罹患疫痢經
湯本救治無效，湯本自責而云「恨醫之無術，中懷沮喪，涉月經時，精神幾至
潰亂」。湯本苦思醫學之展望，偶讀《醫界之鐵椎》之後，豁然明白中醫之優
勢，自發向和田啟十郎學習中醫。湯本長和田五歲，和田字「子真」，湯本將
原名「四郎」改為「求真」，以示不在乎年齡之差距，真誠追求和田之意，故
曰「求」「真」。湯本棄西醫而轉讀中醫，發憤學習歷經十八年，1927 年 6 月
將心得與醫案撰為《皇漢醫學》一套三冊。序中自云「……用力既久，漸有悟
入，乃知此學雖舊，苟能抉其蘊奧而活用之，勝於今日之新法多矣。」1928 年
10 月周子敘翻譯為中文，上海中華書局印行。此書包括 2007 年簡體字版，共
再版七次。1936 年陳存仁輯 72 種日醫漢譯醫書合編《皇漢醫學叢書》一套，
其內未收錄湯本《皇漢醫學》，但以其書名作為套書名稱。陳存仁為章太炎之
學生，背景又是上海，故包括章太炎、惲鐵樵、陸淵雷等人皆讀過湯本《皇漢
醫學》。太炎稱讚湯本氏而云：

> 見惠湯本氏《皇漢醫學》，觀其議論痛切，治療審正，而能參以遠西
> 之說。所謂融會中西，更迭新舊者，唯此公足以當之。柯（注：指
> 柯琴）、尤（注：指尤在涇）往矣，今日欲循長沙之法（注：指仲景
> 之法），此公亦一大宗師也。〔註37〕

此段引文係太炎刊於 1927 年 7 月出版之〈上海國醫學院院刊〉第一期。而湯
本氏是於 1927 年 6 月出版《皇漢醫學》，推得此書剛出版，太炎即第一時間閱
讀並寫下評語投稿刊出。湯本氏從西醫病理學出發，將腸窒扶斯視同《傷寒論》
之整體，依其證候分別主以《傷寒論》之各種湯方。按太陽病之「傷寒」異於
腸窒扶斯之「腸傷寒」，湯本氏混淆中西病名，陸淵雷曾指出湯本氏此舉錯誤。
但是湯本氏依證候分別診治之治則則屬正確。因為有是證候即可以主以是湯
方，不必區分外感、雜病、傳染病。湯本氏之治則當是臨床之經驗心得，相對
地太炎則多從文獻探討，其原將腸窒扶斯固定視為《傷寒論》之抵當湯證，1924
年太炎提出抵當湯證治療此病係在初七、二七日之間。按此舉應是仿照吳有性
《溫疫論》者。但是初七之前，太炎並沒有提出任何湯方來診治，這樣之醫療
思惟是有欠缺的，因為醫師總不能袖手旁觀，要病人先等上七天以後才行治
療。太炎閱讀《皇漢醫學》喜得湯本氏之經驗而恰可補上此空白，故大加讚揚
湯本氏。但是前七日湯本氏依證候分屬太陽病者治以麻黃湯等 3 首湯方，屬少

〔註37〕《章太炎全集（八）》（上海：上海人民出版社，1994），頁 335。

陽病者治以小茈胡湯等 6 首湯方；太炎則選擇專以小茈胡湯有誤。

《宋本傷寒論》144 條等婦人「熱入血室，其血必結，主以小柴（茈）胡湯。」1934 年太炎因此誤以小茈胡湯為行血之劑，轉作為可預防小腸蓄血之「依據」？並云此為「上工治未病」之模式。〔註 38〕湯本氏云（此段 1927 年 6 月之前成文）：

> ……腸窒扶斯菌寄生於小腸黏膜，而此菌體所生產之毒素，其為害於人身，反比其本體為大，此西醫之所示也。然發病之初期，細菌之個數猶少，毒素之產出不多，不過呈輕微之不定證狀。若增加至某限度以上，則發頭痛、項痛、肢疲而痛、惡寒發熱等證。并現浮大、浮緊之脈。……是即中醫所稱為表證，而用葛根湯、麻黃湯、大青龍湯等之發汗解熱劑，以補助自然良能作用之不及處。使猬集於皮膚面之毒素，驅逐於體外也。雖然（注：雖然發表可逐腸窒扶斯菌，但是）以此發表痊癒者甚稀。不過表證因此緩解，覺一時爽快，但不久體溫漸次昇騰，復發口苦而渴、噁心嘔吐、食機不振、舌苔等之消化器證狀，及咳嗽、胸痛等之呼吸器證狀。脈浮減而變為弦細，此中醫所謂表證不解，而轉入少陽，此證狀即少陽證也。……當於表證轉入，舌尚白苔時，宜處以小柴（注：應作茈，下同）胡湯，或小柴胡加石膏湯。白苔少變黃色時，宜處以小柴胡湯加大黃湯，或小柴胡湯加石膏大黃湯。白苔全變為黃色，上腹部有緊滿壓痛時，宜處以大柴胡湯，或大柴胡湯加石膏湯。……用上方劑，就病勢猛劇，難以制禦時，其脈變為沉、實、遲等象。又見神昏、譫語、潮熱、腹滿、便秘或下痢（如惡臭衝鼻之便毒也）、不欲食、舌上黑苔等證狀。此於中醫稱為少陽證不解，轉屬陽明者。……隨毒素集積之程度，與病者體質之差別，而選用調胃承氣湯、桃核承氣湯、小承氣湯、大承氣湯等。……但此論是述本病始終於陽證者之定型，而非謂本病概如此是也。今所目擊者，大都不至現小承氣湯、大承氣湯證。概以大柴胡湯、大柴胡湯加石膏湯證而已足。雖有偶呈陽明證者，亦不過調胃承氣湯、桃核承氣湯證而已。〔註 39〕

〔註 38〕《章太炎全集（八）》（上海：上海人民出版社，1994），頁 398。
〔註 39〕湯本求真著、周子敘譯：《皇漢醫學》（北京：中國中醫藥出版社，2007），頁 22～23。

從這段引文中，可以得知湯本氏太陽病 3 首湯方與少陽病 6 首湯方中，太炎單獨選用小茈胡湯作為治療此病前七日之惟一湯方。按太炎此思惟可商權，不能以發病日期與某湯方固定對應，此舉也非湯本氏原意。湯本氏另有大承氣湯等 4 首湯方治療此病轉入陽明病者。合計共 13 首湯方言明係「始終於陽證者之定型」，按其即指 13 首湯方僅適用於陽證者（病勢朝陽），如病屬陰證者（病勢朝陰），則另當別論。反觀太炎卻固定以某湯方來對應西醫某病，其中西醫學匯通模式頗可商權，臨床更不能依據日期天數來診候而開方。

　　余巖（字雲岫，1879～1954）認為腸窒扶斯屬中醫溫熱、濕溫之一證，溫熱、濕溫另有流行性腦膜炎、痢疾……等在內，故腸窒扶斯非為溫熱、濕溫之統名。余巖之觀點基本上正確，就差沒有將「溫熱、濕溫」改用「瘟疫」一詞而已。雲岫畢業於日本大阪醫學院，從現代醫學出發，引用薛生白《濕溫病》之觀點來詮釋 Typhoid，並舉一病例說明。余雲岫《醫學革命‧溫熱發揮》（注：此篇約於 1915 年成文）云：

> 余鬻醫滬上十有餘年，凡遇舊醫方案定為溫邪者，取其血驗之，多是腸窒扶斯。〔註40〕

> 薛氏《濕溫病》第十三條云：「舌根白，舌尖紅。」此腸窒扶斯之三角舌也。其第二十三條云：「溫熱病十餘日，腹時痛，時圊血。」此腸窒扶斯之腸出血也。腸窒扶斯之腸出血，必在發病第二星期之終，第三星期之始，此條所謂十餘日者，正其時矣。腸窒扶斯之為病，其病原為特有之腸窒扶斯桿菌，發病之初，多在血中，一星期後，血中細菌大減，而聚於小腸之特種腺中，腺為之腫脹，小腸為之發炎，至第二星期之終，此腫脹之腺，成熟潰破，故腸出血及腸穿孔之危險證候，即在此時。余嘗診一張姓小兒，約十一、二歲，患腸窒扶斯將十四、五日矣，正惴惴恐懼其發生腸出血腸穿孔，而舊醫謂之溫熱，因其大便閉結，用藥下之。余聞之大驚，私告友人曰：盲人瞎馬，其行險乃如是耶！翌日，友人來謂余曰：病人熱退矣，一瀉而愈矣。余甚奇之，再隔一日，友人匆遽而至，邀余再診，謂余曰：昨晚病兒忽大哭，大叫腹痛如刀割，請君視之。余嘆曰：不用吾言，大禍至矣。安有腸窒扶斯至十四、五日頃，而可下乎？急

〔註40〕余巖：〈溫熱發揮〉，收入余巖：《醫學革命論選》（台北：藝文印書館，1976），
　　　　頁 194。

往視之，解衣視其腹，則隆然膨起，按之即呼痛。余曰已矣，此腸
穿孔候也。腫腺欲潰之時，以瀉藥助虐，腸受刺戟，蠕動又劇，破
裂穿孔，汙物漏出至腹腔，成腹膜炎矣。除用外科手術，開腹滌穢，
縫合破腸，尚能得萬一之僥倖外，尚有何法乎，不出二日，必死無
疑，已而果然。〔註41〕

在第一條引文中，余雲岫主張傳統所認為傷於溫邪者，驗血為之，都發現是腸
窒扶斯疾病。在此，他不像以往傳統中醫，如仲景的六經辨證，是以病證來辨
病，而是以驗血來發現都是腸窒扶斯，這是因為他要檢查血液中的細菌之故。
從第二段更可得知他把中醫中所謂的病因之外因「六淫」〔註42〕都和細菌腸窒
扶斯桿菌等同起來，這種看法在當時非常常見，然後判斷腸窒扶斯桿菌在血中
濃度或在臟腑中，來分期。

　　余雲岫此醫案和太炎所主張「腸窒扶斯即太陽隨經瘀熱在裏、實乃抵當湯
證」有些相近，尤其是他在十四日後非常反對用下法的意見和太炎所主張相同
（詳下文）。在此醫案中，余雲岫也把病患之死，和前醫以下法治之相關聯，
和太炎所主一致。

　　章次公（名成之，1903～1959）與章太炎同宗，但並無親屬關係。章次公
曾針對漢代藥物兩數就教於太炎，太炎予以覆信兩則。〔註43〕太炎反對中醫五
行生克，章次公非常推崇而亦主張五行學說應從中醫剔除。關於腸窒扶斯章次
公正確指出那是翻譯名稱之誤，章次公云：

　　　至於現代的傷寒（腸熱病），本是日本人（注：事實上最早是中國人
　　　丁福保）當時在翻譯工作中沒有慎重考慮，故把「腸窒扶斯」譯成
　　　「傷寒」和「虎列拉」譯成「霍亂」同樣不妥。我國舊社會新醫學
　　　家，一向不重視祖國文化，又從日人文獻展轉引用，其實西醫病名
　　　與古代記載，截然兩途，由於一時疏忽，以致產生許多誤解。〔註44〕

章次公胞兄名端甫，讀大學返鄉時感染 Typhoid，不到十日而亡。故章次公對

〔註41〕余巖：〈溫熱發揮〉，收入余巖：《醫學革命論選》（台北：藝文印書館，1976），
　　　　頁197～198。
〔註42〕中醫病因有內因（七情不中節）、外因、不內外因。此為陳無擇所主，為一般
　　　　中醫學者所同意，參孟景春、周仲瑛主編：《中醫學概論》（台北：知音出版社，
　　　　2002），頁85～86。
〔註43〕《章太炎全集（八）》（上海：上海人民出版社，1994），頁366～367。
〔註44〕章次公：《章次公論外感病》（上海：上海中醫藥大學出版社，2009），頁69。

Typhoid 特別重視，他治療 Typhoid 並不墨守成規，主張傷寒方與溫病方並用。曾有一病例暑天罹患 Typhoid，別的醫生治療 12 天未癒，章次公接手後，連診 9 天，每日更改藥方，終獲痊癒。〔註45〕

又中醫之「霍亂」相當於現代之急性腸胃炎，經年常見，必有「腹痛」，不會沿街傳染，致死率低，病勢朝陽者主以葛根芩連湯、黃芩湯等；病勢朝陰者主以四逆湯、理中湯等。而西醫之「虎列拉」（注：Cholera 之音譯）「霍亂」是屬「瘟疫」之範圍，必無「腹痛」；現代醫學是以病理檢驗含有 Vibrio cholera（中譯為霍亂弧菌）為準。當中醫病名被現代醫學取而代之後，往往反過來批評中醫舊有病名之不是。章太炎撰〈論霍亂證治〉、〈論乾霍亂寒疝藏結同異〉兩篇，〔註46〕太炎舉葛根芩連湯、黃芩湯證等乃屬「吐利」；西醫之霍亂則為「真霍亂」。太炎急欲與西醫匯通之情勢下，反客為主，混淆病名。現今中醫之霍亂病名已幾近歸檔作古，只殘見於《傷寒論》等文獻中。臨床中西醫一談到霍亂全指 Cholera 之訓譯。

相較於余巖與和田啟十郎皆為正式醫學院畢業之開業醫師，章太炎對細菌、解剖之認知與臨床經驗較為不足。太炎與余巖同於日本密切交往，雖有師生之誼，但是對於腸窒扶斯之見解，太炎從余巖意見為主。太炎亦認為腸窒扶斯並非中醫傷寒之統名，其僅是傷寒、溫病、熱病之一證候而已。太炎解「腸窒扶斯」為「太陽隨經瘀熱在裏、其實乃抵當湯證也。」但太炎很強調時序，並不是整個腸窒扶斯都可以用抵當湯。主張邪在表有傷寒、溫熱之分；邪已入裏，則無傷寒、溫熱之分。按太炎之「裏」是指「小腸」，另釋「太陽隨經則小腸也，陽明蓄血則迴腸也。」按西醫小腸包括十二指腸、空腸、迴腸三段。推得太炎之「小腸」應合十二指腸與空腸兩段。而太炎將迴腸歸屬今之大腸。太炎提出腸窒扶斯膿未成者主以抵當湯、抵當丸。膿已成者主以芍藥地黃湯（如狂者加黃芩）。下血者主以犀角湯、黃連丸。太炎在〈論腸窒扶斯即太陽隨經瘀熱在裏并治法〉一文中云（注：本篇成文於 1924 年）：

> 西人治中土時病，往往不效，而傷寒、溫病尤甚，蓋其術至拙矣。
> 有腸窒扶斯者，以四七日為期，初七日發熱漸高，二七日發熱最高，
> 三七日發熱漸下，四七日發熱愈下，自此或遂得解。自三七日始，
> 熱有張弛，心臟衰弱，其人或多發狂，若腸中出血、穿孔即死。彼

〔註45〕章次公：《章次公論外感病》（上海：上海中醫藥大學出版社，2009），頁 10。
〔註46〕《章太炎全集（八）》（上海：上海人民出版社，1994），頁 255～266。

謂腸中結熱，甲錯化膿，未成膿則熱甚，既成膿則熱衰。東土譯者
（注：指和田啟十郎等人）見傷寒有七日愈、六日愈及傷寒再經諸
文，遂譯腸窒扶斯為傷寒。或又說為熱病，或又說為腸癰，說為少
陰下膿血。（以上頁 223）……太陽隨經則小腸也，陽明蓄血則回（注：
同迴字）腸也（許叔微解此云：太陽，膀胱也。隨經而蓄於膀胱，
故臍下膨脹，由闌門滲入大腸，若大便黑者，此其證也。然闌門為
小腸、大腸之會，則是由小腸滲入大腸，非由膀胱滲入大腸也）。夫
以蓄血為患，不先切痛，而先發熱，則必以漸化膿可知。今之腸窒
扶斯，即此證也。其脈或微而沉，或沉且結，西人以為心臟衰弱，
究之與少陰下膿血有殊矣。抵當湯為下血最重之劑，仲景垂法，猶
若設方以待病者。至許叔微以抵當圓（注：通丸字）治此證，下黑
血數升，狂止得汗而解，則實驗已著……（以上頁 224）。然此自有
可下、不可下兩種，按二七、三七之間膿已成，則不可下。仲景太
陽病用抵當湯者，本在初七、二七之間，膿未成也。據《要略》腸
癰證用大黃牡丹湯下之，脈遲緊者，膿未成，可下；脈洪數者，膿
已成，不可下。此可以得其比例矣。然則初七、二七間失下，至三
七初膿已成者，宜如何？曰：《小品》芍藥地黃湯，療傷寒及溫病應
發汗而不發之。內瘀有蓄血，大便黑者，芍藥三分（注：應作三兩），
地黃半斤，丹皮一兩，犀角屑一兩。有熱如狂者加黃芩二兩，日二、
三服，此主消化瘀血，不用直下，而又無劫血留毒之過。真可補大
論之闕遺也。若已自下血者，《千金》及《張文仲》有療傷寒下利，
惡血不止犀角湯方。《甲乙方》有療天行利膿血、下部生蟨蟲黃連丸
方，並可採用。然則膿未成宜抵當湯；膿已成宜芍藥地黃湯。已自
下血而不愈者，宜犀角湯，或黃連丸。此三期之療治也。要之，腸
窒扶斯乃傷寒、溫病、熱病中一候，病已入裏，即無傷寒、溫熱之
分。若譯腸窒扶斯為傷寒，名義既不相應，不知者乃妄傷寒必四七
日而愈，此猶醯雞在覆，不知天地之大全也。夫抵當湯與大小承氣
湯同解腸熱，而一為血瘀，一為大便結，不同也。抵當與桃核承氣
同治血結，而一在小腸，一在膀胱，不同也。〔註47〕

此引文清楚說明太炎對腸窒扶斯的完整意見，所以底下有很長的篇幅都會用

〔註47〕《章太炎全集（八）》（上海：上海人民出版社，1994），頁 223～226。

到這段引文。在這段引文中，理解時首先必須注意到，太炎的「太陽隨經」之「經」並非指「經絡」，在 4.2.2 節已得知太炎之「經」總共有三義：「部位」、「經界」和「期候」，他常用的是前兩義，此二義可相通。這樣就容易理解引文中的「太陽隨經則小腸也」一句，甚至理解整段文字。太炎認為腸窒扶斯的發作很有時間性，他以 28 天為期，初七日發熱漸高，二七日發熱最高，三七日發熱漸下，四七日發熱愈下，自此或遂得解。在此他或者吸收了西醫用「待期療法」處理腸窒扶斯或因尚未讀及湯本求真之《皇漢醫學》，所以說「自此或遂得解」。初七不可發汗，以切痛為主，治為「和法」。二七蓄血熱結未成膿時則用抵當湯，三七，則膿已成，用芍藥地黃湯；其後，已自下血而不愈者，宜犀角湯，或黃連丸。他認為腸窒扶斯為病已入裡，因此無傷寒、溫病之分。

按上文太炎發表於 1924 年，有關 Typhoid 之治療，太炎沒有提及小茈胡湯作為 Typhoid 初起之湯方。湯本氏《皇漢醫學》1927 年才出版，故太炎尚未參考湯本氏之見解。湯本氏以麻黃湯、葛根湯、大青龍湯治療 Typhoid 屬太陽病階段者。以大、小茈胡湯加減等治療 Typhoid 屬少陽病階段者。以承氣諸湯等治療 Typhoid 屬陽明病階段者，且言明 13 首湯方僅為病勢朝陽者而設。

因為太炎較少臨床經驗，因此較少驗證的機會，而只是把這個看法和弟子們討論，其中有弟子徐衡之（1903～1968）。徐衡之江蘇常州人，師事章太炎、惲鐵樵等人學習中醫。衡之曾與太炎討論腸窒扶斯之疾。衡之云（注：本篇成文於 1929 年）：

> 間嘗以事謁太炎先生，縱論至於醫，先生垂問：西醫腸窒扶斯之腸
> 出血、穿孔性腹膜炎，何吾土不多見？衡之對以中醫治療傷寒，有
> 曲突徙薪之妙。病在太陽，治即癒於太陽；病在陽明，治即癒於陽
> 明。彼西醫治療傷寒，最初無特效藥，惟利用其待期療法，故其後
> 有腸出血、腹膜炎之弊。然則此二症者，均西醫因循有以誤之也。
> 先生以此說固然，按之實際，則猶不止此。夫西醫籍謂傷寒病之成
> 因，起於傷寒桿菌，並謂其菌喜宿於腸。此語（菌宿於腸）因果倒
> 置。當此症潛伏時期，桿菌或散布周身血液，決不在腸。何以言之？
> 西醫謂此症潛伏時期，有頭痛、四肢痠痛、惡寒發熱、戰慄等證象，
> 此與太陽證絕類，麻黃、桂枝、大青龍，其效如響。然麻黃、桂枝
> 未必是殺菌藥也。病之所以愈，或因週身血液中桿菌因汗而排泄於
> 外。西醫於潛伏期時見大便之祕者，輒以甘汞、蓖麻子油下之，於

是虛餒其腸，血中微菌乘虛攻擊。誤下之後，壞病未見，又無善治，
於是遷延時日，屯聚於腸之菌，竹見滋長，遂造成腸出血、腹膜炎
之便，準此以觀，西醫談虎色變之腸窒扶斯，即西醫早用下（藥）
有以致之也。〔註48〕

衡之認同太炎之見解，即中國華夏本無腸窒扶斯，其乃西醫過早以西藥攻下所
致。在此，太炎認為西醫之所以治不好腸窒扶斯，並非西醫用衡之所說的待期
療法，而是西醫沒有待期，在看到潛伏期有便秘現象，則很快的用瀉藥甘汞、
蓖麻子油下之，這個見解，太炎一直很強調，他認為腸窒扶斯絕對不可以早下
之，要下之，必須在二七且膿未成之時。

5.5 從版本學看太炎之詮釋

　　從十九世紀後半之西醫解剖與細菌病原學之發明崛起，激烈地衝擊傳統
中醫之醫理，二十世紀初期更達於最高峰。針對當時流行致命性之 Typhoid 中
西醫學共有泰斐士、腸窒扶斯、腸窒扶斯、質扶斯、腸チフス、傷寒、腸熱症、
肚熱症、小腸壞熱症、溫熱、濕溫、時疫等多種譯名。章太炎則將 Typhoid 定
義為「太陽隨經瘀熱在裏」。按太炎之「經」字並非指經脈，而釋為軀體之「部
位」。太炎以《宋本傷寒論》第 124 條，即太陽病中篇抵當湯條之「太陽隨經
瘀熱在裏」來行中西醫學匯通。然而《宋本傷寒論》「太陽隨經瘀熱在裏」一
詞於《康平本傷寒論》是作小字注解，按其出於後人竄衍，而非仲景之語。本
條於康平本作：

　　大陽病，六、七日，表證仍在，脈微而沉，反不結胸，其人發狂者，
　　以熱在下焦，小腹當鞭滿，小便自利者，下血乃愈。㊟所以然者，
　　太陽隨經瘀熱在裏故也。經抵當湯主之。〔註49〕

原文清楚標示「㊟所以然者，太陽隨經瘀熱在裏故也」。此句為小字注解。而
經字表示以下為續接經文之意。儘管《康平本傷寒論》傳抄者文化水準粗俗，
同一字以不同字形傳抄。例如「熱」字即有四種字形。又四、囬、田三字因字
源相關且字形相似而混用。另多有俗字、錯字等負面評價。但是其保留其母本

〔註48〕《章太炎全集（八）》（上海：上海人民出版社，1994），頁 334～335。
〔註49〕此原文參李順保：《傷寒論版本大全》（北京：學苑出版社，2006），頁 75。原
　　　　本影印參陳淼和：《傷寒卒病論台灣本》（台北：集夢坊出版社，2008），頁 614。

之傳抄「格式」則厥功甚偉。凡《宋本傷寒論》條文不通處,對照《康平本傷寒論》多能豁然而解。筆者對照《宋本傷寒論》與《康平本傷寒論》,凡《宋本傷寒論》條文出有「經」字者,例如經盡、再經、使經不傳、動經、過經、隨經、經脈動惕、經盡故、後經、復過一經等於《康平本傷寒論》皆作小字注解,或條文低二格而作 13 字一行抄寫者(視同後人所增衍)。這些「經」字皆非出自仲景。太陽病篇有「經水適來」兩處、「經水適斷」一處,其「經」字指月經而非關經脈。

　　大塚敬節於 1936 年發掘《康平本傷寒論》,太炎(1869～1936)雖未閱及《康平本傷寒論》。但是太炎從柯琴之說,而將「經」字詮釋為徑界、部位之「經」,而非經脈之「經」。又過經不解、使經不傳等「經」字,太炎釋為固定時間下重複之一期程。(參 4.2.2 節)今對照《康平本傷寒論》傳抄手稿之影印本,其非將「經」字釋為「經脈」之見解是正確的。太炎〈論舊說經脈過誤〉云:

> 《傷寒論》所以分六部者,各有所繫,名目次第,雖襲《內經》,固非以經脈區分也。按傷寒太陽等六篇,病不加經字(注:太炎指仲景只言太陽病而非太陽經病),猶曰:太陽部、陽明部耳。柯氏《論翼》謂:『經為徑界。』然仲景本未直用經字,不煩改義。若其云過經不解、使經不傳,欲作再經者,此以六日、七日為一經,猶女子月事以一月為經,乃自期候言。非自其形質言矣。〔註 50〕

《康平本傷寒論》傳抄手稿之影印本可確認仲景原條文並無「經」字。太炎「太陽隨經瘀熱在裏而蓄血」其義即為「太陽病失治,邪熱隨其部位入裏,干入十二指腸與空腸,又失治而蓄血於迴腸,終轉由大腸下血而出。」依經脈學說足太陽經脈之裏為膀胱腑,罹患 Typhoid 下血是從直腸肛門而出,並非由膀胱尿道而出。太炎「腸窒扶斯即太陽隨經瘀熱在裏」之說,符合《傷寒論》湯方與經脈針灸有內治、外治之分,亦可避開「膀胱蓄水而非蓄血」之矛盾。但是仲景傷寒太陽病之桂枝湯證、麻黃湯證皆屬表證而無裏證。太陽病兼有裏證者是五苓散證,屬太陽表邪兼裏有停飲水邪而設。其人渴而不欲多飲,多飲則吐水,腹診必有振水聲,大便溏泄而小便不利。而整本《傷寒論》無一「腸」字。故太炎強將 Typhoid 釋為太陽隨經瘀熱在小腸之見解與《傷寒論》不符。太炎因

〔註 50〕《章太炎全集(八)》(上海:上海人民出版社,1994),頁 189。

受西醫解剖生理學的成就所影響，因此他解釋《傷寒論》六經的意涵時，喜歡用西方解剖生理學的臟腑關係來解釋，於此也可見之。〔註51〕五苓散證為發病當下其人體質偏涼，裏有停飲者罹患太陽病所轉化而得。又抵當湯證也非由太陽病表證入裏而得，其屬於廣義之陽明病。〔註52〕其人體質偏熱與內有蓄血激化而釀成病勢朝陽、陰氣消亡者而設抵當湯；此證非關於外感，更與太陽表證無因果關係。不能說太陽病篇與陽明病篇皆有抵當湯證條，就恣意聯想抵當湯證係由太陽病失治而轉入陽明病而得。《傷寒論》各篇之湯方與篇名並無必然關係，例如太陽病篇有十棗湯條，但不能就說十棗湯主治太陽病。關於中西病名誤譯對中醫療效之影響，依陳淼和醫師的意見：「中醫不是依據『西醫病名』開方，而是依其『病勢』開方。」〔註53〕也就是說，中醫開方並非以西醫病名為標準，而是依據發病當下病人體質之陰陽病勢來開方，故譯名之錯誤並不影響中醫開方之思惟。

　　《宋本傷寒論》「抵當湯證」條共有第 124、125、237、257 四條。「抵當丸證」條只有第 126 一條。今對照《宋本傷寒論》與《康平本傷寒論》（僅取正文）抵當湯、丸證條文如下：

	《宋本傷寒論》	《康平本傷寒論》
太陽病篇 124 條	太陽病六七日，表證仍在，脈微而沉，反不結胸，其人發狂者，以熱在下焦，少腹當鞭滿，小便自利者，下血乃愈，所以然者，乙太陽隨經瘀熱在裏故也，抵當湯主之。	太陽病六七日，表證仍在，脈微而沉，反不結胸，其人發狂者，以熱在下焦，少腹當鞭滿，小便自利者，下血乃愈，抵當湯主之。
太陽病篇 125 條	太陽病，身黃，脈沉結，少腹鞭，小便不利者，為無血也。小便自利，其人如狂者，血證諦也，抵當湯主之。	太陽病，身黃，脈沉結，小腹鞭，小便自利，其人如狂者，抵當湯主之。
太陽病篇 126 條	傷寒有熱，少腹滿，應小便不利，今反利者，為有血也，當下之，不可餘藥，宜抵當丸。	傷寒有熱，小腹滿，應小便不利，今反利者，當可下之，宜抵當丸。

〔註51〕太炎喜歡用西方解剖生理學的臟腑關係來解釋，於《章太炎全集（八）》頗多，如頁 228「少陰病為心臟衰弱之候」、頁 230「大論少陰一篇，多屬心病，唯真武湯證兼有腎病耳」、頁 208 陽明病「有實既在胃，又及於腸者」、頁 201「太陽病亦兼應肺與心也」……等等。
〔註52〕典型陽明病是指大承氣湯證與茵陳蒿湯證。
〔註53〕參陳淼和編著：《醫界之鐵椎譯註》（新北：集夢坊出版社，2016），頁 510～519。

陽明病篇 237 條	陽明證，其人喜忘者，必有畜血。所以然者，本有久瘀血，故令喜忘，屎雖鞕，大便反易，其色必黑者，宜抵當湯下之。	陽明證，其人喜忘者，必有畜血，屎雖鞕，大便反易，其色必黑，宜抵當湯下之。
陽明病篇 257 條	病人無表裏證，發熱七八日，雖脈浮數者，可下之。假令已下，脈數不解，合熱則消穀喜飢，至六七日，不大便者，有瘀血，宜抵當湯。	文字同左，並將 257、258、259 三條合為一條。

又《金匱要略‧婦人雜病》有「抵當湯證」一條：

婦人經水不利，抵當湯下之。〔註54〕

按「畜」即「蓄」之同音通假，蓄血為血瘀之意。又前已述《傷寒論》湯方與該篇之篇名並無必然關係，不能說太陽病篇有抵當湯、丸證之條文，就推斷抵當湯、丸是在治療太陽病。否則桂枝湯就不應該用來治療太陰病。〔註55〕而124條之少腹當鞕滿與125條之少腹鞕者，其「鞕」原作「堅」字，避諱隋文帝楊「堅」而改字。又237條「所以然者，本有久瘀血，故令喜忘」13字對照《康平本傷寒論》係作小字旁注，非出自仲景。故不能將抵當湯局限於「日久血瘀」之前提，否則「日久」如何定義？是以一個月、一年、還是數年為基準呢？日本江戶名醫山田正珍（1749～1787）等認為血瘀有新舊之分，血瘀新疾者主以桃核承氣湯，血瘀舊疾則主以抵當湯。以「日久」鑑別兩湯證不妥，因太模糊。又血瘀並非僅限於「下腹」，頭面、腦部、軀幹、胸腹等，舉凡有血瘀者即可適用。條文「少腹鞕（堅）」僅是列舉一項而已。

Typhoid 之潛伏期約 7～14 天。太炎原先將 Typhoid 之發展分為三期（1935年才改分為四期），以七日為一期，認為與太陽病「傷寒」之週期相似，故日本人才會誤譯 Typhoid 作傷寒。此亦有可能，但 Typhoid 初起亦有發熱、惡寒、頭痛、骨節痠痛、倦怠等臨床症狀，類如中醫之「傷寒」而導致誤譯病名亦有可能。太炎認為 Typhoid 是中醫「傷寒」太陽病之一證，不能統包中醫「傷寒」整體。下文是太炎之未刊稿，由其家屬所收藏，內容云：

傷寒兼包五種，證狀多端。而日本人專以西土所稱腸窒扶斯者當傷寒，是猶指毫末為馬體也（注：訛以馬毛來統包馬之整體）。腸窒扶斯者，發於秋冬間，春夏則止。病以三七為候：初候七日，發熱漸高；二候七日，發熱最高；三候七日，發熱漸下。當發熱甚時，脈

〔註54〕陳淼和：《傷寒卒病論台灣本》（台北：集夢坊出版社，2008），頁 454。
〔註55〕《宋本傷寒論》第 276 條：「太陰病，脈浮者，可發汗，宜桂枝湯」。

不隨之增進。內證回（迴）腸部雷鳴切痛，或下利黃黯如豆汁，或
亦秘結，不有定也。自第三候之初，熱漸張弛，讝語昏憒，心臟衰
弱。若腸中出血穿孔，則體溫降而脈亦細微，遽至於死。輕者人事
了了（注：意識清楚），無出血穿孔狀，漸亦自解。所以致出血穿孔
者，以腸中結熱甲錯生瘡故也。〔註56〕

太炎參閱《皇漢醫書》之後，獨舉小茈胡湯治療 Typhoid 之前七日者，這些診
療思惟應是太炎受湯本氏之影響而有所轉折，其將治療又改分為 4 期：

1. 初七內，或因具有寒熱往來之表證，主以小茈胡湯。
2. 初七、二七之間，膿未成者。用《傷寒論》之抵當湯、丸。
3. 初七、二七間失下，至三七初膿已成者，用《小品方》之芍藥地黃湯。
4. 已自下血者，用《千金要方》等之犀角湯、《甲乙方》之黃連丸。

初七、二七之間，不過是第 7 至 14 天之事，此日數顯然與《宋本傷寒論》條
文「久瘀血」舊疾不合。《康平本傷寒論》將「所以然者，本有久瘀血，故令
喜忘」13 字作小字旁注之格式是正確的，《康平本傷寒論》抵當湯條文只言「畜
血」、「有瘀血」，無言「久瘀血」。又第 237 條言「其色必黑」，太炎將抵當湯
列屬治療 Typhoid 第 2 期，云如延誤失治轉進第 3 期，改用芍藥地黃湯。《小
品方》其證為「內瘀有蓄血，大便黑者。」云如再延誤失治轉進第 4 期而下血
不止，則多呈「膿血」，須改用犀角湯或黃連丸。犀角湯證為「下利，惡血不
止。」黃連丸證為「利膿血。」按治療 Typhoid 第 2 期之「黑血」，延誤失治
而轉為第 3 期之「黑血」，其理尚通。但是第 3 期「黑血」延誤失治而轉為第
4 期「膿血」則頗可商榷。臨床上並無「黑血」隨者延誤失治卻反回逆為「膿
血」之現象。〔註57〕應詮釋為 Typhoid 有各種併發症，或小腸潰爛腫脹，或小
腸穿孔、或小腸出血等。

太炎認為「抵當湯與大小承氣湯同解腸熱，而一為血瘀，一為大便結，不
同也。」其理可通。但認為「抵當與桃核承氣同治血結，而一在小腸，一在膀
胱，不同也。」其理則有討論空間。太炎云：

　　仲景用抵當湯祇在六、七日至十餘日之間，急以峻藥下之，腸中瘀
　　熱，一下而解，此仲景醫術所以神也。若病者已逾兩星期，則抵當
　　湯似不可用，宜《小品》犀角地黃湯（注：又名芍藥地黃湯）加黃

〔註56〕《章太炎全集（八）》（上海：上海人民出版社，1994），頁 426。
〔註57〕筆者詢之陳淼和醫師。

芩方。蓋腸中瘀熱過甚，剝蝕腸膜，快藥（注：峻藥）下之，誠有出血之危也。至桃核承氣湯、抵當湯之辨識，一則熱結膀胱，故小便不利；一則熱結小腸，小便自利，此大較也。〔註58〕

桃核（仁）承氣湯之組成為：桃仁、桂枝、大黃、芒硝、炙甘草五味藥。其藥味相當於調胃承氣湯加桃仁與桂枝。抵當湯之組成為：水蛭、蝱蟲、桃仁、大黃四味藥，湯劑改作丸則曰抵當丸。桃核承氣湯與抵當湯同以桃仁合大黃泄下瘀血，屬於下法。膀胱或有結石瘀積，但無停有瘀血。泌尿結石、膀胱發炎或有血自隨小便流出而呈血尿，膀胱不可能蓄血。桃核承氣湯以桂枝甘草相合，即桂枝甘草湯之義。〔註59〕《傷寒論》中湯方凡桂枝與甘草合用同有此義。〔註60〕水蛭、蝱蟲皆屬蟲品，水蛭即馬蝗，鹹寒有毒，沼澤多見之，嗜食人血而不離，食飽方落。蝱蟲即蚊蟲，其善吮血。水蛭與蝱蟲合用，攻逐老舊血瘀，其人膚色多暗穢乾扁。從藥味分析推得桃核承氣湯證具有「心下悸或氣逆、大便秘結」；而抵當湯證則應具有「少腹堅滿、大便色黑」。〔註61〕《宋本傷寒論》「桃核承氣湯」只有太陽病第106條。今對照《宋本傷寒論》與《康平本傷寒論》（僅取正文）條文如下：

	《宋本傷寒論》	《康平本傷寒論》
太陽病篇 106 條	太陽病不解，熱結膀胱，其人如狂，血自下，下者愈，其外不解者，尚未可攻，當先解外。外解已，但少腹急結者，乃可攻之，宜桃核承氣湯。（後云解外宜桂枝湯。）	太陽病不解，熱結膀胱，其人如狂，血自下，其外不解者，尚未可攻，當先解外。外解已，但少腹急結者，乃可攻之，宜桃核承氣湯。

太炎說：「仲景書不說經脈流注」〔註62〕，其「經」為「部」、「經界」意義。《傷寒論》專論湯方，不講針灸經脈與內繫臟腑之事。依陳淼和先生研究，

〔註58〕《章太炎全集（八）》（上海：上海人民出版社，1994），頁337。
〔註59〕《宋本傷寒論》第64條：「發汗過多，其人叉手自冒心，心下悸，欲得按者，桂枝甘草湯主之。」
〔註60〕桂枝與甘草，在《傷寒論》中乃為對藥，「桂枝與甘草相伍，補義之力倍增，袪邪之功殊勝，從而使正氣復，邪氣袪，陰平陽秘，病體康復。」參王玉芝、呂昌寶：《張仲景對藥集》（長治：晉東南醫學專科學校出版社，1984），頁127。
〔註61〕這樣的分析是因為仲景《傷寒論》以「方證相應」為原則，參劉觀濤：《方證相對：傷寒辨證論治五步》（北京：中國中醫藥出版社，2009）。
〔註62〕《章太炎全集（八）》（上海：上海人民出版社，1994），頁286。

106 條之「熱結膀胱」與 124 條之「熱在下焦」皆非仲景之言，乃後人所增竄。增竄之時間應早於隋朝之前，故《康平本傷寒論》亦作為正文。〔註63〕

　　太炎舉闌門為小腸、大腸交會之處，「闌門」一詞出自《難經》第 44 難，太炎不認同《難經》，認為《難經》「不辨臟府（注：通腑）位置，……惟《難經》說多誣妄耳。」〔註64〕不過，此處應該認為闌門的位置，《難經》是沒問題的，所以採取其觀點。前文「傷寒兼包五種」則出自第 58 難：

> 七衝門何在？
>
> 然：唇為飛門，齒為戶門，會厭為吸門，胃為賁門，太倉下口為幽門，太腸小腸會為闌門，下極為魄門，故曰七衝門也。〔註65〕
>
> 傷寒有幾，其脈有變不？
>
> 然：傷寒有五，有中風，有傷寒，有濕溫，有熱病，有溫病，其所苦各不同。中風之脈，陽浮而滑，陰濡而弱。濕溫之脈，陽浮而弱，陰小而急。……〔註66〕

太炎認可的《傷寒論》的傷寒本身就是《難經》第 58 難所說的廣義傷寒，這是我們在第四章時所強調的，因而太炎在上文故說「傷寒兼包五種」。太炎在〈論腸窒扶斯即太陽隨經瘀熱在裏并治法〉中，引用許叔微的說法，而把「闌門」的概念帶進來解釋。不過太炎在引用許叔微的說法時，故意省略「經」字，而把許叔微原文的「太陽，膀胱經也……。」寫成「太陽，膀胱也」，這顯然是因為他的傷寒學中是沒有經脈的位置所導致，底下我們先來到許叔微的說法。

　　北宋許叔微（1080～1160 年）有用抵當湯之醫案，見《傷寒九十論》第五十論，其標題作〈太陽瘀血證〉：

> 仇景（注：應是地名）莫子儀，病傷寒七八日，脈微而沉，身黃發狂，小腹脹滿，臍下如冰，小便反利。醫見發狂，以為熱毒蓄於心經，以鐵粉、牛黃等藥，欲止其狂躁。予診之曰：非其治也，此瘀血證爾。仲景云：太陽病，身黃脈沉結，小腹鞕，小便不利，為無血；小便自利，其人如狂者，血證也，可用抵當湯。〔註67〕再投，

〔註63〕陳淼和：《傷寒卒病論台灣本》（台北：集夢坊出版社，2008），頁 97、102。

〔註64〕《章太炎全集（八）》（上海：上海人民出版社，1994），頁 141。

〔註65〕淩耀星主編：《難經校注》（北京：人民衛生出版社，1991），頁 79～80。

〔註66〕淩耀星主編：《難經校注》（北京：人民衛生出版社，1991），頁 103。

〔註67〕《宋本傷寒論》125 條：「太陽病，身黃，脈沉結，少腹鞕，小便不利者，為無血也，小便自利，其人如狂者，血證諦也，抵當湯主之。」

而下血幾數升，狂止，得汗而解。經云：血在下則狂，在上則忘。

太陽，膀胱經也，隨經而蓄於膀胱，〔註68〕故臍下脹，自闌門會滲

入大腸，若大便黑者，此其驗也。〔註69〕

按《宋本傷寒論》第124條（即上引文中的「經云」）「太陽隨經瘀熱在裏」一句為《康平本傷寒論》小字注解，非出自仲景。且《傷寒論》不講針灸經脈與內繫臟腑之事，106條「熱結膀胱」亦應後人增竄。許叔微雖能治癒病人，但解釋其機轉有誤，解抵當湯證為「太陽隨經瘀熱在裏」、「血蓄足太陽經之膀胱腑」而導致少腹堅滿；誤解瘀血係從膀胱經由闌門滲入大腸而下血。按膀胱生理結構並無法通入大腸，故太炎指謫許氏混淆前陰與後陰。太炎之指謫固然正確，〔註70〕但卻忽略了叔微以芍藥地黃湯治療尿血痊癒之醫案。按芍藥地黃湯在原條文有云大便黑者，但並無錄及治療尿血，即原文只治「後陰」出血，並無治「前陰」出血。但是許氏卻有治癒尿血之醫案。芍藥地黃湯的原條文出自《外台秘要》卷二引錄之《小品方》：

> 《小品》芍藥地黃湯，療傷寒及溫病應發汗而不發之，內瘀有畜血者。及鼻衄，吐血不盡，內餘瘀血，面黃，大便黑者。此主消化瘀血。芍藥三分，地黃半斤，丹皮一兩，犀角屑一兩。有熱如狂者加黃芩二兩，其人脈大來遲，腹不滿，自言滿者，為無熱，不用黃芩。
> 〔註71〕

按芍藥地黃湯又名犀角地黃湯，上方芍藥三分應作三兩，三分太輕，藥力不足。地黃應指生地黃，現採鮮品含有水分，故重量較重，鮮品寒涼多汁故退熱有力。市售之「生地黃」實為「乾地黃」，即由鮮生地直接曬乾而得。叔微用芍藥地黃湯亦能治癒小便出血。其醫案出《傷寒九十論》第四十二論，標題作〈小便出血證〉：

> 里人有病，中脘吐，心下煩悶，多昏睡，倦臥，手足冷。蓋少陰證也。十餘日不瘥，忽爾通身大熱，小便出血。予曰：陰虛者，陽必

〔註68〕《宋本傷寒論》124條：「太陽病六七日，表證仍在，脈微而沈，反不結胸，其人發狂者，以熱在下焦，少腹當鞕滿，小便自利者，下血乃愈，所以然者，以太陽隨經瘀熱在裏故也，抵當湯主之。」

〔註69〕許叔微：《許叔微傷寒論著三種·傷寒九十論》（北京：人民衛生出版社，1993），頁182。

〔註70〕太炎之指謫即上小節〈論腸窒扶斯即太陽隨經瘀熱在裏并治法〉一文中引許叔微之說法病評論之。

〔註71〕王燾：《王燾醫學全書》（北京：中國中醫藥出版社，2006），頁77。

湊之。今脈細弱，而臍下不痛，未可下桃仁承氣，且以芍藥地黃湯，

三投而愈。〔註72〕

按桃仁承氣湯與犀角地黃湯皆可治療血證，儘管許叔微判斷「膀胱自闌門交會
處滲入大腸」之生理解剖有誤，也錯解「太陽隨經瘀熱在裏」與「血蓄足太陽
經之膀胱腑」。但其以「脈細弱、少腹不痛」而排除下法，不用桃仁承氣湯證，
確實正確。而犀角地黃湯可治後陰出血，亦可治療前陰出血。《外台秘方》引
自《小品方》將其芍藥之藥量誤作「三分」，實際上應作「三兩」（約相當於今
制三錢）。太炎並無指出此誤植而亦作「三分」，推得太炎應無主以犀角地黃湯
之驗案。何廉臣早生太炎八年，曾增補《通俗傷寒論》、撰《全國名醫驗案類
編》等，後者刊於 1927 年，收錄有曾月根醫師以犀角地黃湯治療「溫毒發斑」
之驗案：

張少卿，年二十二歲，感染溫毒時行而發溫毒發斑。面赤唇紅，一
身手足壯熱，血毒外潰，神煩而躁，發出紅斑。診其六脈洪大，右
甚於左，舌鮮紅，陽明血熱無疑。血為陰，氣為陽，陽甚則爍血，
血熱則發斑矣。涼血解毒，以泄絡熱，故以鮮生地、犀角大寒為君，
以清君火，佐以芍藥、丹皮之微寒，以平相火，火熄則斑毒、陽黃
皆淨盡矣。處方：鮮生地一兩、犀角尖二錢、赤芍藥六錢、丹皮二
錢五分。一服熱清斑透，繼用清養法而痊。〔註73〕

太炎提出桃核承氣湯證「熱結膀胱、小便不利」與抵當湯證「熱結小腸、小便
自利」作為鑑別。太炎應是被條文「熱結膀胱」所誤導，依太炎見解，桃核承
氣湯編錄於太陽病篇，當係治療太陽病。而膀胱腑為足太陽膀胱經之裏，則太
陽之「裏」有二（一為小腸、一為膀胱）。太炎自云太陽「經」非指經絡，而
是指徑界、部位，今又言「膀胱」為太陽之裏，豈不仍籠罩於經絡之下（因足
太陽膀胱經之故也）。又太炎既然指謫許氏「膀胱不通大腸」生理解剖之誤，
自己亦患同樣之錯誤，桃核承氣湯是從大腸泄出瘀血，而非從小便尿出瘀血。

從臨床上看，筆者曾就此請教臨床三十年經驗之陳淼和醫師，陳醫師指出
可從《傷寒論》中的「腹診」來區別桃核承氣湯與抵當湯之差異，而非從太炎
之新舊血之分。陳醫師曰：

〔註72〕許叔微：《許叔微傷寒論著三種‧傷寒九十論》（北京：人民衛生出版社，1993），
頁 177。
〔註73〕何廉臣：《全國名醫驗案類編》（福州：福建科學技術出版，2003），頁 343。

依條文旨意及藥味組成，桃核承氣湯證與抵當湯證並非新、舊血之分。兩湯皆為血瘀且病勢朝陽者而設。桃核承氣湯證著於「內熱寒鬱」，內熱則用硝黃，寒鬱則用桂草，內熱為寒所鬱則煩躁而有氣逆眩悶之狀，故用大黃芒硝泄內熱而救陰，桂枝甘草溫胸陽而降逆，桃仁去血瘀。抵當湯證則著於「血塊不移」，血塊不移則小腹全片乾硬，形於外則膚色黃褐、瘀暗，上入腦則善忘、如狂；故用蟲藥尖銳攻破乾硬血塊。兩湯方皆有「小腹鞭滿」，醫師腹診按壓時以其移動與否等鑑別。桃核承氣湯證之「小腹鞭滿」按之可移，多偏於單側，常居左腹。抵當湯證之「小腹鞭滿」則多為小腹全塊乾硬，按之不移。前者小腹多隆起，按如內藏雞蛋而有彈性，色澤正常。抵當湯證之小腹多乾扁，按之如木板，色澤瘀褐。〔註74〕

既然桃核承氣湯證和抵當湯證中皆有「小腹（或少腹）鞭滿」之現象，於是可以從其鞭滿的情態來區別。桃核承氣湯證之「小腹鞭滿」按之可移，多偏於單側，常居左腹，抵當湯則不然，是整個小腹鞭滿，按之不移，這就提供了很好的區分。

　　太炎去世前一年（1935年），對蘇州國醫學校發表演講，可說是其醫論之總結。講詞中批評金元四大家各偏一端；清朝張璐玉偏於溫補，王孟英偏於寒涼，皆有流弊。在《傷寒論》諸注本中獨宗柯琴之見解。按柯氏「太陽與膀胱無關、與肺相密切」之觀點合乎經驗事實，其言仲景太陽病非指太陽經絡之疾病，則太陽病入裏當非入於膀胱腑。關於此點太炎卻否定柯琴之見解，或因太炎對後人增衍論中之「熱結膀胱」一詞所惑。太炎既然認同傷寒六經非指經脈，卻困守「熱結膀胱」，豈不又將太陽病與膀胱腑聯結，似可商榷。另一方面，太炎認為少陰病「脈微細、但欲寐，明係心臟衰弱之病，實與腎臟無關，何必拘拘於心、腎屬少陰之說耶！」〔註75〕太炎將少陰病與腎臟病脫鉤，脫離經脈的解釋，頗為正確。尿毒癥病人，雖須要行血液透析，但並非全屬脈微細、但欲寐者。其人腎臟雖已萎縮而無功能，但是照樣能行房生子，可知太炎詮釋之合理。但此合理，太炎並未貫串到此腸窒扶斯之討論上。

〔註74〕　參張美華：《《傷寒論》之腹診研究》，嘉義：南華大學自然醫學研究所碩士論文，2012，頁64～66，此數頁重點放在桃核承氣湯和抵當湯中有關小腹（或少腹）鞭滿之腹診差異，為陳淼和醫師所指導而撰成，參該文〈致謝〉。
〔註75〕　《章太炎全集（八）》（上海：上海人民出版社，1994），頁407。

5.6 太炎由湯證論《傷寒論》分部

　　太炎在去世前二年認為太陽病應分兩大部，一部為心臟衰弱，一部為邪入小腸。即桂枝湯證、麻黃湯證為一部，失治則轉入陽明。另一部為寒熱往來之小茈胡湯證，其屬真太陽病，失治則轉為太陽本腑蓄血之腸窒扶斯。太炎云（本段成文於 1934 年）：

> 大抵《傷寒》太陽篇中，當分兩大部，其一頭痛、項強、發熱，或惡風，或惡寒者，惡風宜桂枝湯，惡寒宜麻黃湯，失此不治，則病多轉入陽明，為梔豉、白虎、調胃、承氣等證，鮮有轉入太陽本腑者（注：太炎指小腸）。其一寒熱往來，胸脅苦滿者，宜用小柴（注：應作茈，下同）胡湯。失此不治，則見太陽本腑蓄血之候。是故第一部所病，本非太陽，特以心臟不衰，血脈足以抵抗客邪，故對心臟之少陰衰弱，血脈不能抵抗邪者，而命之曰太陽。其第二部所病，為太陽本腑蓄血之發端，則真太陽病也。……本論，婦人中風七八日，續得寒熱，發作有時，經水適斷者，此為熱入血室，其血必結，小柴胡湯主之。夫血結胞中，與血蓄小腸，其類同也。然則服小柴胡湯，所以預防小腸蓄血。乃所謂治未病也。〔註76〕

按所謂本論之「此為熱入血室，其血必結。」10 字應後人增衍。《宋本傷寒論》出「熱入血室」一詞者共有四條，四條皆重錄於《金匱要略》婦人病篇。144 條「此為熱入血室」於《康平本傷寒論》是作 6 小字旁注。143、246 兩條於《康平本傷寒論》作 13 字一行抄寫，為後人增衍之注解。144 條雖然同出於《康平本傷寒論》，但是仲景不講三焦，且該條也無出湯方，故該條應係原作 13 字一行之筆誤。故知太炎以「熱入血室」來類同「熱入小腸」，應可商榷。

	《宋本傷寒論》	《康平本傷寒論》
太陽病篇 143 條	婦人中風發熱惡寒，經水適來，得之七八日，熱除而脈遲身涼，胸脅下滿，如結胸狀，讝語者，此為熱入血室也，當刺期門，隨其實而瀉之。	條文作 13 字一行，此格式視為後人增衍。
太陽病篇 144 條	婦人中風七八日，續得寒熱，發作有時，經水適斷者，此為熱入血室，其血必結，故使如瘧狀，發作有時，小柴（茈）胡湯主之。	婦人中風七八日，續得寒熱，發作有時，經水適斷者，其血必結，故使如瘧狀，發作有時，小柴（茈）胡湯主之。

〔註76〕《章太炎全集（八）》（上海：上海人民出版社，1994），頁 397～398。

太陽病篇 145條	婦人傷寒發熱，經水適來，晝日明瞭，暮則讝語，如見鬼狀者，此為熱入血室。無犯胃氣及上二焦，必自愈。	同左而條文作14字一行，實為13字一行之筆誤，應視為後人增衍。
陽明病篇 216條	陽明病，下血讝語者，此為熱入血室；但頭汗出者，刺期門，隨其實而瀉之，濈然汗出則愈。	條文作13字一行，此格式視為後人增衍。

　　按從上表得知《康平本傷寒論》不具「熱入血室」之詞。從方證相應的觀點來看，《宋本傷寒論》第144條主以小茈胡湯者，並非去除血瘀，而是去除寒熱。小茈胡湯無逐血瘀之藥味，外感寒熱既解，經血則恢復正常而自然順行。月經之出血是常態，Typhoid之出血是病態，太炎將兩者出血混淆類同。太炎演講詞定義太陽病有兩種，但此與後一年之說法又有不同。後一年太炎言麻黃湯證、桂枝湯證僅屬太陽病之「前驅癥」，五苓散證、桃核承氣湯證才是「太陽正病」。太炎云（本段成文於1935年秋季）：

　　《傷寒論》之太陽病，應分別論之。病初起時之麻黃湯證、桂枝湯證僅為太陽病之前驅癥，猶非太陽正病也。惟水蓄膀胱之五苓散證及熱結膀胱之桃仁承氣湯證，斯為太陽正病。然所謂熱結膀胱者，病實不在膀胱而在小腸，西醫謂之腸窒扶斯是也。但腸窒扶斯，初起之時多由小柴（注：應作茈，下同）胡湯變成，實不起於麻、桂二證也。人謂小柴胡湯證屬少陽，從太陽病傳變而來。然原文曰：傷寒五、六日，中風，往來寒熱。既無太陽傳來之明文，而又列於太陽篇中，安得硬指其為少陽病乎！嘗見腸窒扶斯，初起之證候，有寒熱往來，胸脅苦滿。俗醫謂之濕溫，或云類瘧，實即小柴胡湯證也。此時投以小柴胡湯，必有效。如失治不愈，變為痞滿、嘔吐等癥，則當用半夏瀉心湯。如再失治，則必變成桃仁承氣及抵當湯證，此乃屢驗不爽也。至少陽篇與太陽篇之分，大概特發之柴胡湯證，屬於太陽篇；由太陽病轉變之柴胡證，則屬少陽篇。然病由太陽病傳變而為少陽病者，實不多覯（注：音讀購，遇見），故少陽篇之原文無多……。

　　仲景《傷寒論》一書，包含甚廣。惟太陽篇太無系統，使人讀之，有望洋之嘆。余意將本篇分為三章，以桂枝、麻黃、梔豉、白虎、調胃承氣證為一章；小柴胡、瀉心湯、抵當湯、桃核承氣證為一章；其餘又為一章。如是分章，較易明瞭。要之，讀《傷寒論》之法，貴

乎明其大體。若陳修園之隨句敷衍，強為解釋，甚至誤認自太陽病
起，至厥陰病止，祇是一種病之傳變。如是死於句下，何能運用仲
景之法，以治變化無窮之病乎！〔註77〕

此篇為章太炎去世前最後之總結，他認為太陽病應分作三章，一為桂枝湯（按
其意應含桂枝加附子湯等諸桂枝系列）、麻黃湯、梔子豉湯、白虎湯（按其意
應含白虎加人參湯）、調胃承氣湯證（按其意應含大、小承氣湯）。二為小茈胡
湯（按其意應含諸茈胡系列）、半夏瀉心湯（按其意應含諸瀉心湯）、抵當湯、
桃核承氣湯證。三為編於太陽病篇中之其它湯證（例如十棗湯等）。太炎於此
是用類證來分類的，依其意應將五苓散證列入第二章。結合去世前二年之觀
點，太炎認為茈胡湯證有兩種，大部分為直接特發，少部分則係由太陽病失治
轉屬者。前者編於太陽病篇而為太陽病之「裏病」；後者編於少陽病篇，故論
少陽病篇之條文無多。從《宋本傷寒論》來看，少陽病篇之條文共只有 10 條，
即 263 條至 272 條。其第 266 條：「本太陽病不解，轉入少陽者，脅下鞕滿，
乾嘔不能食，往來寒熱，尚未吐下，脈沉緊者，與小柴（茈）胡湯。」太炎因
此認為少陽病篇之小茈胡湯證係由太陽病失治轉屬者，並認為其例不多，而
「多數之茈胡湯證」則屬太陽病之「裏病」，這種直接特發之太陽裏病才是「真
太陽病」（即太炎用語「太陽正病」）。而桂枝湯、麻黃湯證只是「太陽病前驅
癥」，換句話說，太炎視桂枝湯、麻黃湯證屬「非太陽正病」。

《宋本傷寒論》第 188 條：「傷寒轉屬陽明者，其人濈然微汗出也。」依
太炎之理，抵當湯證亦有兩種，大部分為直接特發，少部分係由太陽病失治所
轉屬。前者歸於太陽病篇，後者方歸於陽明病篇。則抵當湯應視為治療太陽病
「裏病」而屬「真太陽病」，「陽明病篇」應歸於太陽病失治轉屬，因此陽明病
篇條文數目理應無多。按《宋本傷寒論》陽明病篇共有 84 條，即 179 條至 262
條，條文數目之多足以讓太炎之說受到質疑。段曉華女士的博士論文〈章太炎
醫學思想研究〉之提綱云：

　　章太炎認為，少陽病並非柴（茈）胡證，由太陽病轉變之柴（茈）
　　胡證，才屬少陽病，並認為它屬於西醫之腸窒扶斯。〔註78〕

段曉華誤解太炎之意，太炎並無否定「少陽病主方為茈胡湯」，上句應改正作：

〔註77〕《章太炎全集（八）》（上海：上海人民出版社，1994），頁 407～408。
〔註78〕段曉華：《章太炎醫學思想研究》，北京：北京中醫藥大學中醫研究所博士論
　　　　文，2006 年，〈中文摘要〉，頁 2。

章太炎認為「太陽病篇」之苉胡湯證為太陽之「裏病」，或稱「真太陽病」，其係由外邪直接干入太陽之裏（小腸）而得，它屬於西醫之腸窒扶斯。而論中編於「少陽病篇」之苉胡湯證極為少見，其係由太陽病失治轉屬而得。即太炎主張苉胡湯證編於「太陽病篇」者應屬「真太陽病」；編於「少陽病篇」者方屬「少陽病」。

太炎這樣的分類在歷史上，是非常少見的。太炎此舉恐有誤，最主要的誤解來自於太炎認為《傷寒論》中某篇之湯方即定屬治療該篇之病。太炎將太陽病分為三章，調胃承氣湯證（按其意應含大、小承氣湯）；抵當湯、桃核承氣湯證又為一章。按《宋本傷寒論》大、小承氣湯、調胃承氣湯皆屬治療陽明正病，其小承氣湯組成作大黃、厚朴、枳實三味藥（注：遺漏芒硝）。〔註79〕又桃核承氣湯既曰名「承氣」，同樣具有芒硝、大黃，故亦治療陽明病。太炎將三承氣湯與桃核承氣湯歸類為「正太陽病」，似可商榷。且將三承氣湯與桃核承氣湯分屬太陽病之不同「章」，太炎分太陽病為三章之歸類法似不符《傷寒論》原本排列的旨意。

再回頭探討太炎治療 Typhoid 用藥之思惟，第一期主以小苉胡湯，認為服用此湯可預防小腸出血。第二期主以抵當湯、丸。太炎認為小苉胡湯證失治拖延則會轉變為抵當湯、丸證。依據太炎觀點則抵當湯、丸證比小苉胡湯證更裏、更後。試問小苉胡湯證與抵當湯、丸既同屬太陽病之裏，難道此太陽「裏」病又有淺裏與深裏之分。上文太炎已說明太陽之「裏」有二（一為小腸、一為膀胱），今太炎指太陽之「裏」有淺裏、深裏之分，難道小腸、膀胱分屬太陽之淺裏、深裏？似乎太炎並沒有意識到其中的衝突。

5.7　綜論由腸窒扶斯看中西醫匯通之可能方向

經由以上，我們討論了太炎集中在《傷寒論》腸窒扶斯醫學思想的討論，旁涉了民國初年的腸窒扶斯探索，包含腸窒扶斯傳入中國的歷史，也對勘了諸

〔註79〕於此，陳淼和先生考證《宋本傷寒論》命名與組成有誤，應依照《千金要方》而更正作：大承氣湯（芒硝、大黃、枳實、厚朴）、承氣湯（芒硝、大黃、甘草、枳實）、小承氣湯（芒硝、大黃、甘草）。昔注者將「小承氣湯」增衍小注「調胃」2 字，傳抄混入正文而訛作「調胃小承氣湯」，最後省略「小」字乃得「調胃承氣湯」。陳先生的研究可補足太炎在此的考證，於此亦可知太炎因此傳抄混入而誤認為「調胃承氣湯」可調理胃氣。參陳淼和：《傷寒卒病論台灣本》（台北：集夢坊出版社，2008），頁 194。

家對於腸窒扶斯的討論，涉及桃核承氣湯、抵當湯的討論，可以知道太炎匯通中西醫的努力過程。在 2.3.3 小節，本文已說明太炎以《傷寒論》和西醫解剖生理學為基礎的匯通中西醫方法。經由本章的申論，可以得知：腸窒扶斯初起頭痛、項痛、肢疲而痛、惡寒發熱，病在太陽，主以葛根湯、麻黃湯、大青龍湯等發汗解熱劑，偶或有少數者得以痊癒。另有寒熱往來，胸脅苦滿，或白苔、白黃苔、黃苔者，病由太陽轉入少陽，分別主以大、小茈胡湯加減。脈變為沉、實、遲等象，又見神昏、譫語、潮熱、腹滿、便秘、不欲食、舌上黑苔等者。病由少陽轉入陽明，分別主以調胃承氣湯、桃核承氣湯、小承氣湯、大承氣湯等。Typhoid 病程或以四七日為期，發熱逐漸增高，第二期最高，之後熱度逐降。熱度與脈之強度（脈勢）並不呈正比。病人痞滿，嘔吐，腸鳴切痛；大便或下利黃黯如豆汁、或秘結，因人而異。第二期終至第三期初最為危險，小腸發炎腫脹，脾臟腫大，病甚則小腸潰破出血或腸穿孔之危象，腸出血則體溫驟降，心肌衰弱，脈搏細微，終導致死亡。幸者自癒，或病暫緩解而轉入慢性期。病程未必皆以 28 日為期，和田氏診得發病第 57 日才突然腸出血，而經主以茯苓飲合大黃附子湯痊癒者。Typhus 病原是立克次體，Typhoid 病原是沙門氏桿菌，仲景傷寒之病原是病毒。西醫針對三種不同之病原而治療藥劑各異，中醫治療則不管立克次體、細菌或病毒之差別，只管發病當下病人體質寒熱溫涼之不同。病勢朝陰發展者主以溫熱藥，病勢朝陽發展者主以寒涼藥。外感病惡寒者用溫熱藥，咽喉痛者惡寒者用溫熱藥，高血壓惡寒者亦用溫熱藥。故中醫治療外感病、咽喉痛、高血壓三者或可主以相同之湯藥。Typhus、Typhoid、仲景傷寒病如果三者之病勢相同，即或主以相同之湯藥。《傷寒論》湯方既可治療外感病，又可治療雜病；其理由在於中醫湯方是在調整「病人」之病勢，而非殺死「病原」。發燒病人要不要用冰敷非由發燒度數所決定，而是病人之病勢所決定。如果病人惡寒，即使發燒高達攝氏 41 度，也不能用冰敷。〔註80〕

　　當初或因同有頭痛、發熱、惡寒等症狀，導致丁福保、和田啟十郎等誤譯 Typhoid 作「傷寒」。隨者此誤譯之風，而後「沙門氏桿菌」也被誤作「傷寒桿菌」。現今中譯為「傷寒」、「傷寒桿菌」已被西醫教科書作為標準名詞，中醫

〔註80〕2012 年底，筆者曾當面請教陳淼和醫師有關中醫臨床診療此病之關鍵，陳先生回答如上，謹此致謝。《史記‧扁鵲倉公列傳第四十五》：「聞病之陽，論得其陰。聞病之陰，論得其陽。」、「陰石以治陽病。陽石以治陰病。」正是中醫「陰陽病勢」診療準則之理論依據。

界對此誤譯也多默認。但中醫傷寒與 Typhoid 本來就是兩回事，太炎吸收西醫強項之解剖實證，欲提高中醫水準而試圖與西醫接軌。其將 Typhoid 從譯為「傷寒」縮小範圍，而提出他的命題：〈論腸窒扶斯即太陽隨經瘀熱在裏并治法〉。他的長處在於以病證來看待疾病，故能判斷腸窒扶斯為太陽病中的濕溫，並非為總稱的廣義傷寒。然後將其分為四期。

1. 初七內，或因具有寒熱往來之表證，主以小茈胡湯。
2. 初七、二七之間，膿未成者。用《傷寒論》之抵當湯、丸。
3. 初七、二七間失下，至三七初膿已成者，用《小品方》之芍藥地黃湯。
4. 已自下血者，用《千金要方》等之犀角湯、《甲乙方》之黃連丸。

其分類頗細緻，可惜以發病第幾天就機械式地專用某方，忽略了中醫病勢開方的原理。Typhoid 未化膿而病勢朝陽者，或可主以抵當湯等；病勢朝陰者則應主以黃土湯等。另外，太炎未能堅持其《傷寒論》的判斷「仲景書不說經脈流注」，時又有「隨經」理論出現（容易被人誤解）。並且將病邪與細菌等同，狹窄了中醫的病因說法。也把經脈和血脈混淆，有失周全。

太炎開展出來的中西醫匯通方式，以《傷寒論》和解剖生理學為重要的兩端，以病證為主，而不以病因為主來匯通，來溝通中西醫方法，未來應還是主要的中西醫醫學匯通研究方向，他的成績在西醫病名下，以病證的考慮，用《傷寒論》的六經辯證處理，有是證，便以是方對治，方證相應。他的缺失在分際界線應區分清楚。例如太炎以西醫的臟腑理論為基礎，評論分析《傷寒論》中的六經病或中醫臟腑經絡生理學並不合適，但以西醫的筋膜學來對勘中醫學的經筋學，便是可行的方向。〔註81〕

〔註81〕 參 Thomas W. Myers 著：〈肌筋膜經線與東方醫學〉，收入 Thomas W. Myers 著、黃佳琦等編譯：《解剖列車》（台北：愛思唯爾有限公司，2013），頁 273 ～280。

第六章 結 論

6.1 前言

　　現在，要進入本論文的最後一章「結論」，標題「結論」表示是最後一章，分成回顧與展望兩部分來進行。在回顧部分，本文要稍微闡述過去五章的論述進程，看其理論成果，與其限制之所在。在展望部分，本文要看章太炎的醫學思想、中西醫匯通模式和《傷寒論》研究在現代還可能有何發展性？

6.2 回顧

　　在回顧方面，第一章中，說到本文的研究目的如下：

1. 補足台灣學者對章太炎醫論研究的缺項。
2. 深入研究章太炎的《傷寒論》思想，豐富中醫學術的寬度。
3. 檢討章太炎對匯通中西醫的過程與結論。

　　透過了前五章的撰述，基本上，符應了這三個目的。

　　第一章，說明了研究章太炎醫學思想的學術動機，尤其是台灣在研究章太炎學問上，普遍注意其國學面向（含經學、子學、文學等），對於其醫學思想部分較為缺乏關注。本文在此，尤其是博碩士論文方面，當有其貢獻焉。

　　在文獻回顧方面，本文應是目前所有研究章太炎醫學思想論文方面，考察相關著作（含專書、期刊、博碩士論文）最為全面、蒐羅最為齊全者。於此站在前人研究的基礎上，庶幾不浪費前人學術研究的成果，而又能往前發展。對

本文最有助益的當是錢超塵、段曉華、梁蕾的相關章太炎醫學之著作,本文在相關部分也採納其成果並修正其部分不足。

在研究方法方面,採勞思光先生的「問題研究法」和章太炎本身為學的方法「考據學」,說明其漢學方法的特色為「由訓詁而推求義理╱執義理而後能考核」,關於太炎注重「由訓詁而推求義理╱執義理而後能考核」中的「由訓詁而推求義理」,論者皆曉,但其也注重「執義理而後能考核」,知者不多,在《傷寒論》的研究上,章太炎更是強調此點,此點也是本文貢獻之一。

研究方法更突顯台灣學者之獨特價值,採取陳淼和先生的研究基礎,以河洛語十五音來研究《傷寒論》,此點亦當是本文獨特處之一。

第二章本文反駁了惲鐵樵先生對於章太炎學術的判斷,而認為醫學並非章太炎學術的「餘緒」,此「醫學乃章太炎學術之餘緒」目前仍為普遍對章太炎的印象,應當去之。第二章也證明了章太炎對於臨床治療有其一定的療效。接下來,就突顯《傷寒論》為章太炎醫學的核心價值。太炎不僅專門研究《傷寒論》,而且在中西醫的價值對比下,太炎認為《傷寒論》對於外感病的療效,是西醫所比不上的。太炎身處中西醫激烈衝突之時代背景,太炎突顯《傷寒論》的重要價值,做為他匯通中西醫的方法論基礎。這點也是本文的貢獻所在。

第三章考察了章太炎對於《傷寒論》這本書的外緣研究,還未進入內部探索其理論思想。章太炎對於《傷寒論》作者為張仲景是承認的,但仲景的名字為何?透過史籍,剛開始他認為是張羨,後來他更謹慎,採取保留態度,認為不一定。所以終其一生,皆稱仲景,或以長沙太守稱之。第三章也探討了太炎對王叔和的考證與評價,太炎對叔和整理《傷寒論》是持正面肯定評價的,太炎對叔合最大的不滿是叔和把《內經》的傳經理論放到《傷寒論》的序例之中,造成後世頗大的爭論。然後章太炎別開蹊竅地運用版本目錄學考證了《傷寒論》版本的流傳,對於《傷寒論》學上,最不清楚的《傷寒論》在六朝的流傳狀況,提供一個清楚的流衍情形,這是太炎對於《傷寒論》學的重要貢獻之一。

對於各家注解,章太炎大致上分成三派:「重訂錯簡派(柯琴、方有執、喻昌等)」、「維護舊論派(成無己等)」和「運氣玄談派(黃元御、張志聰、陳念祖等)」。其中他對於運氣玄談最排斥,最鄙棄黃元御,最讚賞柯琴。

對於研究《傷寒論》的方法,太炎主張先明其大意,在注意科條文句。這點最和一般人認為的漢學家都先主張小學明而後義理明的印象相違背。也是章太炎對於《傷寒論》獨特主張之一。

第四章論述章太炎的傷寒學。其中集中在他對於「經脈」的看法、傷寒不傳經、傷寒包含溫病的主張。這些問題在傷寒學術史上都是兵家爭論之所在。太炎最特殊的就是對於經脈的看法，他以解剖生理學來做為研究基礎，對經脈提出他的判斷。事實上，以目前的醫學思想來看，太炎此處主張「經脈是血脈」的看法是錯誤的判斷。本文認為在傷寒溫病的處理上，太炎的做法最高明齊備。他先以病證為主，以此為標準，來做為解決傷寒溫病的基礎，而不以傷於寒邪或熱邪來做為判斷傷寒或瘟病的標準，頗有其智慧之所在。尤其在以病證為主的原則下，他訂定了「溫熱病十八法十三方」，對於由廣義傷寒觀點來對治溫病提出了具體辨證論治的湯方。

第五章在前面第三章、第四章的基礎上，考察章太炎將其《傷寒論》思想應用在當時中西醫激烈衝突的情境中的狀況。當時的醫學思想界對「腸窒扶斯」討論最多，太炎對此也最為關注，因此本章便以此為主題。

本章說明了太炎長處在於以病證來看待疾病，故能判斷腸窒扶斯為太陽病中的濕溫，並非為總稱的廣義傷寒，這是他在匯通中西醫的思想上重要的貢獻之一。然後將其分為四期。

1. 初七內，或因具有寒熱往來之表證，主以小茈胡湯。
2. 初七、二七之間，膿未成者。用《傷寒論》之抵當湯、丸。
3. 初七、二七間失下，至三七初膿已成者，用《小品方》之芍藥地黃湯。
4. 已自下血者，用《千金要方》等之犀角湯、《甲乙方》之黃連丸。

其分類頗細緻，可惜以發病第幾天就機械氏地專用某方，忽略了中醫病勢開方的原理（和患者的體質有關）。Typhoid 未化膿而病勢朝陽者，或可主以抵當湯等；病勢朝陰者則應主以黃土湯等。另外，其可惜之處為未能堅持其《傷寒論》的判斷「仲景書不說經脈流注」，時又有「隨經」理論出現（雖然強調「經」是「經界」，容易被誤解）。並且將病邪與細菌等同，狹窄了中醫的病因說法。也把經脈和血脈混淆。太陽病之傷寒（含溫病）之特徵是穩定的、可重複掌握的，儘管受西藥等干擾，但基本上仍維持二千年之模式。這種模式即稱為「證候」。「症狀」是呈現「病原攻擊身體」之具體結果，而「證候」則是依據「發病當下之體質」所決定之「病勢」，故「證候」之定義異於「症狀」。而某「證候」即可對應某「湯方」來治療。又「發病當下之體質」不過寒熱溫涼，所決定之「病勢」更只有陰陽而已，「病原攻擊身體」之「症狀」則有數十種，而且隨者病原演變而演變，難以捉模。西醫是架構在「病原特異性」之醫學，

中醫則是架構在「病人發病當下體質」之醫學。Typhoid 之症狀剛好出現小茈胡湯（抵當湯）證候者，固然可主以小茈胡湯（抵當湯）。但是不能將 Typhoid 匯通等同小茈胡湯（抵當湯）證，因為 Typhoid 呈現之症狀會隨著時間、疫苗、氯黴素等之干擾而演變，其臨床症狀並非穩定不變。筆者列舉 Typhoid 典型症狀經歷百年後已大有演變。章太炎在從事中西醫學之匯通時，並未考慮中西醫學架構之差別，勉強接軌，遂造成扞格。

太炎開展出來的中西醫匯通方式，以《傷寒論》和解剖生理學為重要的兩端，以病證為主，而非以病因為主來溝通中西醫方法，未來還是可以做為研究的參考方向。只是它的分際界線應區分清楚。太炎以中西醫病名對勘，目前仍有學者繼續做這個工作，只是面向更複雜的討論。〔註1〕

在中醫生理學的臟腑經絡對勘西醫的解剖生理學上，太炎以西醫的臟腑理論為基礎，評論分析《傷寒論》中的六經病或中醫臟腑經絡生理學或許不合適，但以西醫的筋膜學來對勘中醫學的經筋學，便是可行的方向。

本文的最大限制與不足，為限於學力，未能對於太炎的醫學與其他國學方面的知識做有機的統合研究，以致於好像太炎的醫學研究跟其他學術部分不相干的感覺。另外對於湯方具體分析也未能深入，此當是日後研究改進之方向。

6.3 展望

章太炎在他所處的清末民初時代，其匯通中西醫的思想，既能尊重傳統，又能夠吸取新知；既能返本，又能開新。他以《傷寒論》和解剖生理學為兩大重點，重視療效，做為匯通中西醫的橋梁，因此中醫、西醫人士都能與其交好。「重視療效」這個原則，仍是未來發展的硬道理。

太炎醫學重視病症，不重病因。中西醫學發展之目標與其架構有關，疫苗之特疫性有如指紋，必須絕對精準，故西醫對病名有嚴格之定義。但是中醫診療是在於「病人」之病勢，而非「病原」之種類。在此前提下，中醫對現代醫學病名之匯通並非重點，即中醫並非依據西醫病名而開出湯方。H1N1、H5N7、H7N9 三病之疫苗不容相混，但是此三病名之診療對中醫並無差別，同樣是病

〔註1〕林昭庚主編：《中西醫病名對照大辭典》（北京：人民衛生出版社，2002），頁 16～17 即討論 Typhoid Fever，也是以中醫的濕溫來對勘。

勢朝陽者開予寒涼藥，病勢朝陰者開予溫熱藥；證候對應某湯方者，即能主以某湯方。換句話說，西文病名對譯之精準性對中醫診療並無實質上太大幫助，主要是作為溝通之語言。而理學細菌等檢驗也僅是作為事後療效之判斷，而非事前診療之依據。中醫無須鑑別細菌咽喉痛與病毒咽喉痛，但是卻能治好咽喉痛，甚至是用溫熱藥來治好咽喉痛，甚至諸藥之藥理分析皆無殺死病毒、細菌的作用，這就是中醫之醫理。這也是太炎醫學繼續可發展之處。

　　日後研究的方向，可將太炎的醫學與其他國學方面做有機的聯結。也可具體討論太炎的少數醫案來和他的《傷寒論》思想對勘。

參考文獻

一、**專書**（依著者姓名筆劃排序）

1. P.E.Palmer 著（1969）、嚴平譯：《詮釋學》（台北：桂冠圖書公司，1992）。

2. Roy Porter 著、張大慶等譯：《劍橋醫學史》（長春：吉林人民出版社，2000）。

3. Thomas W. Myers 著、黃佳琦等編譯：《解剖列車》（台北：愛思唯爾有限公司，2013）。

4. 大塚敬節著、吳家鏡譯：《傷寒論解說》（台北：大眾書局，無出版年）。

5. 山田慶兒著、廖育群、李建民編譯：《中國古代醫學的形成》（台北：東大圖書公司，2003）。

6. 方有執：《傷寒論條辨》（北京：中國中醫藥出版社，2009）。

7. 王玉芝、呂昌寶：《張仲景對藥集》（長治：晉東南醫學專科學校出版社，1984）。

8. 王先謙：《荀子集解上》（北京：中華書局，1988）。

9. 王唯工：《氣的樂章》（台北：大塊文化公司，2002）。

10. 王綿之：《中醫方劑學十九講》（台北：相映文化公司，2006）。

11. 王燾：《王燾醫學全書》（北京：中國中醫藥出版社，2006）。

12. 皮國立：《「氣」與「細菌」的近代中國醫療史：外感熱病的知識轉型與日常生活》（台北：國立中國醫藥研究所，2012）。

13. 皮國立：《醫通中西——唐宗海與近代中醫危機》（台北：東大圖書公司，2006）。

14. 任應秋著、朱世增編：《任應秋論傷寒》（上海：上海中醫藥大學出版社，2009）。

15. 牟宗三：《圓善論》（台北：台灣學生書局，1985）。

16. 何廉臣：《全國名醫驗案類編》（福州：福建科學技術出版，2003）。

17. 余無言：《傳染病新論第一集：濕溫傷寒病篇》（上海：余擇明診所，1954）。

18. 余巖：《醫學革命論選》（台北：藝文印書館，1976）。

19. 吳又可著、曹東義、杜省乾校注：《溫疫論譯注》（北京：中醫古籍出版社，2004）。

20. 李心機：《傷寒論疑難解讀》（北京：人民衛生出版社，2009）。

21. 李培生主編：《傷寒論》（台北：知音出版社，1999）。

22. 李華安、蔡建前注：《康平傷寒論評注》（濟南：山東科學技術出版社，1990）。

23. 李順保：《傷寒論版本大全》（北京：學苑出版社，2006）。

24. 汪榮祖：《康章合論》（台北：聯經出版公司，1988）。

25. 汪榮祖：《章太炎研究》（台北：李敖出版社，1991）。

26. 和田啟十郎：《醫界之鐵椎》（東京：中國漢方株式會社，昭和四十九年1974）。

27. 孟景春、周仲瑛主編：《中醫學概論》（台北：知音出版社，2002）。

28. 尚志鈞：《神農本草經校注》（北京：學苑出版社，2008）。

29. 林柏欣：《痛史——古典中醫的生命論述》（台北：東大圖書公司，2012）。

30. 邵餐芝：《素軒醫語》，收入陸拯主編：《近代中醫珍本集——醫話分冊》（杭州：浙江科學技術出版社，1994）。

31. 姚奠中、董國炎：《章太炎先生學術年譜》（太原：山西古籍出版社，1996）。

32. 姜玢選編：《革故鼎新的哲理——章太炎文選》（上海：遠東出版社，1996年。）。

33. 姜義華：《章太炎》（台北：東大圖書公司，1991）。

34. 姜義華：《章太炎評傳》，（南昌：江西百花洲文藝出版社，1995）。

35. 姜義華：《章太炎思想研究》（上海：上海人民出版社，1985）。

36. 唐文權、羅福惠：《章太炎思想研究》（武漢：華中師範大學出版社，1986）。

37. 秦之楨：《傷寒大白》（北京：人民衛生出版社，1982）。

38. 馬勇編：《章太炎書信集》（石家莊：河北人民出版社，2003）。

39. 張中行：《負暄瑣話》（哈爾濱：黑龍江人民出版社，1986）。

40. 張玉法：《中國歷代思想家【二十一】‧章炳麟》（台北：商務印書館，1999）。

41. 張兵：《章太炎》（北京：團結出版社，1998）。

42. 張昭軍：《儒學近代之境——章太炎儒學思想研究》（北京：社會科學文獻出版社，2002）。

43. 章太炎：《訄書》（台北：廣文書局，1978）。

44. 章太炎：《國學概論》（台北：五洲出版社，1972）。

45. 章太炎：《章太炎先生炳麟自訂年譜》（台北：商務印書館，1987）。

46. 章太炎：《章太炎全集（八）‧醫論集》（上海：上海人民出版社，1994）。

47. 章太炎：《章太炎全集（五）》（上海：上海人民出版社，1985）。

48. 章太炎著、伍悦、林霖輯校：《章太炎先生論傷寒》（北京：學苑出版社，2009）。

49. 章次公：《章次公論外感病》（上海：上海中醫藥大學出版社，2009）。

50. 章念馳：《我的祖父章太炎》（上海：上海人民出版社，2011）。

51. 章念馳：《章太炎生平與思想研究文選》（杭州：浙江人民出版社，1986）。

52. 章念馳：《章太炎生平與學術》（北京：三聯書店，1988）。

53. 章炳麟：《章氏叢書正（續）編‧家書‧年譜》（台北：世界書局，1982）。

54. 紹興醫學會編：《濕溫時疫治療法》，收入《中國醫學大成叢書（第十五冊）》（上海：上海科學技術出版社，1990）。

55. 許叔微：《許叔微傷寒論著三種‧傷寒九十論》（北京：人民衛生出版社，1993）。

56. 許壽裳：《章炳麟》（重慶：重慶出版社，1986）。

57. 郭應傳：《真俗之境：章太炎佛學思想研究》（合肥：安徽人民出版社，2006）。

58. 陳平原：《中國現代學術之建立——以章太炎、胡適為中心》（北京：北京大學出版社，1998）。

59. 陳永忠：《革命哲人——章太炎傳》（杭州：浙江人民出版社，2008）。

60. 陳淼和：《傷寒卒病論台灣本》（台北：集夢坊出版社，2008）。

61. 陳淼和編著：《醫界之鐵椎譯註》（新北：集夢坊出版社，2016）。

62. 陳夢雷編：《古今圖書集成醫部全錄》第 12 冊（北京：人民衛生出版社，1962）。

63. 陶緒、史革新:《有學問的革命家:章太炎》(武漢:湖北教育出版社,1999)。

64. 傅傑編校:《章太炎學術史論集》(昆明:雲南人民出版社,2008)。

65. 善同文教基金會編:《章太炎與近代中國研討會論文集》(台北:里仁書局,1999)。

66. 湯本求真著、周子敘譯:《皇漢醫學》(北京:中國中醫藥出版社,2007)。

67. 湯志鈞:《章太炎年譜長編》(北京:中華書局,1979)。

68. 湯志鈞:《章太炎傳》(台北:商務印書館,1996)。

69. 程莘農:《中國經絡學》(台北:文光圖書公司,2003)。

70. 馮世倫、張長恩編:《解讀張仲景醫學》(北京:人民軍醫出版社,2006)。

71. 黃夏年主編:《章太炎集》(北京:中國社會科學出版社,1995)。

72. 黃煌主編:《黃煌經方沙龍·第 1 期》(北京:中國中醫藥出版社,2007)。

73. 溫長路:《傷寒百年》(北京:學苑出版社,2000)。

74. 葉發正:《傷寒學術史》(武昌:華中師範大學出版社,1995)。

75. 葉橘泉藏:《古本康平傷寒論》(長沙:湖南科學技術出版社,1988)。

76. 劉世恩、毛紹芳主編:《當代名醫論仲景傷寒》(北京:學苑出版社,2008)。

77. 劉凌、孔繁榮:《章太炎學術論著》(杭州:浙江人民出版社,1998)。

78. 劉觀濤:《方證相對:傷寒辨證論治五步》(北京:中國中醫藥出版社,2009)。

79. 潘德榮:《詮釋學導論》(台北:五南圖書公司,1999)。

80. 魯迅:《且介亭雜文末編》,《魯迅全集》第六卷(北京:人民文學出版社,2005)。

81. 錢超塵、溫長路主編:《張仲景研究集成》(北京:中醫古籍出版社,2004)。

82. 錢超塵主編、付國英、張金鑫點校:《康治本·康平本傷寒論》(北京:學苑出版社,2012)。

83. 謝櫻寧:《章太炎年譜摭遺》(北京:中國社會科學出版社,1987)。

二、期刊或研討會論文(依著者姓名筆劃排序)

1. 方光華:《論章太炎史學思想演變的三個階段》,《哲學與文化》,第 227 期,1993 年 4 月,頁 410～419。

2. 王守義:〈斑疹傷寒的診斷和治療(上)〉,《基層醫學論壇》,2005 年第 1 期,頁 70～71。

3. 王守義：〈斑疹傷寒的診斷和治療（下）〉，《基層醫學論壇》，2005 年第 2 期，頁 144。

4. 王汎森：〈清末的歷史記憶與國家建構——以章太炎為例〉，《思與言》，第 34 卷第 3 期，1996 年 9 月，頁 1～18。

5. 王育林：〈解讀錢超塵先生〉，《中國中醫藥現代遠程教育》，2003 年 03 期，頁 14～16。

6. 王育林：〈錢超塵教授中醫文獻學成就述要〉，《北京中醫藥大學學報》，2004 年 05 期，頁 18～20。

7. 王杰：〈十八世紀義理之學的確立與建構——以戴震思想為例的個案分析〉，《中共中央黨校學報》，第 6 卷第 4 期，2002 年 11 月，頁 39～44。

8. 王飛仙：〈章太炎與台灣〉，《新史學》，第 12 卷第 3 期，2001 年 9 月，頁 105～127。

9. 王焱：〈晚清憲政的先驅——張之洞與中體西用〉，《歷史月刊》，第 198 期，2004 年 7 月，頁 128～131。

10. 王煜：〈駁吳虞的反孔議論〉，《哲學與文化》，第 33 卷第 4 期，2006 年 4 月，頁 161～172。

11. 王寧：〈師古而非復古，堅守而不保守——論章炳麟黃侃國學研究和教育中的使命意識、獨立思想和嚴謹學風〉，《南京師範大學文學院學報》，2003 年第 2 期。

12. 王樾〈章太炎「齊物論釋」之分析——章氏以佛解莊詮釋理路之探討〉，《淡江史學》，第 6 期，1994 年 6 月，頁 201～217。

13. 王樾〈章太炎「齊物論釋」要義分析〉，《淡江史學》，第 15 期，2004 年 6 月，頁 223～236。

14. 丘為君：〈批判的漢學與漢學的批判——章太炎對考據學的反省及對戴震漢學的闡釋〉，《清華學報》，第 29 卷第 3 期，1999 年 9 月。

15. 丘為君：〈清代思想史「研究典範」的形成、特質與義涵〉，《清華學報》，24 卷第 4 期（1994 年 12 月）頁 451～494。

16. 皮國立：〈民國時期中西醫詮釋疾病的界線與脈絡：以「傷寒」為例的討論〉，《科技醫療與社會》，第 11 期，2010 年 10 月，頁 25～88。

17. 石德才：〈弟子為尊師「章瘋子」作傳〉，《全國新書目》，2004 年 9 月，頁 36。

18. 朱維錚:〈關於晚年章太炎〉,《復旦學報(社會科學版)》,1986 年第 5 期。

19. 朱鋒:〈先秦諸子的主題與莊子的批判精神〉,《古今藝文》,25 卷 4 期
   (1999 年 8 月),頁 34～43。

20. 何緯文:〈《章太炎軼文〈仲氏世醫記〉》讀後〉,《江蘇中醫藥》,1987 年
   8 期,頁 45～47。

21. 吳佐忻:〈記章太炎手書《金鏡內台方議序》〉,《上海中醫藥雜誌》,1980
   年第 4 期,頁 46。

22. 吳佐忻:〈章太炎的〈手寫古醫方〉〉,《江蘇中醫雜誌》,1983 年第 1 期,
   頁 48～50。

23. 吳忠文、吳學珍、聶偉、李永貴:〈《傷寒雜病論》序不為仲景所撰〉,《中
   醫藥導報》,第 18 卷第 6 期,2012 年 6 月,頁 20～23。

24. 李媛媛:〈近代思想家二三事——馬敘倫與章太炎〉,《北京宣武紅旗業餘
   大學學報》,2012 年第 4 期,頁 66～69。

25. 李朝津:〈論清末學術中經學與史學的交替——章太炎民族史學的形成〉,
   《思與言》,第 36 卷第 1 期,1998 年 3 月,頁 1～37。

26. 李銘宗:〈章太炎援佛解儒略論稿〉,《東方人文學誌》第 3 卷第 4 期,2004
   年 12 月,頁 199～210。

27. 汪榮祖:〈章太炎對現代性的迎拒與文化多元思想的表述〉,《中央研究院
   近代史研究所集刊》,第 4 期,2003 年 9 月,頁 145～180。

28. 周貽謀:〈章太炎亦精通醫學〉,《祝您健康》,2007 年 6 月,頁 56。

29. 周霞:〈讀《傷寒論文獻通考》的兩點疑議〉,《中醫文獻雜誌》2002 年 01
   期,頁 42～43。

30. 周霞:〈讀《傷寒論文獻通考》的兩點疑議〉,《中醫文獻雜誌》,2002 年
   01 期,頁 42～43。

31. 孟慶雲:〈章太炎:「我是醫學第一」——章太炎先生的醫學夙緣〉,《江西
   中醫學院學報》,第 16 卷第 4 期,2004 年 8 月,頁 5～8。

32. 林政憲、蘇奕彰:〈匯通式的轉折一論章太炎醫學思想的轉變〉,《台灣中
   醫醫學雜誌》,第 10 卷第 3 期 2011,頁 29～38。

33. 林乾良:〈章太炎先生醫學思想論析〉,《浙江中醫藥大學學報》,1986 年
   05 期,頁 28～32。

34. 林榮森:〈章太炎白話文學初探〉,《通識教育年刊》,第 5 期,2003 年 12

月，頁 41～70。

35. 知行：〈國學大師章太炎與中醫革新〉，《家庭醫學》，1997 年第 17 期，頁 35。

36. 邱敏捷：〈楊仁山、章太炎以「唯識」解莊析論——以真心派的唯識之詮釋〉，《佛學研究中心學報》，第 11 期，2006 年 7 月，頁 201～243。

37. 俞寶英：〈章太炎與醫家的傳書二箋〉，《醫古文知識》，1996 第 3 期，頁 21。

38. 姚朝暉：〈章太炎軼文〈仲氏世醫記〉〉，《江蘇中醫藥》，1986 年 12 期，頁 29～30。

39. 段曉華、梁吉春、暢洪昇：〈章太炎的《傷寒論》研究思想及其特色〉，《北京中醫藥大學學報》，2009 年 02 期，頁 88～90。

40. 段曉華、暢洪昇：〈國學大師章太炎醫學思想研究的回顧與展望〉，《江西中醫學院學報》，2008 年 05 期，頁 32～35。

41. 段曉華、暢洪昇：〈從〈醫術平議〉看章太炎醫學研究思想〉，《中國中醫藥現代遠程教育》2006 年 03 期，頁 12～14。

42. 段曉華、暢洪昇：〈章太炎醫學思想淵源探析〉，《吉林中醫藥》，2009 年 06 期，頁 543～545。

43. 段曉華、暢洪昇：〈章太炎醫學研究歷程簡析〉，《江西中醫學院學報》，2008 年 06 期，頁 19～22。

44. 段曉華、錢超塵、張其成：〈章太炎中醫考據學思想論略〉，《中國中醫基礎醫學雜誌》，2006 年 02 期，頁 106～109。

45. 段曉華：〈國學大師章太炎的醫學情懷〉，《中醫藥文化》，2012 年 1 期，頁 49～51。

46. 段曉華：〈章太炎在近代中醫史上的地位及成就〉，《中華醫史雜誌》，2006 年 01 期，頁 42～45。

47. 胡一峰：〈尋找中醫立世之極——試論章太炎晚年的醫事活動〉，《中國科技史雜誌》，第 29 卷第 1 期，2008，頁 54～61。

48. 胡樾：〈國醫革新導師章太炎〉，《中華醫史雜誌》，第 25 卷第 4 期，1995 年 10 月，頁 238～241。

49. 胡樾：〈餘杭先生國醫革新——論國醫革新導師章太炎〉，《城鄉導報》，2012 年 5 月 14 日，15 版。

50. 孫嘉鴻：《晚清章太炎、陳天華、秋瑾革命文學之研究》，台北：政治大學
中國文學研究所 1984 年碩士論文。

51. 時逸人：〈關於傷寒與溫病的認識〉，收入錢超塵、溫長路主編：《張仲景
研究集成（上冊）》（北京：中醫古籍出版社，2004），頁 446～447。

52. 耿鑒庭：〈紀念章太炎先生逝世五十周年〉，《中西醫結合雜誌》，1986 年
09 期，頁 572。

53. 高寒：〈探幽鉤沉，繼往開來——記著名醫古文專家錢超塵教授〉，《科技
潮》，1999 年 06 期，頁 82～83。

54. 張小平：〈章太炎看病〉，《社區》，2012 年第 17 期，頁 17。

55. 張小平：〈章太炎看病〉，《新長征（黨建版）》，2012 年第 08 期，頁 62。

56. 張秀麗：〈揚長避短——章太炎中西醫思想簡析〉，《南京中醫藥大學學報
（社會科學版）》，第 9 卷第 1 期，2008 年 3 月，頁 31～33。

57. 張家駿：〈《康平傷寒論》真偽考〉，《上海中醫藥雜誌》，1982 第 9 期，頁
40～42。

58. 張家駿：〈《傷寒論》版本探索〉，《上海中醫藥雜誌》，1982 第 9 期，頁 40
～42。

59. 張家駿：〈論日本《康治本傷寒論》〉，《新中醫》，1984 第 1 期，頁 53～
54。

60. 張家駿：〈雜談《傷寒卒病論》及其序——暨與劉渡舟先生商榷（1）〉，
《中醫藥學刊》，2005 年 09 期，頁 1577～1578。

61. 張家駿：〈雜談《傷寒卒病論》及其序——暨與劉渡舟先生商榷（2）〉，
《中醫藥學刊》，2005 年 10 期，頁 1777～1778。

62. 張家駿：〈雜談《傷寒卒病論》及其序——暨與劉渡舟先生商榷（3）〉，
《中醫藥學刊》，2005 年 11 期，頁 1959～1961。

63. 張家駿：〈雜談《傷寒卒病論》及其序——暨與劉渡舟先生商榷（4）〉，
《中醫藥學刊》，2005 年 12 期，頁 2156～2158。

64. 張書寧：〈章太炎看病〉，《環球人物》，2012 年第 5 期，頁 93。

65. 張高評：〈章太炎《春秋左傳讀敘錄》述評——論劉逢祿「《左氏》不傳
《春秋》」說〉，《經學研究集刊》，第六期，2009 年 5 月，頁 1～22。

66. 張灝：〈晚清思想發展試論——幾個基本論點的提出與檢討〉，《中央研究
院近代史研究所集刊》，第 7 期，1978 年 6 月，頁 475～484。

67. 章念馳：〈章太炎先生研究論著索引初編 1〉，《近代中國史研究通訊》，第 8 期，1989 年 9 月，頁 162～180。

68. 章念馳：〈章太炎先生研究論著索引初編 2〉，《近代中國史研究通訊》，第 9 期，1990 年 3 月，頁 123～151。

69. 章念馳：〈章太炎先生研究論著索引初編 3〉，《近代中國史研究通訊》，第 10 期，1990 年 9 月，頁 194～203。

70. 莊宏誼：〈章太炎的佛學思想〉，《中國佛教》，第 29 卷第 3 期，1985 年 3 月，頁 21～28。

71. 連建偉、武建設：〈太炎先生中醫學術思想初探〉，《中國醫藥學報》，2003 年第 18 卷，頁 5～7。

72. 陳其泰：〈公羊家法與清代今文學復興之統緒〉，《齊魯學刊》，2007 卷 4 期，2007 年 7 月，頁 24～27。

73. 陳思仁：〈嚴復的政治思想〉，《社會科教育學報》，第 6 期，2003 年 7 月，頁 171～178。

74. 陳省身：〈章太炎法相唯識學介紹——真如本體論和萬法唯識論〉，《史化》，第 28 期，2000 年 6 月，頁 69～76。

75. 陳淼和、歐陽玉娥：〈仲景序文應係後人託作於孫思邈之後、王冰之前〉，《中醫藥研究論叢》，第 13 卷第 1 期，2010 年 3 月，頁 25～42。

76. 陳淼和：〈研究《傷寒論》應從河洛語與厥陰病著手〉，《中醫藥研究論叢》，第 11 卷第 2 期，2008 年 9 月，頁 6～21。

77. 陳瑜：〈簡論章太炎對中醫文獻學之貢獻〉，《中醫文獻雜誌》，2005 年第 3 期，頁 10～12。

78. 陳實、胡念瑜：〈章太炎與《傷寒論》〉，《江蘇中醫藥》，1983 年 5 期，頁 54～55。

79. 陳福濱：〈清代公羊學與晚清的變革〉，《哲學與文化》，32 卷 11 期，2005 年 11 月，頁 115～134。

80. 陳學然：〈章太炎的白話文立場探析〉，《人文中國學報》，第 14 期，2008 年 9 月，頁 345～378。

81. 陸寶千：〈章太炎對西方文化的抉擇〉，《中央研究院近代史研究集刊》，第 21 期，1992 年 6 月，頁 621～639。

82. 陸寶千：〈章炳麟之道家觀〉，《中央研究院近代史研究集刊》，第 19 期，1990 年 6 月，頁 253～278。

83. 陸寶千：〈章炳麟之儒學觀〉，《中央研究院近代史研究集刊》，第 17 期・下，1988 年 12 月，頁 119～139。

84. 麻天祥：〈章太炎的法相唯識哲學〉，《哲學與文化》，第 19 卷第 6 期，1992 年 6 月，頁 549～561。

85. 無作者：〈章太炎看病〉，《新作文：金牌讀寫》，2012 年第 7 期，頁 105。

86. 程偉：〈略論章太炎的醫學思想〉，《中醫藥學報》，1984 年第 3 期，頁 25～28。

87. 黃兆強、劉家華、黃孝周：〈章炳麟中西醫學匯通思想述評〉，《福建中醫藥》，1991 年 5 期，頁 8～10。

88. 黃兆強、劉家華、黃孝周：〈章炳麟先生的醫學思想〉，《中醫雜誌》，1986 年 6 期，頁 52～54。

89. 黃兆強、劉家華、黃孝周：〈章炳麟和《傷寒論》〉，《浙江中醫學院學報》1988 年 2 期，頁 32～34。

90. 黃兆強、劉家華、黃孝周：〈章炳麟和祖國醫學〉，《中華醫史雜誌》1999 年 2 期，1999 年 4 月，頁 32～34。

91. 黃兆強、劉家華、黃孝周：〈章炳麟對仲景學說的研究〉，《國醫論壇》，1988 年 2 期，頁 42～44。

92. 黃兆強、劉家華、黃孝周：〈章炳麟醫學見解略評〉，《浙江中醫雜誌》，1999 年 1 期，頁 33～35。

93. 黃兆強、劉家華、黃孝周：〈章炳麟醫學思想述評〉，《江蘇中醫藥》1983 年 6 期，頁 3～5。

94. 黃兆強：〈《章太炎軼事》補遺〉，《中醫文獻雜誌》，1996 年 2 期，頁 28。

95. 黃梓勇：〈論章太炎的今古文經學觀〉，《漢學研究》，第 67 期，2011 年 12 月，頁 221～251。

96. 黃錦鋐：〈章太炎的齊物論釋〉，《國文學報》，第 20 期，1991 年 6 月，頁 39～45。

97. 廖俊裕：〈論醫學非章太炎學術之餘緒〉，《藝見學刊》，第 4 期，2012 年 10 月，頁 29～40。

98. 趙體浩：〈淺探仲景著作一分為二之由來〉，《河南中醫》，第 20 卷第 4 期，

2000 年 7 月，頁 3～4。

99. 劉紀蕙：〈莊子、畢來德與章太炎的「無」：去政治化的退隱或是政治性的解放？〉，《中國文哲研究通訊》第 87 期，2012 年 9 月，頁 103～135。

100. 劉慶宇：〈張仲景《傷寒論・自序》辨疑〉，《醫古文知識》，2000 年第 3 期，頁 23～25。

101. 潘文奎、宋光飛：〈略談章太炎〈仲氏世醫記〉之文字校勘〉，《江蘇中醫藥》，1987 年 12 期，頁 46～48。

102. 潘文奎：〈章太炎對《傷寒論》之研究〉，《中醫雜誌》，1988 年 7 期，頁 64。

103. 潘文奎：〈對章太炎從事醫療實踐的考證〉，《上海中醫藥雜誌》，1990 年 1 期，頁 44～45。

104. 蔡忠志、林睿珊：〈試論五臟附五行學說——從章太炎「五臟附五行不定說」談起〉，《台灣中醫醫學雜誌》，第 10 卷第 1 期，2011 年 3 月，頁 29～35。

105. 蔡惠明：〈章太炎的學佛因緣〉，《內明》，第 141 期，1983 年 12 月，頁 30～31。

106. 鄧實：〈古學復興論〉，《國粹學報》，第九期，1905 年 9 月，頁 1～5。

107. 鄭吉雄：〈乾嘉學者經典詮釋的歷史背景與觀念〉，《台大中文學報》，第 15 期，2001 年 12 月，頁 241～281。

108. 鄭舒倖：〈傷寒及副傷寒〉，《台灣衛生雙月刊》，第 360 期，1998 年 6 月，頁 5～8。

109. 蕭功泰：〈嚴復與近代保守主義變革思潮〉，《中國研究》，第 2 卷第 3 期（1996 年 6 月），頁 38～44。

110. 錢超塵、溫長路：〈張仲景生平暨《傷寒論》版本流傳考略〉，《河南中醫》，第 25 卷第 1 期，2005 年 1 月，頁 3～7。

111. 錢超塵：〈《章太炎先生論傷寒》釋要〉，收於章太炎著、伍悅、林霖輯校：《章太炎先生論傷寒》（北京：學苑出版社，2009），頁 212～317。

112. 錢超塵：〈《傷寒論》六朝傳本考——傷寒大家章太炎（二）〉，《中醫藥文化》，2010 年 2 期，頁 8～10。

113. 錢超塵：〈出身世醫 獨鐘傷寒——章太炎先生論傷寒（一）〉，《中醫藥文化》，2010 年 1 期，頁 11～14。

114. 錢超塵：〈仲景論廣《伊尹湯液》考（續完）〉，《江西中醫學院學報》，第15卷第3期，2003年9月，頁27～32。

115. 錢超塵：〈仲景論廣《伊尹湯液》考〉，《江西中醫學院學報》，第15卷第2期，2003年6月，頁26～29。

116. 錢超塵：〈博采眾方 亦善診病——傷寒大家章太炎（三）〉，《中醫藥文化》，2010年3期，頁8～11。

117. 錢超塵：〈《傷寒論》名實考略〉，《中國中醫基礎醫學雜誌》，1995年1期，頁56～58。

118. 薛裕民：〈章太炎之尊荀說〉，《東方人文學誌》，第4卷第2期，2005年6月，頁213～228。

119. 羅光：〈章炳麟的哲學思想〉，《哲學與文化》，第12卷第3期，1985年3月，頁2～17。

120. 蘭泉、鳳森：〈古醫文獻專家錢超塵〉，《中華兒女（海外版）》，1994年1期，頁1～2。

三、碩博士論文（依著者姓名筆劃排序）

1. 王洪鈞：《章太炎在中國革命報刊地位之研究》，台北：文化大學哲學研究所碩士論文，1979。

2. 王樾：《晚清佛學與近代政治思潮——以《大同書》、《仁學》、《齊物論釋》為核心之析論》，台北：淡江大學中國文學研究所博士論文，2003。

3. 皮國立：《「氣」與「細菌」的中國醫療史——民國中醫外感熱病學析論》，台北：台灣師範大學歷史學研究所博士論文，2011。

4. 林雅婷《章太炎中國學術源流論》，台北：世新大學中國文學研究所碩士論文，2007。

5. 段曉華：《章太炎醫學思想研究》，北京：北京中醫藥大學中醫研究所博士論文，2006。

6. 孫嘉鴻：《晚清章太炎、陳天華、秋瑾革命文學之研究》，台北：政治大學中國文學研究所碩士論文，1984。

7. 張中雲：《整理國故運動之研究：以章太炎、胡適、顧頡剛為例》，台北：東吳大學中國文學研究所碩士論文，1996。

8. 張至淵：《論章太炎對儒學的批評》，高雄：中山大學中國文學研究所碩士論文，1996。

9. 張美華：《《傷寒論》之腹診研究》，嘉義：南華大學自然醫學研究所碩士論文，2012。

10. 梁蕾：《試論章太炎《傷寒論》研究的特點與成就》，北京：北京中醫藥大學中醫研究所碩士論文，2006。

11. 許菁雯：《《傷寒論》之「欲解時」與「日晡潮熱」析辨》，嘉義：南華大學自然醫學研究所碩士論文，2008。

12. 黃建邦：《章太炎《齊物論釋》莊佛會通思想之研究》，台中：中興大學中國文學研究所碩士論文，2002。

13. 萬曉剛：《傷寒學術發展史略》，廣州：廣州中醫藥大學博士論文，2001。

14. 趙虎：《早年章太炎與西方自然科學》，西安：西北大學碩士論文，2008。

15. 蔡惠芳：《析論章太炎的先秦諸子學》，台北：台灣師範大學國文研究所碩士論文，2002。

四、外文文獻

1. Wang, Y., & Yang, J. (2008). On the Assessment Standardization for TCM Clinical Evidence. Journal of Traditional Chinese Medicine, 28(3): 233-234.

2. Yi, Y. D., & Chang, Il-M. (2004). An Overview of Traditional Chinese Herbal Formulae and a Proposal of a New Code System for Expressing the Formula Titles. Evid Based Complement Alternat Med, 1(2): 125-132.

五、網路資訊

1. 「樸質的中醫漢方」網站 http://tw.myblog.yahoo.com/tcm-yes/article?mid=214&prev=216&next=-1。

附錄〈章太炎醫案研究〉[註1]

摘要：

　　在台灣，關於章太炎學術思想的研究，在醫論部分，一直很薄弱。目前只有三篇論文涉及。其中關於太炎先生所重視的醫案更乏人問津。本文從太炎先生的醫案撰述中，透過醫案分析方法，提煉出太炎先生如何從病症中，辨證並開方藥的思路。太炎先生提供的辨證論治方式為以主證為主，配合方劑加減，有方有藥，並注意一味藥的增減，認為一味藥的增減，效用有時差異甚大。

關鍵詞：章太炎、醫案

一、前言

　　本文的研究動機起因於下：

　　一、台灣章太炎學術研究上的需要：章太炎思想一直以來都是學術研究上的重鎮，這塊重鎮上，舉凡革命思想、經學、史學、諸子學、佛學、小學（語言學）、文學等大都有不少的學者研究，唯獨章太炎的醫學思想卻鮮少學者論述，這個現象在台灣尤其明顯。這個不足的現象對於章太炎的研究其實是個缺失，因為就客觀上，章太炎關於醫學的創作是從年輕持續到去世，《章太炎全集》中，關於「醫論」的著作《章太炎全集（八）》就有 483 頁之多。就主觀上，章太炎認為他的醫學成就是他所有學問中居第一位的，曾有人問章太炎：「先生的學問是經學第一，還是史學第一？」他朗笑三聲，答道：「實不相瞞，

─────────────
〔註 1〕本文承蒙南華大學 103 學年度校內專題（編號 Y103000960）補助，謹此致謝。

我是醫學第一。」〔註2〕因此在主客觀上，這個不足應該是要補上的。

二、章太炎醫學思想中，其醫案研究闕如。目前關於章太炎醫論思想的研究，大陸上比較居於優勢，台灣相對上來說，較為不足。但不管在大陸還是台灣的章太炎醫論研究上，對於章太炎醫案的研究都是沒有專門涉及的。章太炎曾說：「中醫之成績，醫案最著，欲求前人之經驗心得，醫案最有線索可尋，循此鑽研，事半功倍。」〔註3〕太炎先生身處中西醫競爭非常激烈的年代，而他對於中醫的成績，認為醫案是很顯著的一部份，和西醫的病歷是很大區別。章太炎說：「至欲與西醫較勝負，則言論不足以決之，莫如會聚當世醫案。有西醫所不能治，而中醫治之得癒者，詳其證狀，疏其方藥，錄為一編，則事實不可誣矣。」〔註4〕換言之，醫案在章太炎來說，竟然是中西醫論爭中，一項很大的利器。太炎如此重視醫案，可是學者幾乎沒有注意太炎醫案部分，著實疏略。

三、在主觀動機上，個人研究之持續發展與進一步落實：筆者基於個人生命實踐需要與學術界的發展，儒家思想都是個人研究的重心，並試著將儒家思想放到個人身心靈的調整與安頓上面。數年來，從神秘主義、宗教性修持次第、自然醫學、經典詮釋方法、身體觀等觀點來考察儒學，在其中，發現章太炎是個非常值得研究的對象，因為很少儒者類似他嫻熟中醫思想且有論著。如馬一浮雖然也熟悉中醫，但沒有相關論著。而章太炎關於醫學的論著，從他30歲開始發表第一篇醫學論著開始，到他67歲去世為主，沒有中輟關於醫學著作，逝世後，仍遺留有不少的醫學未刊稿。筆者已經有數篇論述面世，〔註5〕其中在《章太炎醫學思想與其中西醫匯通模式之研究——以章太炎《傷寒論》論述為文本》一文後的展望中，談及當時因限於主題的限制，未能研究而能於日後研究者，其中一個面向就是章太炎的「醫案」研究。

〔註2〕孟慶雲：〈章太炎：「我是醫學第一」——章太炎先生的醫學夙緣〉，《江西中醫學院學報》第16卷第4期，2004年8月，頁5。
〔註3〕蘇禮：〈中醫醫案學概論〉，北京：人民衛生出版社，2009，頁20。
〔註4〕章太炎：《章太炎全集（八）》，上海：上海人民出版社，1994，頁331。
〔註5〕廖俊裕：〈論醫學非章太炎學術之餘緒〉，《藝見學刊》，第4期，2012年10月，頁29～40。廖俊裕：〈章太炎醫論研究文獻的回顧與展望〉，收入楊志遠主編：《博雅與融通——2014吳鳳科技大學通識教育學術研討會論文集》，嘉義：吳鳳科大通識教育中心，2015年3月，頁101～130。廖俊裕：《章太炎醫學思想與其中西醫匯通模式之研究——以章太炎《傷寒論》論述為文本》，南華大學自然醫學所碩士論文，2013年6月。

二、醫案的意義與重要

所謂「醫案」是中醫所專擅的，和西醫的「病歷」不同，除了醫案的稱呼外，也有「診籍」、「脈案」、「脈語」、「病案」等名稱，〔註6〕但大致上以「醫案」最為人所常用。近年來，也有人主張和西醫的「病歷」統一，也以「病歷」稱之，〔註7〕但還沒有蔚為風潮，一般人通常也還不同意，因為兩者間有其不同。黃煌先生說：

> 醫案與現代醫學的病歷檔案不同。病歷檔案室紀錄患者健康狀況和在疾病發生、發展以及診療全部過程中形成的，具有查考、利用價值的，並按照一定要求集中、保管的各種診療資料。醫案雖然也記錄疾病過程的表現，但這是經過醫生思維濾過的、診斷價值較大的症狀與經過，醫案並不要求把病人的狀況及體徵記述完整，而只是要求把辨證論治的思路寫清楚。所以，確切地說，醫案是醫生臨床思維活動的紀錄，辨證論治過程的紀錄，是中醫理、法、方、藥、綜合應用的具體反映形式。因而，病歷檔案與病種的關係比較密切，而醫案與醫家的思路關係比較密切。〔註8〕

通常我們都看過西醫的病歷，上面除了個人的基本資料外，記錄病患的病況和開藥，做的檢查紀錄等。但中醫的醫案，重點不是記述完整，而是如何透過望、聞、問、切四診後，如何把握病因、病位、病態等，然後開方，因此辯證論治的過程才是重點。醫案和西醫的病歷差異頗大。明乎此，才能理解當代中醫大師程門雪先生指出：

> 一個中醫臨床醫生，沒有扎實的理論基礎，就會缺乏指導臨床實踐的有力武器，而如無各家醫案作借鑒，那麼同樣會陷入見淺識寡，遇到困難，束手無策的境地。〔註9〕

換句話說，醫案是做為醫家在面對到各種疑難雜症時，如何打開切入點，展開病症的判斷（如陰陽、表裡、寒熱、虛實之八綱辨證），然後在辨證論治、方證相應地開方藥。在其中展開其理、法、方、藥的思維過程。後人在讀其醫案

〔註6〕孟慶雲：〈宣明往範，昭示來學——論中醫醫案的價值、特點和研究方法〉，《中醫雜誌》第 47 卷第 8 期，2006 年 8 月，頁 568。（總 568～570）
〔註7〕王忠主編：《醫案學》，北京：中國中醫藥出版社，2014，頁 5。
〔註8〕黃煌：《醫案助讀》，北京：人民衛生出版社，2001，頁 1。
〔註9〕姬領會、何曉菊：《讀醫案學中醫——中醫是怎麼看病的》，北京：人民軍醫出版社，2013，頁 1。

時，就等於在模擬臨床案例，然後展開對證論治。因此讀醫案就是增加實戰經
驗的模擬考，並藉以訓練醫家自己的臨床實力。醫案之重要在此。因此我們才
可以了解，章太炎在上文所說的：「中醫之成績，醫案最著」、「至欲與西醫較
勝負，則言論不足以決之，莫如會聚當世醫案。有西醫所不能治，而中醫治之
得癒者，詳其證狀，疏其方藥，錄為一編，則事實不可誣矣。」的緣故。

三、章太炎醫案分析

關於目前章太炎先生的醫案有很多都亡佚，沒有流傳於世，例如章太炎曾
寫信與惲鐵樵說：

> 有西醫所不能治，而中醫治之得愈者，詳其證狀，疏其方藥，錄為
> 一編，則事實不可誣矣！如君所治白喉一案，用麻杏石甘湯而愈者，
> 能再將當時證狀，詳悉錄寫，則治效自然不刊。此類醫案，在鄙人
> 亦有之。〔註10〕

章太炎在這段給惲鐵樵先生的信中說到，關於白喉的處理醫案，用麻杏石甘湯
而痊癒者，他也有之，但目前在《章太炎全集》中，還沒有這個醫案。可見佚
失不少。

正因為章太炎先生留下的醫案很少，因此有些學者把其他不是醫案者，也
把某些看起來像醫案者，放入書中當醫案處理，如〈論肺炎病治法〉、〈論濕溫
治法〉等等篇章，都比較適合當醫論，而非醫案，因為醫案的最基本定義就是
有具體人事，而這些論文，顯然較偏於醫論。〔註11〕

底下把目前《章太炎全集》中，所出現的醫案，舉其重要者分析如下。

（一）肝胃痛

> 姻戚某，年五十歲，病肝胃痛多年。發作時，胸脘劇痛，腹中有塊
> 墳起，冷氣上沖巔頂。遍治無效，余為疏小柴胡，去參加青、陳皮
> 亦無效。改處理中加吳萸、青皮方，亦不驗，遂予溫白丸。按《外
> 台》溫白丸，治癥瘕積聚，丸如綠豆大，每服七粒，遞加以知為度。
> 余變換其服法，予二十一粒，囑分三次服，而病者誤聽，一服盡之。

〔註10〕 章太炎：《章太炎全集（八）》，上海：上海人民出版社，1994，頁331。

〔註11〕 1934年章次公與徐衡之合輯《章太炎先生論醫集》，收於徐衡之主編：《宋元明
清名醫類案（四）》，上海：國醫印書館，1934，附錄，收錄太炎14篇醫論，書
名雖然是類案（醫案的分類編輯），但章太炎的著作，比較偏醫論，而非醫案。

服後腹大痛，吐瀉繼之。時在六月，病家驚為霍亂。余曰：是藥後
當有見象也。瀉七次，腹痛止，吐亦已。從此痼病霍然，距今已十
數年，未聞一發。〔註12〕

案：一般醫案辨證，有諸多系統，如八綱辨證、臟腑辨證、經絡辨證等，本文
先以八綱辨證為基礎分析之系統。

病位：由「病肝胃痛多年。發作時，胸脘劇痛，腹中有塊墳起」，故知病
位在胸脘，胃部。

病因：由「冷氣上沖巔頂」可知寒邪入侵。

病態：由「胸脘劇痛，腹中有塊墳起」，知為實證。

病性：寒證。

章太炎先生先以小柴胡湯予之，應是看到「胸脘劇痛」，並且以此為主證，
小柴胡湯出自《傷寒論》：

傷寒五六日中風，往來寒熱，胸脅苦滿，嘿嘿不欲飲食，心煩喜嘔，
或胸中煩而不嘔，或渴，或腹中痛，或脅下痞鞕，或心下悸，小便
不利，或不渴，身有微熱，或咳者，小柴胡湯主之。方四十八。

小柴胡湯

柴胡半斤　黃芩三兩　人參三兩　半夏半升，洗　甘草炙　生薑各
三兩，切　大棗十二枚，擘

右七味，以水一斗二升，煮取六升，去滓，再煎取三升，溫服一升，
日三服。若胸中煩而不嘔，去半夏、人參，加栝蔞實一枚；若渴，
去半夏，加人參合前成四兩半、栝蔞根四兩；若腹中痛者，去黃芩，
加芍藥三兩；若脅下痞鞕，去大棗，加牡蠣四兩；若心下悸，小便
不利者，去黃芩，加茯苓四兩；若不渴，外有微熱者，去人參，加
桂三兩，溫覆微汗愈；若咳者，去人參、大棗、生薑，加五味子半
升，乾薑二兩。〔註13〕

太炎先生應是看到「胸中煩而不嘔，或渴，或腹中痛，或脅下痞鞕，或心下悸，
小便不利」，有是證則有是方。因此他決定用小柴胡湯加減，去掉人參，加上
陳皮，但個案的服用結果，失效，決定換藥，換成「理中湯」，理中湯，或作
理中丸，其功用為「溫中祛寒、補氣健脾」，主治「中焦虛寒，自利不渴，嘔

〔註12〕章太炎：《章太炎全集（八）》，上海：上海人民出版社，1994，頁336。
〔註13〕劉渡舟主編：《傷寒論校注》，北京：人民衛生出版社，1991，頁99。

吐腹痛，不欲飲食。」〔註14〕可見太炎先生這次改變主證不放在腹痛，而放在寒邪，因此用溫中袪寒的理中湯加上吳茱萸和青皮，但是還是沒效。再換成溫白丸，溫白丸出自《外台秘要》：

> 溫白丸，療癥癖塊等一切病方，……上十五味合搗下篩，和以白蜜，
> 更搗二千杵，丸如梧子，一服二丸，不知，稍增至五丸，以知為度，
> 心腹積聚久症癖，塊大如杯碗，黃膽，宿食朝起嘔變，支滿上氣，
> 時時腹脹，心下堅結，上來搶心。〔註15〕

太炎這次換了溫白丸，溫白丸的重點在破「心腹積聚久症癖」，換言之，太炎將重心放在「腹中有塊墳起」，因此調兵遣將，要來破除腹中陰實之物。這次，個案竟誤聽太炎所說的三次服用為一次服用，導致嚴重的「瞑眩反應」——服後腹大痛，吐瀉繼之。還好家屬信任章太炎先生，詢問太炎先生，太炎先生回答說這是該有的，然後再腹瀉七次，終於痊癒。

太炎開方大部分皆有療效，〔註16〕但此醫案顯示，若非病患相信太炎先生的醫學知識，給了太炎先生三次機會，終於對證。

太炎對於溫白丸，相當善用。看下一個醫案即可得知。

（二）痺疾

> 風氣周痺，本非一日可瘥。古治風者，方中皆用川烏，蓋穿筋透骨，
> 非此不可。徒用行血活絡之法，迂緩不能及病。吾閒時在京，有友
> 人母遇痺疾，痛楚難以終日，醫皆不效，因令用溫白丸試之，半月
> 痛果止。若病情果勵，此方可用。如已稍輕，尚難屈伸坐起，當用
> 烏頭丸治。〔註17〕

相對於上個醫案來說，此醫案顯示出太炎辨證之迅速，而不像上個醫案換了好幾次藥。

此次痺症太炎認為是風邪所引起，一般來說，痺症的形成，大都由風、寒、濕為其因素。〔註18〕因此驅風、溫寒、袪濕就是治療的策略。他強調病患的症狀如果已經到了痺症，「徒用行血活絡之法，迂緩不能及病」，因此必須用穿筋

〔註14〕王綿之：《方劑學講稿》，北京：人民衛生出版社，2005，頁227。
〔註15〕高文柱校注：《外台秘要校注》上冊，北京：學苑出版社，2010，頁382。
〔註16〕參廖俊裕：〈論醫學非章太炎學術之餘緒〉，《藝見學刊》，第4期，2012年10月，頁34～36。
〔註17〕章太炎：《章太炎全集（八）》，上海：上海人民出版社，1994，頁145。
〔註18〕黃煌：《醫案助讀》，北京：人民衛生出版社，2001，頁34。

透骨功用的藥材方能成功。對於此症狀來說，溫白丸非常強而有力，上文已說溫白丸能夠「心腹積聚久症癖」，破結功效佳。但他還留了伏筆，以防預後狀況生變。如果病況變成較為輕微，這時就不要用溫白丸，因為破結功效太好，影響個體機能亢奮。這時就會改換沒有那麼強大功效的烏頭丸。

（三）宿食

民國九年春，余以中酒病膽，傳為黃疸，自治得愈。逾二月，又病宿食，自調局方平胃散啜之，晡時即發熱，中夜汗出止，自是往來寒熱如瘧，日二、三度，自知陽明少陽病也。服小柴胡湯四、五劑，不應，熱作即憒憒，不可奈何，間以芒硝竄之，微得下，表證不為衰，乃遺力延右長至。右長視方日：「不誤」。余曰：「苟不誤，何敵服四、五劑不效？其小柴胡加減七方，湯劑最神者也。余頗為人治疾，諸病在經府表裡者，服此不過二、三日而愈。今為己治，乃如咶朽木又不省也。」右長視方良久，日：「此病挾熱，診脈得陽微結，何乃去黃芩加芍藥？此小誤也。」余曰：「病自宿食起，常欲得溲便解之，以黃芩止利，故去之耳。」右長日：「在小柴胡湯中勿慮也。」乃去芍藥，還黃芩，少減生薑分劑，服湯二刻即熱作，汗隨之出，神氣甚清，詰旦如瘧者止。余曰：「增損一味，神效至此乎！」〔註19〕

此醫案為章太炎自己醫療自己的紀錄，不過其中，也有透露出太炎先生為別人治病，常用小柴胡湯，而且效果很好，因此太炎先生竟然用「湯劑最神者」稱之，可見太炎先生對小柴胡湯之信心堅固。可惜這次用到自己身上，卻不得力。

民國九年，太炎先生醉酒傷膽，以至於黃疸，不過為他自己所治療痊癒。但過了兩個月，得到「宿食」（隔夜仍消化不良），太炎先生自己調平胃散處理之，但結果是，每到傍晚就發熱，到了半夜汗出才止，從此以後，身體寒熱輪替，每天兩三次。太炎自己判斷是少陽、陽明病，這個判斷有道理的。少陽病的提綱是「往來寒熱、口苦、咽乾、目眩」，陽明病的提綱是「陽明之為病，胃實是也。」〔註20〕太炎兩者皆有，太陽病跟少陽病的重要區別便是「往來寒熱」，「往來寒熱」是少陽病的特徵，因此他判斷少陽病有其道理。另外，因為消化不良，因此「胃實」，判斷陽明也是有道理的。太炎自己開方，用小柴胡

〔註19〕章太炎：《章太炎全集（八）》，上海：上海人民出版社，1994，頁148～149。
〔註20〕陳淼和：《傷寒卒病論台灣本》，台北：集夢坊出版社，2008，頁2。

湯，但減掉了黃芩加上芍藥來利尿，這是因為太炎想用多點小便來增加上廁所
的策略，以使自己可以多排便，以解除消化不良的現象。小柴胡湯為他認為的
神藥，應該是有效的，但是服了四、五劑都沒有效果。他自己都沒有信心了。
趕快請仲右長來幫他看病，檢查哪裡出了問題。仲右長思考了之後，把芍藥
刪去，黃芩加回來，再把生薑稍微減少些。服了一劑後，及發熱汗出，神清
氣爽。問題在何以如此？仲右長先生沒有說明，但思路看起來，是利用黃芩
回來破邪實。

（四）黃疸

> 《要略》治黃疸方，徐靈胎以為用輒不效。余嘗患膽氣上逆，痛引
> 胸背，殆十年矣。素不禁酒，飲必酣醉。一日，偶食橘肉，膽氣上
> 攻，第四日乃定。右脅下扇動如旋風，須臾，胸背引痛，若攢針狀，
> 詰旦，面目盡黃，小便亦赤。遍問東西諸醫，皆云膽中凝汁為石，
> 石猝咋裂，上入血管，以是作痛；膽汁色黃，自血中排泄而出，則
> 遍體皆黃，而小便特甚也。以芒硝下之，當得燥糞堅如礫者。余思
> 《要略》本有大黃硝石湯，服芒硝不疑。二日，應果。……余自服
> 芒硝後，膽石雖下，黃猶未已。綿延至於浹月，因思血中黃汁自小
> 便泄出，則必以通利小便為主；茵陳蒿湯馱，且以茵陳五苓散處之。
> 喻氏亦云，因其滲而出也，可轉驅而納諸膀胱，從溺道而消也。余
> 是朝下芒硝，夕下茵陳五苓散，二十日始愈。由是言之，《要略》方
> 非無效。〔註21〕

此則醫案，太炎先生以其自身黃疸為例，討論徐靈胎所主張的《要略》治黃疸
方，用輒不效的說法。太炎用藥通常以方劑為主，加減藥。此則特別，並沒有
以方劑為主，雖以單味藥芒硝為主，但思路還是以方劑為主。因為此文中，說
到「余思《要略》本有大黃硝石湯，服芒硝不疑」。換言之，太炎先生用芒硝，
還是建立在《要略》上有大黃硝石湯的基礎上。此則醫案中，太炎偶食橘肉，
引起胸背引痛，面目盡黃，小便亦赤。顯然患了黃疸。太炎先生直接用芒硝二
日，確實如時醫所說，膽石俱下，但仍未退黃。於是又想到茵陳五苓散。茵陳
五苓散也是出自《金匱要略》：

> 黃疸病，茵陳五苓散主之。
> 茵陳五苓散方

〔註21〕章太炎：《章太炎全集（八）》，上海：上海人民出版社，1994，頁317～318。

　　茵陳蒿末十分　五苓散五分（方見痰飲中）

　　右二物和，先食飲方寸匕，日三服。

　　黃疸腹滿，小便不利而赤，自汗出，此為表和裏實，當下之，宜大
　　黃硝石湯。〔註22〕

《金匱要略》〈黃疸病脈證并治第十五〉中有關茵陳五苓散的紀錄如上，記錄
上，頗為其特，首先就一句「黃疸病，茵陳五苓散主之」，但其下的論述卻直
接轉到大黃硝石湯去解決表和裏實，以解黃疸腹滿，小便不利而赤。因此太炎
決定，早上服用芒硝，晚上服用茵陳五苓散，二十天症狀痊癒。由此太炎先生
證明了《金匱要略》治黃疸方，並非無效。

四、結論

　　章太炎先生的醫論思想在台灣研究的人很少，醫論思想中醫案的研究更少。
這對於章太炎認為「中醫中成就最大的在醫案」的判斷，是頗為諷刺的一件事
情。本文經過對於為數不多的章太炎醫案的討論，大致上可以得到幾個結論：
一、太炎辨證論治，以抓主證的方式，來方證相應，但一旦發現無效，即刻更
　　弦改張。
二、太炎開藥，以方劑為主，再予以加減，有方有藥。但有時仍會用單味藥。
三、太炎辨證論治重視預後的處理。
四、太炎辨證論治知增減一味，效果亦大異。

引用書目

1. 王忠主編：《醫案學》，北京：中國中醫藥出版社，2014。
2. 王綿之：《方劑學講稿》，北京：人民衛生出版社，2005。
3. 何任：《金匱要略校注》，北京：人民衛生出版社，1990。
4. 孟慶雲：〈章太炎：「我是醫學第一」──章太炎先生的醫學因緣〉，《江西
　　中醫學院學報》第 16 卷第 4 期，2004 年 8 月，頁 5～8。
5. 孟慶雲：〈宣明往範，昭示來學──論中醫醫案的價值、特點和研究方法〉，
　　《中醫雜誌》第 47 卷第 8 期，2006 年 8 月，頁 568～570。
6. 姬領會、何曉菊：《讀醫案學中醫──中醫是怎麼看病的》，北京：人民軍
　　醫出版社，2013。

───────────────

〔註22〕何任：《金匱要略校注》，北京：人民衛生出版社，1990，頁 166。

7. 高文柱校注：《外台秘要校注》上冊，北京：學苑出版社，2010。

8. 章太炎：《章太炎全集（八）》，上海：上海人民出版社，1994。

9. 陳淼和：《傷寒卒病論台灣本》，台北：集夢坊出版社，2008。

10. 黃煌：《醫案助讀》，北京：人民衛生出版社，2001。

11. 廖俊裕：〈章太炎醫論研究文獻的回顧與展望〉，收入楊志遠主編：《博雅
    與融通——2014 吳鳳科技大學通識教育學術研討會論文集》，嘉義：吳鳳
    科大通識教育中心，2015 年 3 月，頁 101～130。

12. 廖俊裕：〈論醫學非章太炎學術之餘緒〉，《藝見學刊》，第 4 期，2012 年
    10 月，頁 29～40。

13. 廖俊裕：《章太炎醫學思想與其中西醫匯通模式之研究——以章太炎《傷
    寒論》論述為文本》，南華大學自然醫學所碩士論文，2013 年 6 月。

14. 劉渡舟主編：《傷寒論校注》，北京：人民衛生出版社，1991。

15. 蘇禮：《中醫醫案學概論》，北京：人民衛生出版社，2009。

.